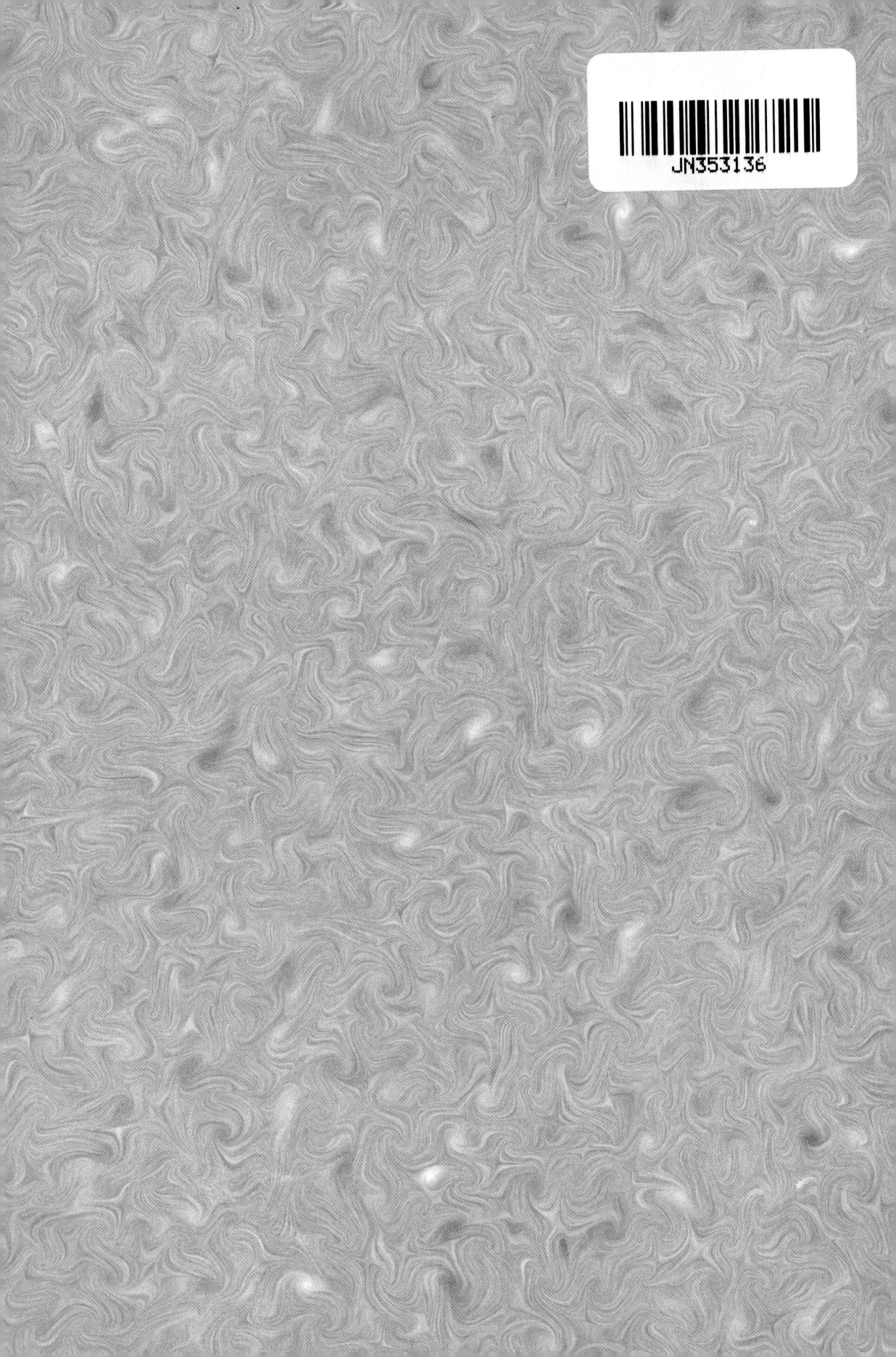

종합 기초 포르투갈어

조이환

한국외국어대학교 포르투갈어과 졸업
포르투갈 리스본대학 및 꼬임브라대학 수료
한국외국어대학교 대학원 국제지역학과 박사학위 취득
한국외국어대학교 용인캠퍼스 교무처장 역임
한국외국어대학교 외국학종합연구센터 원장 및 평생교육원 원장 역임
現 한국외국어대학교 포르투갈어과 교수
　　한국외국어대학교 국제지역대학원 중남미학과 주임교수
저서로는 『포르투갈어 작문』(1997), 『포르투갈어 문법 · 작문』(1991), 『포르투갈어 회화 · 작문』(1982) 등이 있다.

개정판
종합 기초 포르투갈어

발　행	2013년 10월 25일
저 자	조이환
발행처	삼지사
발행인	이재명

등록번호　제406-2011-000021호
주　소　　경기도 파주시 산남동 316번지
Tel　　　031)948-4502, 070-4273-4562 Fax 031)948-4508
홈페이지　www.samjisa.com

책값은 뒤표지에 있습니다.

이 책의 내용을 전재 및 무단 복제할 경우 법적인 제재를 받게 됩니다.
잘못된 책은 구입하신 서점에서 교환해 드립니다.

개정판
처음부터 마무리까지
종합 기초 포르투갈어

한국외국어대학교
저자 **조 이 환**

SAMJI BOOKS

재개정판을 내면서 감사의 글

　세계 주요국가의 경우와 마찬가지로 바야흐로 우리나라에서도 BRICs에 대해 관심이 드높아지고 있다. BRICs 중의 한 나라인 브라질이 무한한 가능성과 잠재력을 가진 21세기의 경제대국 후보 국가로 명실상부하게 부상되면서 앞을 다투어 포르투갈어를 배우려는 사람이 미국에서뿐만 아니라 전 세계 경제 유통 및 정치 질서에 일익을 담당하는 국가들에서 기하급수적으로 늘어나고 있다. 포르투갈어는 브라질 이외에도 7개국에서 사용되며 약 2억의 인구가 사용하는 중요한 언어로서 세계의 주요 언어 집단에 자리 매김을 하고 있다.
　필자는 1977년 『포르투갈어 작문』으로 독자 여러분에게 처음 인사를 드렸다. 그 후 포르투갈 유학 생활을 통하여 얻은 체험을 바탕으로 효율적인 포르투갈어 학습을 위하여 『포르투갈어 회화 작문』을, 1991년에는 『포르투갈어 문법 작문』을 펴내었다. 그리고 학생을 가르치면서 얻은 경험을 바탕으로 누구나 쉽게 포르투갈어를 배울 수 있도록 자세한 설명을 곁들여 1999년 『종합 기초 포르투갈어』를 세상에 선보였다. 그 후 2002년 개정판을, 이번 2006년에는 재개정판을 내게 되었다.
　이번 재개정판 『종합 기초 포르투갈어』의 특징은 다음과 같다.
　첫째, 문법 · 회화 · 작문을 총망라하여 발음 편부터 고급 포르투갈어 회화 표현에 이르기까지 상세하게 설명하여 초보자라도 쉽게 배울 수 있도록 편성하였다.
　둘째, 강독(Leitura)과 번역(Traduzir)에 어휘를 충실하게 설명하여 문장을 쉽게 이해하도록 안배하였다.
　셋째, 독학하는 분에게 최대한 편의를 제공하기 위하여 강독(Leitura), 질문(Perguntas), 연습문제(Execício), 번역(Traduzir)의 해답과 동사변화표를 부록에 추가함으로써 포르투갈어를 전공자는 물론 포르투갈어에 관심 있는 분이라면 누구라도 쉽게 접근할 수 있도록 세심히 배려하였다.

이것이 바로 포르투갈어를 배우는 학생들 사이에서 이 책이 '포르투갈어 바이블'이라는 애칭으로 회자(膾炙)되는 연유이다.

그렇지만 말을 물가까지 억지로 데리고 갈 수는 있어도 말에게 물을 마음대로 제어할 수는 없듯이 아무리 좋은 책을 과학적으로 잘 만들었다손 치더라도 앞으로 애독자 여러분의 뜨거운 성원이 없다면 이는 휴지조각에 지나지 않는다. 따라서 강호제현의 기탄없는 비판과 줄기찬 토정이 지속되기를 겸허한 마음으로 바란다.

끝으로 이 책이 나오기까지 불철주야 힘들여 교정하며 헌신적으로 도와준 사랑하는 제자 하보람 양에게 고마운 마음을 전한다. 아울러 포르투갈어를 사랑하는 모든 독자를 위하여 이 책을 선뜻 출판해 주신 삼지사의 박세경 사장님 이하 임직원 여러분께 진심으로 감사의 뜻을 전한다. 따뜻한 마음의 울타리인 산뚜스(Santos) 회원들에게도 감사한다.

돌이켜 보면, 처음 포르투갈어를 배우기 시작할 때부터 비록 경제적으로 다소 어려움은 있지만 마음만은 사랑하는 아내와 함께 더할 나위 없이 행복했다. 유학 생활을 거쳐 오늘날 한국외국어대학교 서양어대학 포르투갈어과 교수에 이르기까지 오로지 한 길만을 걸어 오도록 인도하여 주신 하나님께 모든 영광을 돌려 드립니다. 오! 하나님! 진정으로 제가 이 책을 만들었습니까? 네 시작은 비록 미약하였으나 끝은 심히 창대하리라.

2006년 2월 미네르바에서
저자 조이환 드림

contents

제1과 알파벳

1. 알파벳 ——————————————————— 15
2. 모음 ———————————————————— 16
3. 자음 ———————————————————— 19
4. 음절분해 ——————————————————— 25
5. 액센트 ———————————————————— 26
6. 부호 ————————————————————— 27

제2과 인사말

1. 인사말 ———————————————————— 31

제3과 명사

1. 명사의 성 —————————————————— 35
2. 명사와 형용사의 수 ————————————— 38
3. 관사 ————————————————————— 41

제4과 인칭대명사와 지시대명사

1. 인칭대명사 —————————————————— 43
2. 지시대명사 —————————————————— 44

제5과 직설법 현재

1. 규칙동사 ——————————————————— 48
2. 용법 ————————————————————— 49
3. 부정문 · 의문문 · 감탄문 ——————————— 50
4. 기본문형 ——————————————————— 52
5. 불규칙 동사 ————————————————— 56
   LEITURA —————————————————————— 65

제6과 형용사와 부사

1. 형용사 --- 70
2. 부사 --- 72
3. 관사 --- 76
4. 수사 --- 81
5. 관용구 --- 83
6. 접속사 'OU' 와 'E' 의 용법 --------------------------- 85
   LEITURA -- 87

제7과 직설법 과거

1. 직설법 전과거 -- 91
2. 직설법 반과거 -- 93
   LEITURA -- 98

제8과 직설법 미래와 과거미래

1. 직설법 미래 -- 103
2. 직설법 과거미래 -------------------------------------- 105
   LEITURA -- 108

제9과 대명사

1. 인칭대명사 목적격 ------------------------------------ 114
2. 인칭대명사 전치사격 ---------------------------------- 119
3. 관계대명사 --- 119
   LEITURA -- 121

제10과 직설법 완료형

1. 과거분사 --- 127
2. 용법 --- 128
3. 직설법 현재완료 -------------------------------------- 129
4. 직설법 과거완료 -------------------------------------- 129
5. 직설법 미래완료 -------------------------------------- 131
   LEITURA -- 132

제11과 태

1. 능동태와 수동태 --- 137
      LEITURA -- 140

제12과 접속법 현재

1. 규칙 동사 --- 148
2. 불규칙 동사 --- 149
3. 용법 -- 150
      LEITURA -- 158

제13과 명령법

1. 명령법의 기본형 -- 164
2. 명령법을 나타내는 표현 --------------------------------------- 165
      LEITURA -- 166

제14과 부정사

1. 종류 -- 172
2. 부정사의 용법 --- 172
3. 인칭 부정사의 용법 --- 175
4. 부정사 완료형 --- 176
5. 기타 구문 -- 177
      LEITURA -- 178

제15과 현재분사

1. 형태와 특징 --- 182
2. 용법 -- 182
      LEITURA -- 186

제16과 접속법 과거

1. 형태 -- 191
2. 용법 -- 191
      LEITURA -- 194

제17과 접속법 미래

    1. 형태 ———————————————————— 200
    2. 용법 ———————————————————— 200
    3. 가정법 ——————————————————— 202
          LEITURA ———————————————— 204

제18과 접속법 완료형

    1. 접속법 현재완료 ———————————————— 210
    2. 접속법 과거완료 ———————————————— 211
    3. 접속법 미래완료 ———————————————— 212
          LEITURA ———————————————— 213

제19과 전치사

    1. A ————————————————————— 218
    2. DE ———————————————————— 221
    3. EM ———————————————————— 225
    4. PARA ——————————————————— 227
    5. POR ———————————————————— 229
    6. COM ———————————————————— 231
          LEITURA ———————————————— 233

제20과 화법

    1. 종류 ———————————————————— 237
    2. 직접화법과 간접화법 —————————————— 237
          LEITURA ———————————————— 241

부록 동사 변화 | 248

해답편 | 269

CANÇÃO DO EXÍLIO

António Gonçalves Dias

Minha terra tem palmeiras
Onde canta o Sabiá;
As aves que gorjeiam cá,
Não gorjeiam como lá.

    Nosso céu tem mais estrelas,
    Nossas várzeas têm mais flores,
    Nossos bosques têm mais vida,
    Nossa vida mais amores.

Em cismar sozinho à noite,
Mais prazer encontro eu lá;
Minha terra tem palmeiras,
Onde canta o Sabiá.

    Minha terra tem palmeiras,
    Que tais não encontro eu cá;
    Em cismar - sozinho à noite
    Mais prazer encontro eu lá;
    Minha terra tem palmeiras,
    Onde canta o sabiá.

Não permita Deus que eu morra,
Sem que eu volte para lá;
Sem que desfrute os primores
Que não encontro por cá;
Sem qu'inda aviste as palmeiras,
Onde canta o Sabiá.

유랑의 노래

안또니오 곤살베스 디아스

나의 조국에는 야자수 나무가 있습니다
그곳에서 싸비아새가 지저귀고 있습니다;
이곳에서 지저귀는 새들은,
그곳에서 지저귀는 새들처럼 지저귀지 못합니다.

  조국의 하늘에는 더 많은 별들이 있고,
  조국의 들에는 더 많은 꽃들이 있으며,
  조국의 숲은 더욱 울창하고,
  조국의 삶은 더욱 사랑이 넘칩니다.

나 홀로 밤에 곰곰이 생각해보노라면,
그곳에 있을 때 더욱 큰 기쁨을 누렸습니다;
나의 조국에는 야자수 나무가 있고,
그곳에는 싸비아새가 지저귀고 있습니다

  나의 조국에는 야자수 나무가 있고
  이곳에서는 그런 야자수를 찾아 볼 수가 없습니다.
  나 홀로 밤에 곰곰이 생각해보노라면
  그곳에 있을 때 더욱 큰 기쁨을 누렸습니다;
  나의 조국에는 야자수 나무가 있고,
  그곳에는 싸비아새가 지저귀고 있습니다

하나님이여! 제가 죽는 것을 허락하지 마옵소서
그곳으로 제가 돌아가지 못한 채로,
이곳에서는 맛볼 수 없는
그곳의 향기를 맛보지 못한 채로,
싸비아새들이 지저귀고 있는
야자수 나무를 바라보지 못한 채로

1 알파벳

1. 알파벳 (Alfabeto)

			(B)	(P)
A	a	[a]	아	
B	b	[be]	베	
C	c	[sse]	쎄	
D	d	[de]	데	
E	e	[e]	에	
F	f	[efe]	에피	에프
G	g	[je]	줴	
H	h	[aga]	아가	
I	i	[i]	이	
J	j	[jota]	죠따	
L	l	[ele]	엘리	엘르
M	m	[eme]	에미	에므
N	n	[ene]	에니	에느
O	o	[o]	오	
P	p	[pe]	뻬	
Q	q	[que]	께	
R	r	[ere]	에리	에르
S	s	[esse]	에씨	에쓰
T	t	[te]	떼	
U	u	[u]	우	
V	v	[ve]	붸	
X	x	[xis]	쉬이스	
Z	z	[ze]	제	

➡ 포르투갈어가 브라질(B)과 포르투갈(P)에서 발음이 다르게 나는 것만 따로 표시했음.

2. 모음 (Vogais)

(1) 단모음

포르투갈어의 모음은 모두 다섯 개다.

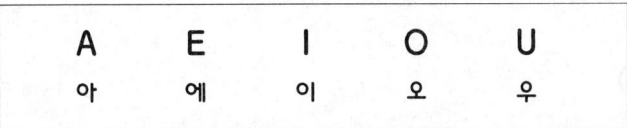

<A>

① '아'로 발음된다.

    casa   집   cama   침대
    까-자   까-마

② 'a'에 '~'이 붙거나 'am, an' 오고 분철이 되지 않을 경우 비음으로 발음된다.

    lã   양털   amplo   넓은
    랑-   앙-쁠루

<E>

① '에'로 발음된다.

    janela   창문   pé   발
    쟈-넬라   뻬

② 단어 끝에 오며 강세가 없을 경우 브라질에서는 '이'로 발음되며 포르투갈에서는 '으'로 발음된다.

    sorte   행운   parte   부분
    쏘르찌   빠르찌   (B)
    쏘르뜨   빠르뜨   (P)

③ 'em, en'가 오고 분철이 되지 않을 경우 비음으로 발음된다.

| tempo | 때 | entrar | 들어가다 |
| 뗑-뿌 | | 엥뜨라-르 | |

⟨I⟩

① '이'로 발음된다.

| ficar | 머무르다 | dizer | 말하다 |
| 피까-르 | | 디제-르 | |

② 'im, in'이 오고 분철이 되지 않을 경우 비음으로 발음된다.

importante	중요한	tinta	잉크
잉뽀르딴-찌	(B)	띵-따	
잉뿌르딴-뜨	(P)		

⟨O⟩

① '오'로 발음된다.

| hora | 시간 | bola | 공 |
| 오-라 | | 볼-라 | |

② 단어 끝에 오며 강세가 없을 경우 '우'로 발음된다.

| todo | 모두 | campo | 들 |
| 또-두 | | 깡-뿌 | |

③ 모음 'o'에 '~'이 붙거나 'om, on'이 오고 분철이 되지 않을 경우 비음으로 발음된다.

| põe | 놓다 | ombro | 어깨 |
| 뽕-이 | | 옹-브루 | |

⟨U⟩

① '우'로 발음된다.

| lutar | 싸우다 | uva | 포도 |
| 루따-르 | | 우-봐 | |

② 'um, un' 이 오고 분철이 되지 않을 경우 비음으로 발음된다.

comum   공통의   mundo   세계
꼬-뭉   뭉-두

(2) 2중모음

다섯 개의 모음 중 'A, E, O' 는 강 모음이고, 'I, U' 는 약 모음이다. 포르투갈어에서 2중모음은 "강 모음 + 약 모음" "약 모음 + 약 모음"으로 구성되며 이 경우 2개의 모음을 한 개의 모음으로 간주하며 앞에 모음에 강세가 있다.

  ⓐ 강 모음+약 모음   'ai, au, ei, eu, oi, ou'
  ⓑ 약 모음+약 모음   'ui'

baile   춤   rainha   여왕
바-일리   (B)   라-이나
바-일르   (P)

jaula   우리(동물의 집)   causa   이유
좌-울라   까-우자

peixe   물고기   janeiro   1월
뻬-이쉬   좌-네이루

feudo   봉토   reunir   모이다
훼-우두   레-우니르

coisa   물건   comboio   기차
꼬-이자   꽁-보이우

couro   가죽   touro   투우
꼬-오루   또-오루

muito   많은   ruivo   붉은 색
무-이뚜   루-이부

◆ 동사의 어미 변화일 경우에는 2중모음이 적용되지 않는다.
   (falei, falou, perdei, perdeu, partiu, etc.)

3. 자음 (Consoantes)

(1) 단자음

모음 (a, e, i, o, u)을 제외한 나머지 문자들은 모두 자음이다.

⟨B⟩

양순음 'ㅂ'으로 발음한다. (위, 아래 입술을 붙였다가 떼면서 발음한다.)

bandeira	기	beber	마시다
방데-이라		베베-르	(B)
		브베-르	(P)

⟨C⟩

① 모음 'a, o, u' 앞에 올 때는 'ㄲ'으로 발음된다.

cama	침대	como	어떻게, 얼마나
까-마		꼬-무	
cumprir	이행하다		
꿈쁘리-르			

② 모음 'e, i' 앞에서는 'ㅆ'으로 발음된다.

cedo	일찍	cinema	영화
쎄-두		씨네-마	

③ 모음 'a, o, u' 앞에서 'ç' 가 오면 'ㅆ'으로 발음된다.

caçar	사냥하다	danço	춤
까싸-르		당-쑤	
açúcar	설탕		
아-쑤까르			

④ 모음 'e, i' 앞에서 'qu'가 오면 'ㄲ'으로 발음된다.
(이 경우에 'u' 발음은 나지 않는다.)

quero	원하다	aqui	여기
께-루		아끼-	

⟨D⟩

설치음. 'ㄷ'으로 발음된다. 혀 끝 부분을 윗니와 아랫니 사이에 두고 밖에서 안으로 끌어 드리면서 발음한다. (브라질에서는 'de, di'는 '지'로 발음된다.)

dia	날, 낮	cidade	도시
지-아		씨다지	(B)
디-아		씨다드	(P)

⟨F⟩

순치음. 아래 입술을 윗니로 눌렀다가 바깥으로 내면서 발음한다. 'ㅍ'과 'ㅎ' 사이의 발음이다.

formiga	개미	fumar	담배 피다
포르미-가		푸마-르	

⟨G⟩

① 모음 'a, o, u' 앞에 올 때는 'ㄱ'으로 발음된다.

gato	고양이	tango	탱고
가-뚜		땅-구	

② 모음 'e, i' 앞에서는 'ㅈ'으로 발음된다

geral	일반의	girassol	해바라기
줴라우		쥐라쏘우	(B)
줴랄-		쥐라쏠-	(P)

③ 모음 'a, o, u' 앞에서 'j'가 오면 'ㅈ'으로 발음된다.

frija	튀기다	dirija	이끌다
프리-좌		디리-좌	

④ 모음 'e, i' 앞에서 'gu'가 오면 'ㄱ'으로 발음된다.
   (이 경우에는 'u'는 발음되지 않는다.)

guerra	전쟁	guia	안내자
게-라		기-아	

⟨H⟩

① 원칙은 묵음이다.

hora	시간	homem	남자
오-라		오-멩	

② 'ch'는 '쉬'로 발음된다.

chave	열쇠	China	중국
쉬아-비 (B)		쉬-나	
쉬아-브 (P)			

③ 'lh'는 "모음 i + 자음 ㄹ"로 발음된다.

filho	아들	alho	마늘
필-류		알-류	

④ 'nh'는 "모음 i + 자음 ㄴ"으로 발음된다.

junho	6월	vinho	포도주
쥬-뉴		뷔-뉴	

⟨J⟩

우리말로 정확하게 표현하기 어렵다. '쥐' 발음에 가깝게 발음된다.

jejum	금식	jovem	청년
줴-중		죠-벵	

⟨L⟩

혀를 위 입천장에 붙여서 발음한다. 우리말 'ㄹ+ㄹ'음이다.

fila	줄	luar	달빛
필-라		루아-르	

〈M〉

① 우리말 'ㅁ'과 같이 발음된다.

    maio   5월   mesa   테이블
    마-이우   메-자

② 'am, em, im, om, um'이 분철되지 않을 경우 비음으로 발음된다.

    campo   들   embora   비록
    깡-뿌   잉보-라

    fim   끝   marrom   갈색
    핑   마롱-

    cumprir   이행하다.
    꿈쁘리-르

〈N〉

① 우리말 'ㄴ'과 같이 발음된다.

    boneca   인형   navio   배
    보네-까   나뷔-우

② 'an, en, in, on, un'이 분철되지 않을 경우 비음으로 발음된다.

    anjo   천사   jovens   청년들
    앙-쥬   죠-벵쓰

    fins   끝   onze   열 하나
    핑-쓰   옹-지

    comuns   공통의
    꼬뭉-쓰

〈P〉

양순음으로 우리 나라 'ㅃ'으로 발음된다.

    papel   종이   pulso   맥박
    빠뻬우   (B)   뿔-쑤
    빠뻴   (P)

\<Q\>

우리말 'ㄲ'으로 발음된다.
(qu 다음에 모음 'e, i'가 올 경우 'u'는 발음되지 않는다.)

queijo	치즈	máquina	기계
께이-쥬		마-끼나	

quatro	넷
꽈-뜨루	

\<R\>

① 혀를 위 입천장에 대지 않은 상태로 굴려서 발음한다. 우리말 'ㄹ'로 발음된다.

cara	얼굴	caro	비싸다
까-라		까-루	

② 'rr'이나 단어 앞에 'r'이 올 경우 더욱 강하게 진동하여 우리말 'ㅎ'에 가깝게 발음된다.

carro	자동차	rua	길
까-루후		루후-아	

\<S\>

① 모음과 모음 사이에서는 'ㅅ'과 'ㅈ' 중간 음으로 혀끝과 윗니, 아랫니 사이에서 발음된다.

mesa	테이블	casa	집
메-자		까-자	

② 모음 사이에서도 'ss'가 나오거나 단어의 첫머리나 끝에 올 경우에는 'ㅆ'으로 발음된다.

saber	알다	missa	미사
싸베-르		미-싸	

\<T\>

설치음으로 우리말 'ㄸ'으로 발음된다. (브라질의 경우 'te, ti'는 '찌'로 발음한다.)

pente	빗	tirar	뽑다
뻰-치		찌라-르	(B)
뻰-뜨		띠라-르	(P)

⟨V⟩

순치음으로 'ㅂ'으로 발음된다.

| vila | 마을 | vento | 바람 |
| 빌-라 | | 벵-뚜 | |

⟨X⟩

① '쉬'로 발음되는 경우

| caixa | 상자 | lixo | 쓰레기 |
| 까-이샤 | | 리-슈 | |

② 'ㅅ'과 'ㅈ' 중간 음으로 발음되는 경우

exame	시험	exemplo	예
이그-자미	(B)	이그-젱쁠루	
이그-자므	(P)		

③ 'ㅆ'으로 발음되는 경우

próximo	다음에	trouxe	가져오다
쁘로-씨무		뜨로우씨	(B)
		뜨로우쓰	(P)

④ 'ㄱㅅ'로 발음되는 경우

| sexo | 성별 | táxi | 택시 |
| 쎅쑤 | | 딱씨 | |

⟨Z⟩

① 우리말로 정확히 표현하기 어렵다. 'ㅅ' 과 'ㅈ' 중간 음으로 발음된다.

| beleza | 미 | zero | 영 |
| 벨레-자 | | 제-루 | |

② 'z'가 단어 끝에 올 경우 브라질에서는 'ㅆ'으로 포르투갈에서는 '쉬'로 발음된다.

luz	빛	voz	목소리
루-쓰		보-쓰	(B)
루-쉬		부-쉬	(P)

(2) 2중자음

① bl, cl, _, fl, gl, pl, _
② br, cr, dr, fr, gr, pr, tr

bloco	블럭	branco	흰색
블로-꾸		브랑-꾸	
clima	기후	crer	믿다
끌리-마		끄레-르	
drama	드라마	trabalhar	일하다
드라-마		뜨라발라-르	
flor	꽃	fruta	과일
플로-르		프루-따	
globo	지구	grama	잔디
글로-부		그라-마	
pluma	깃털	programa	프로그램
쁠루-마		쁘로그라-마	

4. 음절 분해

음절이란 한 번에 발음할 수 있는 음(音)을 말하는 것이다. 하나의 낱말은 한 개의 음절 및 수 개의 음절로 구성되어 있다. 따라서 하나의 낱말을 음절상으로 분해한다는 것은 발음의 정확성을 기하고 악센트의 소재를 밝히기 위해서 뿐만 아니라 한 개의 낱말을 절단하여 다음 줄로 옮겨 쓸 때 등을 위해서 대단히 중요한 것이다. 음절의 중심은 모음이고 자음은 독립된 음절로 이룰 수 없다. 음절분해를 할 때 2중모음은 한 개의 모음으로 간주되어 분리되지 않는다. 2중자음도 한 개의 자음으로 간주되어 분리되지 않는다. 'ch, lh, nh, rr' 도 물론 분리되지 않는다.

① 모음과 모음 사이에 있는 한 개의 자음은 뒤의 음절에 붙는다.

    cabeça : ca-be-ça   머리   menino : me-ni-no   소년
    janela : ja-ne-la   창문   semana : se-ma-na   주

② 모음과 모음 사이에 있는 두 개의 자음은 앞뒤의 음절에 붙는다.
    (2중자음과 'ch, lh, nh, rr'은 분리되지 않는다.)

    arma : ar-ma   무기   excelente : ex-ce-len-te   뛰어난
    filha : fi-lha   딸   transporte : tran-s-por-te   수송

③ 2중모음은 한 모음으로 간주되어 분철되지 않는다.
    (약 모음에도 강세가 들어가면 강 모음으로 간주된다.)

    peixe : pei-xe   물고기   país : pa-ís   나라

④ 2중모음이 아닌 두 개의 모음은 두 개의 음절로 분철된다.

    navio : na-vi-o   배   paciente : pa-ci-en-te   인내하는

⑤ 자음이 음절의 끝에 올 때는 앞 음절에 붙는다

    jovem : jo-vem   젊은이   papel : pa-pel   종이

5. 악센트 (Acentuação)

① 악센트는 뒤에서 두 번째 음절에 온다.

    parede : pa-re-de   벽   importante : im-por-tan-te   중요한

② 'l, r, z, i, u, im, um'으로 끝나는 경우에는 마지막 음절에 악센트가 온다.

comprar : com-prar	팔다	papel : pa-pel	종이
aqui : a-qui	여기	peru : pe-ru	칠면조
jardim : jar-dim	정원	comum : co-mum	공통의

③ 강세가 있는 단어가 강세가 있는 곳에 악센트가 있다.

sábado : sá-ba-do	토요일	irmã : ir-mã	자매
avô : a-vô	할아버지		

6. 부호 (Pontuação)

① 문자에 사용되는 부호

ⓐ acento agudo [´]

café	커피	história	역사

ⓑ acento grave [`]

fàcilmente	쉽게	àquele	저것에

ⓒ acento circunflexo [^]

têm	가지다	avô	할아버지

ⓓ til [˜]

irmã	자매	não	아니오

ⓔ cedilha [ç]

açúcar	설탕	caçar	사냥하다

ⓕ apostrofo [']

d'água	물(水)의	'tá bom	좋다

ⓖ hifen [-]

    guarda-chuva   우산   dar-lhe-ia   그에게 주려고 했었다

② 문자에 사용되는 부호

  ⓐ ponto final [.]
    문장이 끝났을 때 사용한다.

    Falamos português.   우리들은 포르투갈어를 말한다.

  ⓑ vírgula [,]
    접속사 'e' 혹은 'ou' 가 겹칠 때 접속사 'e, ou' 대신 사용된다.

    Na Coréia, há muitas mulheres bonitas.
    한국에는 예쁜 여자들이 많이 있다.
    Pedro, Paulo, Tiago e eu somos amigos.
    베드로, 바울, 야고보와 나는 친구이다.

  ⓒ ponto e vírgula [;]
    대립된 구와 구 사이에 사용한다.

    Não, Ana; antes de casar-me contigo eu não te queria.
    그런게 아니야, 아나; 너와 결혼하기 전에는 나는 너를 사랑하지 않았어.

  ⓓ dois pontos [:]
    이미 기술한 것을 예를 들어 설명할 때 사용한다.

    Havia três pessoas: duas mulheres e um menino.
    세 사람이 있었는데, 둘은 여자이고 한 명은 남자 어린이였다.

  ⓔ ponto de interrogação [?]
    의문문의 뒤에 붙인다.

    Como vai?   안녕하십니까?

ⓕ **ponto de exclamação [!]**
감탄문의 뒤에 붙인다.

　　Que interessante!　　얼마나 재미있는가!

ⓖ **reticências [.....]**
하고자 하는 말을 생략하려 할 때 사용한다.

　　Amanhã vou visitar o meu amigo e .....
　　내일 나는 내 친구를 방문한다. 그리고 ⋯

ⓗ **aspas [" "]**
문장 중 다른 어구를 인용할 때나 특별한 의미를 가질 때 사용한다.

　　O mundo irónico e melancólico da obra "Meu pé de Laranja Lima".
　　작품 "나의 라임 오렌지 나무"의 아이러닉 하고 서글픈 세계.

ⓘ **parêntesis [( )]**
설명적인 어구, 주해적인 어구를 나타낼 때 사용된다.

　　Um empregado põe os talheres (colher, garfo, faca) perto do prato na mesa.
　　식당 종업원이 식탁의 접시 옆에 식사 도구(순가락, 포오크, 칼)를 놓는다.

ⓙ **travessão [＿]**
문장중 대화의 부문을 구별하기 위하여 사용한다.

　　＿ Quando é que parte ?　　당신은 언제 떠나십니까?
　　＿ Parto amanhã.　　　　　내일 떠납니다.

EXERCÍCIOS

1. 다음 단어를 음절 분해하시오.

   (1) cabeça   (2) peúgas   (3) outro   (4) baile
   (5) não   (6) comboio   (7) navio   (8) ruim
   (9) impossível (10) muito   (11) touro   (12) importante
   (13) água   (14) cigarra   (15) coisa   (16) paciente
   (17) banho   (18) inteiro   (19) hiena   (20) alho

2. 다음 단어들의 악센트 위치를 말하시오.

   (1) senhor   (2) espanhol   (3) jovem   (4) domingo
   (5) cumprir   (6) cigarra   (7) porteiro   (8) noiva
   (9) guerra   (10) peixe   (11) xadrez   (12) jardim
   (13) símbolo   (14) rainha   (15) vazio   (16) aqui
   (17) vermelho   (18) marrom   (19) difícil   (20) pescar

> Roma e Pavia não se fizeram num dia.
> 로마는 하루 아침에 이루어지지 않았다.

2 인사말

1. 인사말 (Cumprimentos)

```
A: Bom dia.  Como está?   (B)         안녕하십니까?
            Como estás?   (P)
B: Estou bem, obrigado(a) e você?  (B)
                          e tu?  (P)
   잘 지냅니다. 감사합니다. 당신도 안녕하십니까?
A: Bem, obrigado(a).                  잘 지냅니다. 감사합니다.
```

```
A: Boa tarde.  Como vai?   (B)        어떻게 지내니?
              Como vais?   (P)
B: Vou bem, obrigado  e você?  (B)
                      e tu?    (P)
   잘 지내. 고맙다. 너도 잘 지내니?
A: Bem, obrigado(a).                  잘 지내. 고마워.
```

```
A: Boa noite. Como passa a senhora?   부인, 안녕하십니까?
B: Passo bem, obrigada e o senhor?
   저는 잘 지냅니다. 감사합니다. 선생님도 안녕하십니까?
A: Bem, obrigado.                     예, 잘 지냅니다. 고맙습니다.
```

```
A: Muito obrigado(a) pelo telefonema.   전화해 주어서 고마워.
B: De nada.(Não há de quê)              천만에요.
```

A: Sinto muito. Desculpe-me pelo atraso.
늦어서 죄송합니다. 용서하십시오.
B: Não faz mal. 괜찮습니다.

A: Muito prazer. 반갑습니다.
B: Igualmente. 저도 마찬가지입니다.

A: Até logo. 안녕, 또 만나요.
B: Até já. 안녕, 또 만나요.

A: Parabéns pelo aniversário. 생일을 축하합니다.
B: Obrigado(a). 고맙습니다.

A: Sirva-se, por favor. 드십시오.
B: Obrigado(a) 감사합니다.

A: Boa viagem. 좋은 여행되세요.
B: Obrigadinho(a). 고마워.

A: Que tal? 잘 지내니?
B: Assim assim, obrigadinho(a). E tu?
그저 그래. 고마워. 너는 잘 지내니?
A: Um pouco mal, obrigadinho. 조금 안 좋아. 고마워.

##

o cumprimento: 인사　　　cumprimentar: 인사하다
Bom dia: 아침인사　　　Boa tarde: 오후 인사
Boa noite: 저녁 혹은 밤 인사

senhor: 선생님(남자 윗사람에게 붙이는 경칭) 성 앞에 놓이면 영어의 Mr.가 된다.
senhora: 부인(결혼한 여자 윗사람에게 붙이는 경칭)
Muito bem, obrigado: 잘 지냅니다. 감사합니다. (여자의 경우 obrigada 임)
E você?: 당신은 어떻습니까? (주로 브라질에서 사용됨.)
  (영어의 And you? 에 해당됨)
E tu?: 당신은 어떻습니까? (주로 포르투갈에서 많이 사용됨.)
Que tal?: 잘 있었니?(친구들 사이에 주로 나누는 인사)
Um pouco mal: 조금 안 좋아.
Até amanhã: 내일 만납시다. (**Até depois de amanhã** 모레 만납시다.
    Até a segunda-feira. 월요일에 만납시다.)
Assim assim: 그저 그렇습니다.('mais ou menos'를 쓰기도 함)

TRADUZIR

1. 안녕하십니까? 부인.
2. 잘 지냅니다. 고맙습니다. 당신은 안녕하십니까?
3. 그저 그렇습니다. 고맙습니다.
4. 안녕히 가세요.
5. 내일 만납시다.
6. 다시 만나서 반갑습니다.
7. 당신을 사귀게 되어서 반갑습니다.
8. 빨리 완쾌되시기를 바랍니다.
9. 애도를 표합니다.
10. 좋은 여행이 되시기를 바랍니다.
11. 죄송합니다만, 한 번 더 말씀해 주세요.
12. 오래간 만입니다.
13. 리스본에서 만납시다. 만날 때까지 안녕히 계십시오.
14. 더 원하십니까? 아니오, 감사합니다.
15. 안녕히 주무세요.

애도: os pêsames   여행: a viagem
원하다: querer   한 번 더: mais uma vez
사귀다: conhecer   완쾌되다: às melhoras

Anedota

O pequeno João vai à escola pela primeira vez.
Em casa, a sua mãe pergunta:

- João, gostas da escola?
- Sim, mamã, gosto muito. — diz ele: mas a professora não sabe muito.

A mãe diz:

- Por que dizes que a professora não sabe muito?
- Porque ela faz muitas perguntas aos alunos.

Deus ajuda a quem cedo madruga.
하늘은 스스로 돕는 자를 돕는다.

3 명사

1. 명사의 성 (Gênero dos Substantivos)

포르투갈의 모든 명사는 남성(masculino)과 여성(feminino)으로 구성되어 있으며 자연적인 성과 문법적인 성으로 구분된다.

(1) 자연적인 성

① 'o'로 끝나는 남성명사의 여성형은 '-o'가 '-a'로 바뀐다.

남성	여성	
menino	menina	어린이
filho	filha	자녀
gato	gata	고양이
empregado	empregada	종업원

② 자음으로 끝나는 남성명사의 여성형은 어미에 '-a'를 첨가한다.

남성	여성	
doutor	doutora	박사
espanhol	espanhola	스페인 사람
português	portuguesa	포르투갈 사람
juiz	juiza	판사
locutor	locutora	아나운서

(불규칙 변화)

actor	배우	*actriz*	여배우
imperador	황제	*imperatriz*	황후
rei	왕	*rainha*	왕비
avô	할아버지	*avó*	할머니

③ 남성형과 여성형의 형태가 전혀 다른 것도 있다.

남성		여성	
homem	남자	mulher	여자
pai	아버지	mãe	어머니
macho	수컷	fêmea	암컷
galo	수탉	galinha	암탉
rapaz	소년	rapariga	소녀

④ 남성형과 여성형이 같은 것도 있다. 이것들을 중성명사 혹은 통성명사라 칭한다.

남성	여성	
o joranlista	a jornalista	기자
o pianista	a pianista	피아니스트
o jovem	a jovem	청년
o estudante	a estudante	학생
o colega	a colega	동료

(2) 문법적인 성

① '-o'로 끝나는 명사는 대부분 남성이다.

livro	책	carro	자동차
mundo	세계	caderno	공책

(예외) *a tribo* 종족　　　　*a foto* 사진

② 자음으로 끝나는 명사는 대부분 남성이다.

   o mês 달   o lápis 연필
   o sal   소금   o jardim 정원
   o jejum 금식   o giz   분필

   (예외) *a luz* 빛   *a voz* 목소리

③ '-a'로 끝나는 명사는 대부분 여성이다.

   a casa 집   a mesa 테이블
   a música 음악   a guerra 전쟁

   (예외) *o dia*   날, 낮 *o mapa* 지도
       o idioma   언어 *o clima* 날씨
       o guarda-chuva 우산 *o telegrama* 전보
       o problema 문제 *o tema* 주제

④ '-ção'으로 끝나는 명사는 대부분 여성이다.

   a estação 역, 계절   a tradução 번역

⑤ 형태는 같으나 관사에 따라 뜻이 서로 다른 명사들이 있다.

   o capital 자본   a capital 수도
   o guía   안내인   a guía   안내서
   o polícia 경찰관   a polícia 경찰
   o cor   마음   a cor   색깔

2. 명사와 형용사의 수

명사에는 단수형과 복수형이 있다.(형용사도 명사와 같이 복수로 만든다.)

(1) 원칙은 명사 및 형용사에 '-s'를 붙인다.

단수		복수	단수		복수
aluno	학생	alunos	verde	초록	verdes

(2) 'r, s, z'로 끝나는 명사와 형용사는 '-es'를 붙인다.

단수		복수	단수		복수
mulher	부인	mulheres	feliz	행복한	felizes
cor	색깔	cores	país	국가	países
rapaz	소년	rapazes	giz	분필	gizes

(예외) *lápis* (단수) 연필 *lápis* (복수)

(3) '-m'으로 끝나는 명사 및 형용사의 복수형은 '-ns'로 변화시킨다.

단수		복수	단수		복수
homem	남자	homens	jovem	청년	jovens
jardim	정원	jardins	fim	끝	fins
comum	공통의	comuns	bom	좋은	bons

(4) '-l'로 끝나는 명사 및 형용사

① '-al'로 끝나는 명사 및 형용사의 복수형은 '-ais'로 변화시킨다.

단수		복수	단수		복수
animal	동물	animais	final	마지막	finais
jornal	신문	jornais	normal	정상적인	normais

② '-el' 로 끝나는 명사 및 형용사

　ⓐ 'el' 에 강세가 있을 경우에는 'éis'로 변화시킨다.

단수		복수	단수		복수
papel	종이	papéis	anel	반지	anéis

　ⓑ 'el' 에 강세가 없을 경우에는 'eis'로 변화시킨다.

단수		복수	단수		복수
amável	친절한	amáveis	agradável	온화한	agradáveis

③ '-il' 로 끝나는 명사 및 형용사

　ⓐ 'il' 에 강세가 있을 경우에는 'is'로 변화시킨다.

단수		복수	단수		복수
barril	나무통	barris	anil	남색의	anis

　ⓑ 'il' 에 강세가 없을 경우에는 'eis'로 변화시킨다.

단수		복수	단수		복수
fóssil	화석	fósseis	fácil	쉬운	fáceis
útil	유익한	úteis	difícil	어려운	difíceis

④ 'ol' 로 끝나는 명사 및 형용사

　ⓐ 'ol' 에 강세가 있을 경우에는 'óis'로 변화시킨다.

단수		복수	단수		복수
espanhol	스페인사람	espanhóis	farol	등대	faróis

ⓑ 'ol'에 강세가 없을 경우에는 'ois'로 변화시킨다.

단수		복수
álcool	알콜	álcoois

⑤ '-ul'로 끝나는 명사 및 형용사는 'uis'로 변화시킨다.

단수	복수	단수	복수
paul 늪	pauis	azul 파란	azuis

(5) '-ão'으로 끝나는 명사는 '-ões, ãos, ães' 등 세 가지 형태로 변화한다.

① 'ões'로 변화하는 명사

단수	복수	단수	복수
estação 계절, 역	estações	coração 마음	corações

② 'ãos'로 변화하는 명사

단수	복수	단수	복수
irmão 형제	irmãos	cristão 기독교인	cristãos

③ 'ães'로 변화하는 명사

단수	복수	단수	복수
cão 개	cães	capitão 대위	capitães

(6) 항상 복수로만 쓰는 명사도 있다

복수		복수	
óculos	안경	meias(p), meias-calças/(B)	스타킹
luvas	장갑	peúgas(p), meias-soquetes(B)	짧은 양말
calças	바지	sapatos	구두

3. 관사 (Artigo)

(1) 정관사 (Artigo Determinado)

	단수	복수
남	o	os
여	a	as

① 정관사는 명사의 성과 수에 일치한다.

o livro　　(그) 책　　　　os livros　　(그) 책들
a casa　　(그) 집　　　　as casas　　(그) 집들

② 축약

전치사 'por, em, de, a' 와 정관사는 아래와 같이 결합된다.

	o	a	os	as
por	pelo	pela	pelos	pelas
em	no	na	nos	nas
de	do	da	dos	das
a	ao	à	aos	às

Gosto de viajar pelo Brasil.　　나는 브라질 여행을 좋아한다.
Há muitas flores no jardim.　　정원에는 많은 꽃들이 있다.
Este é o carro da mãe.　　　　이것은 어머니의 자동차다.
Ele vai à escola.　　　　　　　그는 학교에 간다.

(2) 부정관사 (Artigo Indeterminado)

	단수	복수
남	um	uns
여	uma	umas

① 부정관사는 명사의 성·수에 일치한다.

(부정관사도 복수형이 있으며 '약간의' 뜻을 가진다.)

um livro   한 권의 책   uns livros   몇 권의 책들
uma casa   한 채의 집   umas casas   몇 채의 집들

② 축약

전치사 'de, em' 과 결합된다.

	um	uma	uns	umas
de	dum	duma	duns	dumas
em	num	numa	nuns	numas

Esta é a casa dum amigo.   이것은 친구의 집이다.
Compro o livro numa livraria.   그 책을 서점에서 산다.

EXERCÍCIOS

1. 다음 단어들에 맞는 정관사를 붙이시오.

(1) (　) menino   (2) (　) leão   (3) (　) mão
(4) (　) águia   (5) (　) farol   (6) (　) canção
(7) (　) pente   (8) (　) luz   (9) (　) lápis
(10) (　) foto   (11) (　) flor   (12) (　) clima

2. 다음 단어들의 복수형을 쓰시오.

(1) dicionário (　)   (2) luz (　)   (3) mulher (　)
(4) cidade (　)   (5) jovem (　)   (6) estação (　)
(7) giz (　)   (8) país (　)   (9) animal (　)
(10) espanhol (　)   (11) capitão (　)   (12) anel (　)

인칭대명사와 지시대명사

1. 인칭대명사 (Pronome Pessoal)

인칭	수	주격	소유격	직·목	간·목	재귀대	전치사뒤	소유대명사
1인칭	단	eu	meu(s) minha(s)	me	me	me	mim	meu(s) minha(s)
	복	nós	nosso(s) nossa(s)	nos	nos	nos	nós	nosso(s) nossa(s)
2인칭	단	tu	teu(s) tua(s)	te	te	te	ti	teu(s) tua(s)
		você senhor senhora	seu(s) sua(s)	o a	lhe	se	você ele ela	seu(s) sua(s)
	복	(vós)	vosso(s) vossa(s)	vos	vos	vos	vós	vosso(s) vossa(s)
		vocês senhores senhoras	seu(s) sua(s)	os as	lhes	se	vocês eles elas	seu(s) sua(s)
3인칭	단	ele ela	seu(s) sua(s)	o a	lhe	se	ele ela	seu(s) sua(s)
	복	eles elas	seu(s) sua(s)	os as	lhes	se	eles elas	seu(s) sua(s)

➡ ① você 와 vocês는 의미상 2인칭이나 동사는 3인칭 동사를 사용한다.
② tu는 주로 포르투갈에서 você는 브라질에서 많이 사용한다.

③ 재귀대명사 1인칭 복수의 경우, 동사에서 's'가 탈락된다.
   levantamos-nos(x)   *levantamo-nos(O)*
④ 소유격 대명사는 수식 받는 명사의 성·수에 일치한다.
⑤ 소유격 대명사 앞에 정관사를 붙일 수 있다.
   (a) nossa escola   *(os) meus livros*
⑥ 3인칭 단·복수인 "seu, sua, seus, suas" 당신의 의미를 가진 'você, senhor, senhora, senhorita' 등의 소유형용사의 경우에도 사용되기 때문에 여러 가지의 의미 (예를 들면 'sua casa' = 그의 집, 그녀의 집, 당신의 집, 그들의 집, 그녀들의 집, 당신들의 집)를 가지므로 의미의 혼동을 피하기 위하여 인칭대명사의 전치사격(ele, ela, eles, elas 등)을 전치사 'de'와 함께 써서 그 의미를 분명하게 할 수 있다.
   a casa dele 그의 집   *a casa dela* 그녀의 집
   a casa deles 그들의 집   *a casa delas* 그녀들의 집
⑦ 전치사격 목적격
   Ela gosta de mim.   그녀는 나를 좋아한다.
   Ela gosta de eu me levantar cedo.   그녀는 내가 일찍 일어나는 것을 좋아한다.

2. 지시대명사 (Pronome Demonstrativo)

부사	지시·대	남성 단수	남성 복수	여성 단수	여성 복수
cá, aqui	isto	este	estes	esta	estas
aí	isso	esse	esses	essa	essas
lá, ali	aquilo	aquele	aqueles	aquela	aquelas

● ① 지시 부사 'cá, aqui' '여기'라는 뜻으로 말하는 사람이 있는 위치를 나타낼 때 쓰인다.
  ② 지시 부사 'aí'는 '거기'라는 뜻으로 상대방이 있은 위치를 나타낼 때 쓰인다.
  ③ 지시 부사 'lá, ali'는 '저기'라는 뜻으로 제 3의 장소를 나타낼 때 쓰인다.
  ④ 지시 대명사 'isto, isso, aquilo'는 '이것, 그것, 저것'의 뜻으로 성·수에 변화하지 않는다.
  ⑤ 'este, esse, aquele'는 지시 대명사 및 지시 형용사로 사용되며 명사의 성·수에 따라 변화한다.

(1) 지시형용사 (Adjetivos Demonstrativos)

지시형용사도 한정형용사에 속하므로 명사의 앞에 놓이며 명사의 성·수에 일치한다. 우리말의 '이…, 그…, 저…'에 해당한다.

Esta novela é muito interessante.
이 소설은 매우 흥미롭다.
Esse livro é bom.
그 책은 좋은 책이다.
Esta tarde não estudo.
나는 오늘 오후에 공부하지 않는다.
Aquelas montanhas são muito altas.
저 산들은 굉장히 높다.
Este livro e essa caneta são meus.
이 책과 그 펜은 나의 것이다.

(2) 지시대명사 (Pronomes Demonstrativos)

지시대명사는 그것이 대신하는 성·수에 일치하여야 한다.

Este dicionário e aquele são do professor Pedro.
이 사전과 저 사전은 베드로 교수님의 것입니다.
Estas jovens e aquelas são coreanas.
이 젊은 여자들과 저 젊은 여자들은 한국인들이다.
Esta rua é estreita e aquela é ampla.
이 거리는 좁고 저 거리는 넓다.
O que é isto?　　　　　이것은 무엇입니까?

○ **aquele** 는 전자 **este** 는 후자의 의미를 가진다.

O Tiago e a Maria estão namorando; esta é pobre e aquele é rico.
야고보와 마리아는 연애중이다. 그런데 후자(Maria)는 가난하고 전자(Tiago)는 부자이다.

A Ana e a Rute são velhas amigas. Esta é brasileira e aquela é portuguesa.
아나와 룻은 절친한 친구들이다. 후자(Rute) 브라질인이고 전자(Ana)는 포르투갈인이다.

EXERCICIOS

1. 다음 문장을 보기와 같이 빈칸에 알맞은 소유격 대명사를 넣고 우리말로 옮기시오.

> (eu)   A minha blusa está em cima da mesa.
> 나의 블라우스는 테이블 위에 있다.

(1) (tu) _____ peúgas são essas.
(2) (eu) _____ pastas estão aí.
(3) (ele) ____ carro _____ está ao lado da porta.
(4) (eu) Onde está _____ lápis?
(5) (a senhora) Qual é _____ nome?
(6) (elas) ____ casa _____ não fica aqui?
(7) (você e eu) _____ professora é de Guimarães?
(8) (ela) _____ carteira _____ não é esta?
(9) (ele e eu) _____ pastas estão debaixo da mesa.
(10) (você) Quais são _____ camisolas?
(11) (o senhor) _____ esposa também está na sala.
(12) (a senhora) _____ vestidos são estes vermelhos?
(13) (eu) _____ relógio não está em cima da carteira.
(14) (elas) _____ camisas _____ são amarelas.
(15) (você e eu) _____ professores não estão em Coimbra.
(16) (ele e tu) Onde estão _____ livros de português?
(17) (tu) De que marca é _____ carro?
(18) (o senhor) _____ chave é esta, não é?
(19) (tu e eu) _____ armário está ali.
(20) (você) De que cor são _____ meias?

2. 다음 문장을 보기와 같이 빈칸에 알맞은 지시 대명사를 넣고 우리말로 옮기시오.

> (aqui) A minha caneta é <u>esta</u>.
> 내 펜은 이것이다.
> (aí) <u>Essas</u> meninas também são espanholas.
> 그 소녀들도 스페인 사람들이다.
> (ali) Quem são <u>aqueles</u> senhores?
> 저 분들은 누구입니까?

(1) (aí) _____ lápis são teus.
(2) (ali) _____ camisola é sua?
(3) (aqui) _____ meninas também estão de pé.
(4) (ali) De quem é _____ carro vermelho?
(5) (aqui) _____ borracha não é minha.
(6) (aí) _____ chaves são suas?
(7) (aqui) _____ senhora em pé é a Sra.Inês.
(8) (ali) _____ vestidos são dela.
(9) (aí) _____ sapatos castanhos são do Rui.
(10) (ali) _____ senhor sentado é meu tio.
(11) (aqui) Quem são _____ alunas?
(12) (aí) _____ saia é dela.
(13) (ali) _____ senhoras são portuguesas.
(14) (aí) _____ parede também é branca.
(15) (aqui) _____ fatos são do Sr.Tiago.

> De grão em grão a galinha enche o papo.
> 티끌모아 태산

직설법 현재(Presente do Indicativo)

1. 규칙 동사

	1군 동사 (AR)		2군동사 (ER)		3군 동사 (IR)	
	단수	복수	단수	복수	단수	복수
1인칭	-o	-amos	-o	-emos	-o	-imos
2인칭	-as		-es		-es	
3인칭	-a	-am	-e	-em	-e	-em

포르투갈어의 동사는 각 인칭·수에 따라 변화하기 때문에 인칭대명사 주격을 생략하여도 좋으나 3인칭인 경우는 혼돈을 피하기 위하여 인칭대명사 주격을 써주는 것이 좋다. 또한 인칭 대명사의 주격의 위치는 영어와는 달리 동사의 앞 뒤 어디에나 쓸 수 있으나 동사 앞에 쓰는 것이 일반적이다.

Falo português.   나는 포르투갈어를 말한다.
Falas inglês.   너는 영어를 말한다.
Ela fala francês.   그녀는 불어를 말한다.
Você fala coreano.   당신은 한국어를 말한다.
Falamos espanhol.   우리들은 스페인어를 말한다.

○ ① senhor(Sr.), senhora(Sra.), senhorita(Srita.)등 약자를 쓴다. 그러나 성 및 직위 앞에서만 약자를 쓸 수 있다.
② senhor, senhora, senorita가 성이나 직위 앞에 오지 않을 경우에는 경칭으로 2인칭이지만 동사는 você와 마찬가지로 3인칭 동사를 사용한다.
    Sr. Kim, fala português?   김 선생님, 포르투갈어를 말하십니까?

Sim, senhora. Falo português.   예, 부인, 저는 포르투갈어를 말합니다.
Sr. presidente da companhia Irmãs   이르망스 회사 사장님

2. 용법

① 말해지는 순간에 행해지는 행동이나 상태

   Estudamos português na sala de aula.
   우리들은 지금 교실에서 포르투갈어를 공부한다.

② 진리

   A terra é redonda.   지구는 둥글다.

③ 현재의 습관

   Levanto-me às seis da manhã.   나는 아침 6에 일어난다.

④ 가까운 미래를 나타낼 때

   Parto para o Brasil na semana que vem.
   나는 다음 주에 브라질에 간다.

⑤ 기호

   Gosto muito de tocar piano.   나는 피아노 치는 것을 매우 좋아한다.

⑥ 비인칭 용법으로 과거에서 현재까지 계속된 상태

   ⓐ Faz um mês que começamos a aprender português.
      우리들이 포르투갈어를 배우기 시작한지 한 달이 됩니다.

ⓑ Começamos a aprender português há um mês.
우리들은 한 달 전부터 포르투갈어를 배우기 시작했습니다.

3. 부정문, 의문문, 감탄문

(1) 부정문 (Oração Negativa)

부정문을 만들기 위해서는 긍정문의 동사 앞에 부정어인 'não'을 놓으면 된다. 부정문에서는 대명사의 목적격이나 재귀대명사가 동사 앞으로 온다.

Ele é professor.	그분은 교수님이시다.
Ele não é professor.	그분은 교수님이 아니시다.
Ela come pão.	그녀는 빵을 먹는다.
Ela não come pão.	그녀는 빵을 먹지 않는다.
Ela traz-me o livro.	그녀는 나에게 그 책을 가져온다.
Ela não me traz o livro.	그녀는 나에게 그 책을 가져오지 않는다.

(2) 의문문 (Oração Interrogativa)

① 의문사가 없는 의문문은 평서문과 똑같이 주어 뒤에 동사가 오고 끝을 올려 읽으면 된다.

Ele está na biblioteca.	그는 도서관에 있다.
Ele está na biblioteca?	그는 도서관에 있습니까?

② 의문사가 있으면 의문사 뒤에 동사 주어가 온다. 그러나 'é que'가 들어 갈 때는 "의문사 + é que + 주어 + 동사" 가 된다.

Quando parte ele?	그는 언제 출발하느냐?
Quando é que ele parte?	그는 언제 출발하느냐?

(3) 감탄문 (Oração Exclamativa)

감탄문은 감탄부호를 뒤에 붙인다. 기본적인 감탄문 구성은 다음과 같다.

① Que + 명사 + tão + 형용사!

    Que meninas tão bonitas!   얼마나 아름다운 소녀들인가!
    Que comida tão saborosa!   얼마나 맛있는 음식인가!

② Que + 형용사 + 동사 + 명사!

    Que bravo é esse touro!   그 투우소는 얼마나 힘이 센가!
    Que bonita é a aluna!   그 여학생은 얼마나 아름다운가!
    Que difícil é o russo!   러시아어는 얼마나 어려운가!

③ 간단한 형식을 취하는 경우도 있다.

    Que frio!   얼마나 추운가!
    Que bonita casa!   참으로 아름다운 집이군!

④ 'Que' 이외의 의문사를 사용하는 경우

    Quanta alegria!   얼마나 즐거운가!
    Quantos livros!   얼마나 많은 책인가!

4. 기본문형

(1) QUEM (누가)

사람에 대해서 묻는 의문 대명사이다. 성·수에 변화하지 않는다.

Quem é aquele homem?	저 사람은 누구냐?
Ele é meu primo.	그는 내 사촌 동생이다.
Quem estuda português?	누가 포르투갈어를 공부합니까?
De quem é este carro?	이 자동차는 누구의 것입니까?
Com quem conversas?	너는 누구와 대화하니?

família

o avô 할아버지	a avó 할머니
o marido 남편	a esposa 아내
o pai 아버지	a mãe 어머니
o irmão 형, 남동생	a irmã 누나, 여동생
o filho 아들	a filha 딸

(2) O QUE (무엇)

성·수에 변화하지 않으며 'o que'는 의문 대명사로 'que'는 의문형용사로 쓰인다

O que é isto?	이것이 무엇이냐?
Isso é um livro.	그것은 책이다.
O que pergunta ela?	그녀는 무엇을 질문합니까?
Que horas são agora?	지금은 몇 시입니까?
São duas e um quarto da tarde.	오후 2시 15분입니다.
Em que dia estamos hoje? (B)	오늘은 무슨 요일입니까?
Estamos no sábado. (B)	오늘은 토요일입니다.
Que dia é hoje? (P)	오늘은 무슨 요일입니까?
Hoje é sábado. (P)	오늘은 토요일입니다.

Em que dia do mês estamos hoje? (B)　오늘은 몇 월 몇 일입니까?
Estamos no dia quinze de agosto. (B)　오늘은 8월 15일입니다.
Quantos são hoje? (P)　오늘은 몇 월 몇 일입니까?
São quinze de Agosto. (P)　오늘은 8월 15일입니다.
A que horas te deitas e te levantas?
너는 몇 시에 자고 몇 시에 일어나느냐?
Deito-me à meia-noite e levanto-me às seis e meia da manhã.
나는 자정에 자고 아침 6시 반에 일어납니다.

(3) QUANDO (언제)

때를 묻는 의문부사이다.

Quando é que fazes anos?　너의 생일은 언제이냐?
Faço anos no dia qunize de agosto.　제 생일은 8월 15일입니다.
Desde quando moras aqui?　너는 언제부터 여기서 살고 있느냐?

os dias da semana (요일)

o Domingo	일요일	a Segunda feira	월요일
a Terqa-feira	화요일	a Quarta-feira	수요일
a Quinta-feira	목요일	a Sexta-feira	금요일
a Sàbado	토요일		

mês (달)

Janeiro	1월	Fevereiro	2월	Março	3월
Abril	4월	Maio	5월	Junho	6월
Julho	7월	Agosto	8월	Setembro	9월
Outubro	10월	Novembro	11월	Dezembro	12월

○ 브라질에서는 달 이름과 요일 이름은 대문자 혹은 소문자 둘 다 가능하다.
　포르투갈에서는 대문자를 주로 사용한다.

(4) ONDE (어디서)

장소를 묻는 의문부사이다.

Onde está a caneta? 펜은 어디에 있습니까?
A caneta está dentro da caixa do lápis. 펜은 필통 안에 있습니다.
　　　　　　(do estojo)

dentro de	~ 안에	fora de	~ 밖에
diante de	~ 앞에	atrás de	~ 뒤에
em cima de	~ 위에	embaixo de	~아래에
ao lado de	~ 옆에	entre ~ e	~과 ~사이에

Aonde vais agora? 너는 지금 어디에 가느냐?
Onde fica a Coréia? 한국은 어디에 위치해 있습니까?
A Coréia fica na Ásia. 한국은 아시아에 위치에 있습니다.

a Coréia	한국	a Ásia	아시아
a América do Norte	북아메리카	a Europa	유럽
a América do Sul	남아메리카	a África	아프리카

(5) COMO (어떻게, 얼마나)

상태나 방법 등을 묻는 의문 부사이다

Como está o tempo hoje? 오늘 날씨는 어떻습니까?
Está chovendo agora. (B) 지금 비가 내리고 있습니다.
Está a chover agora. (P) 지금 비가 내리고 있습니다.

| tempo | 날씨 | amanhã | 내일 |
| hoje | 오늘 | ontem | 어제 |

Como se chama? (B)　　　　　네 이름이 무엇이냐?
Como te chamas? (P)
Chamo-me Tiago.　　　　　　제 이름은 야고보입니다.
Como vens à escola?　　　　　너는 어떻게 학교에 오느냐?
Venho de metrô.　　　　　　저는 지하철을 타고 옵니다.

de ônibus	버스로(B)	de avião	비행기로
de autocarro	버스로(P)	de metrô	지하철로
de trêm	기차로(B)	de navio	배로
de comboio	기차로(P)	de bicicleta	자전거로
de bonde	전차로(B)	a cavalo	말타고
de eléctrico	전차로(P)	a pé	걸어서

(6) POR QUE (왜)

이유를 묻는 의문부사이다.

Por que é que estuda português? (B)　너는 왜 포르투갈어를 공부하느냐?
Por que é que estudas português? (P)
Estudo português para ser jornalista.
저는 신문기자가 되기 위하여 포르투갈어를 공부합니다.

(7) QUAL(QUAIS) (어떤 것, 어떤 사람)

의문 대명사로 사용되며 수에 따라 변화한다.

Qual é a capital de Portugal?　　　포르투갈의 수도는 어디입니까?
É Lisboa.　　　　　　　　　　　리스본입니다.
Quais são os seus livros?　　　　　어느 것이 당신의 책입니까?
Qual é a sua profissão?　　　　　　당신의 직업은 무엇입니까?
É médico.　　　　　　　　　　　의사입니다.

○ 'o que'는 본질 혹은 개념에 대한 질문인데 반하여 'qual'은 여러 가지 중에서 어떤 것을 취하느냐라는 선택의 문제이다.

  O que é o problema?   무엇이 문제이냐?
  Qual é o problema?   어떤 것이 문제이냐?

(8) QUANTO (A, OS, AS)

의문대명사와 의문형용사로 쓰인다. 의문형용사로 쓰일 경우 성·수에 따라 변화한다.

Quanto tempo se leva de casa à escola?
너의 집에서 학교까지 얼마 걸리느냐?
Leva-se mais ou menos vinte minutos a pé.
걸어서 약 20분 걸립니다.
Quantas estações há num ano?   일 년은 몇 계절입니까?
Há quatro estações.   4 계절입니다.
Quais são?   무엇 무엇이지요?
São a primavera, o verão, o outono e o inverno.
봄, 여름, 가을, 겨울입니다.
Quanto custa?   얼마인가?

5. 불규칙 동사

(1) 'SER' 동사와 'ESTAR' 동사

ser(…이다) 와 estar(…이 있다)는 불규칙 동사이다. 이들은 영어의 'to be'와 같은 뜻을 가지고 있으나 용법은 다르다.

① SER 동사의 용법

ⓐ SER 동사의 보어로 형용사, 명사, 대명사가 쓰여 주어의 본질을 나타낸다.

O Tiago é alto.	띠아고는 키가 크다.
A casa é nova.	그 집은 새 집이다.
A Maria é amável.	마리아는 친절하다.
Eles são estudantes.	그들은 학생들이다.
A Maria e o Tiago são estudantes.	마리아와 띠아고는 학생들이다.
Quem é ela?	그녀는 누구냐?
Ela é a minha irmã.	그녀는 내 여동생이다.

ⓑ 시간, 때, 양, 가격 등을 나타낼 때 쓰인다.

Que horas são?	지금은 몇 시입니까?
São cinco da tarde.	오후 5시입니다.
É muito tarde.	너무 늦었다.
Que dia é hoje?	오늘은 무슨 요일입니까?
É a terça-feira.	오늘은 화요일입니다.
Quantos são?	몇 개입니까? (몇 명입니까?)
São muitos.	많습니다.
Quanto é?	얼마입니까?
São mil escudos.	천 에스꾸두입니다.

➡ ① "Quantos são?"은 "여기 있는 사람들이 몇 명입니까?" 혹은 "여기 있는 물건이 몇 개입니까?" 라고 물을 때 쓰는 말로서 항상 복수형을 써야하며 사람 혹은 사물이 여성인 경우에는 "Quantas são?"을 써야한다. 그러나 "값이 얼마입니까?" 라고 할 때는 단수로 "Quanto é?"를 써야하며 그에 대한 대답은 단수형일 경우에는 "É um escudo." 이며 '2 escudos' 이상이면 복수로 'são'을 써야 한다. 물론 가격을 물을 때는 "Quanto custa?"를 많이 쓴다.
② 포르투갈의 화폐단위는 'escudo'였는데 유럽 화폐가 통일되어 지금은 'euro'가 통용된다. 브라질의 화폐단위는 'real'이다.

ⓒ 전치사 'de' 와 함께 쓰여 소유, 출신, 재료 등을 나타낸다.

A casa é de Maria.	그 집은 마리아의 집이다.
As luvas são de Carlos.	그 장갑은 까를로스의 것이다.
Eles são de São Paulo.	그들은 São Paulo 출신이다.

Elas são de Portugal. 그녀들은 포르투갈 사람들이다.
Este vinho é do Porto. 이 포도주는 Porto산이다.
O pão é de farinha. 그 빵은 밀가루 빵이다.
O relógio é de ouro. 그 시계는 금 시계이다.

② 'ESTAR' 동사와 'FICAR' 동사의 용법

ⓐ 주어의 고정적인 위치를 나타낼 때는 'ficar'를 쓰고 잠정적인 위치를 나타낼 때는 'estar'를 쓴다.

A Coréia fica na Ásia. 한국은 아시아에 있다.
Estamos na sala de aula. 우리들은 교실에 있다.
O Pedro está na biblioteca. 베드로는 도서관에 있다.
O Rui e eu estamos no teatro. 루이와 나는 극장에 있다.

❂ ① 'O Rui e eu' 이런 경우 'eu' 언제나 뒤에 써야 한다.
② 형용사 혹은 과거분사가 형용사로 쓰이는 경우 주어의 상태를 나타낸다. 이 경우 주어의 성·수에 일치해야한다.
  O portão está aberto. 대문이 열려있다.
  A porta está aberta. 문이 열려 있다.
③ 어떤 형용사들은 'ser' 동사와 함께 쓰이느냐 혹은 'estar' 동사와 함께 쓰이느냐에 따라 그 뜻이 달라진다.
  Ele é bom. 그는 좋은 사람이다.
  Ele está melhor. 그는 (병들었다가) 완쾌되었다.
④ 포르투갈에서는 사람 이름 앞에 정관사를 붙이지만 브라질에서는 붙이지 않는다.
  o Rui, a Maria (P)   *Rui, Maria (B)*
⑤ 주관적인 의견이나 주어의 상태 혹은 상황이 변하였을 때는 일반적으로 'ser' 대신 'estar' 동사를 쓴다.
  A Maria é alegre mas hoje não está alegre.
  마리아는 명랑한 여자이나 오늘은 명랑하지 않다.
  Esta gravata é barata, mas está cara para mim.
  이 넥타이는 싸다. 그러나 나에게는 비싸다.
  A Teresa não está gorda.
  떼레사는 지금은 뚱뚱하지 않다.

(2) 'SABER' 동사와 'CONHECER' 동사

① SABER 동사

ⓐ ~을 할 줄 안다 (saber + inf.)

    Sabe falar português? (B)   포르투갈어를 할 줄 아십니까?
    Sabes falar português? (P)
    Sim, sei falar.   예, 할 줄 압니다.
    Sabes jogar tênis?   테니스를 칠 줄 아세요?
    Não, não sei jogar.   아니오, 칠 줄 모릅니다.

ⓑ ~한 사실을 안다.

    Sabe que chegam amanhã a Teresa e o seu irmão?
    떼레사와 그녀의 오빠가 내일 도착한다는 것을 아십니까?
    Não, não sei nada.   아니오, 전혀 몰라요.
    Sabem onde está a Juana?
    당신들은 쥬안나가 어디에 있는지 아십니까?
    Sim, sabemos onde ela está.   예, 그녀가 어디 있는지 압니다.

ⓒ 학문, 지식 등을 안다.

    O Carlos sabe muito bem a história da Coréia.
    까를로스는 한국의 역사에 대하여 매우 잘 안다.
    Sabe qual é a capital do Brasil?
    브라질의 수도가 어디인지 아십니까?

ⓓ ~에 관하여

    Sabemos bem da Revolução dos Cravos.
    우리들은 카네이션 혁명에 대하여 잘 압니다.

② CONHECER 동사

ⓐ 사람을 사귀어서 아는 경우에 사용된다.

　　Conhece bem Pedro? (B)　　　베드로를 (사귀어서) 잘 아느냐?
　　Conheces bem o Pedro (P)
　　Sim, conheço-o bem desde o tempo da criança.
　　예, 어렸을 때부터 잘 알고 있습니다.

ⓑ 어느 도시(혹은 나라)를 가보아서 잘 안다.

　　Conhece o Rio de Janeiro?　　　리오에 가보셨나요?
　　Sim, conheço-o muito bem, já fui lá várias vezes.
　　예, 잘 압니다. 이미 여러 차례 그곳에 가보았습니다.

(3) "~ 한지 얼마 된다." 혹은 "~전부터 ~하고 있다."의 표현
즉 과거에 시작된 행위가 아직도 계속되고 있는 것을 표현한다.

① ｜ faz + 기간 + que + 주어 + 동사 ｜

　　Faz dois anos que moro no Rio.
　　내가 리오에 산지 2년이 된다.
　　Faz um mês e meio que aprendemos português.
　　우리들이 포르투갈어를 배운지 한 달 반이 됩니다.

② ｜ 주어 + 동사 + há + 기간 ｜

　　Moro no Rio há dois anos.
　　나는 2년 전부터 리오에서 산다.
　　Aprendemos português há um mês e meio.
　　우리들은 한 달 반전부터 포르투갈어를 배워오고 있습니다.

(4) HAVER 동사

① '~있다.' (무인칭으로 쓰이며 단·복수에 관계없이 'há' 만 쓰인다.)

Há muita gente na rua.	거리에는 많은 사람들이 있다.
Há muitas flores no jardim.	정원에는 많은 꽃들이 있다.
Há quantas estações num ano?	일년은 몇 계절입니까?
Há quatro estações num ano.	일년에는 4계절이 있습니다.

② "~을 해야만 된다."

haver(ter) + de + inf.
haver(ter) + que + inf.

Havemos que respeitar os pais.
우리들은 부모님을 공경해야만 한다.
Você há-de estudar muito.
전에 공부를 열심히 해야만 했다.

※ 중요한 불규칙 동사는 다음과 같다.

① 어미가 'AR'로 끝나는 동사

dar (주다)

	단수	복수
1인칭	dou	damos
2인칭	dás	
3인칭	dá	dão

estar (~있다)

	단수	복수
1인칭	estou	estamos
2인칭	estás	
3인칭	está	estão

② 어미가 'ER'로 끝나는 동사

dizer (말하다)

	단수	복수
1인칭	digo	dizemos
2인칭	dizes	
3인칭	diz	dizem

fazer (만들다)

	단수	복수
1인칭	faço	fazemos
2인칭	fazes	
3인칭	faz	fazem

haver (~있다)

	단수	복수
1인칭	hei	havemos
2인칭	hás	
3인칭	há	hão

ler (읽다)

	단수	복수
1인칭	leio	lemos
2인칭	lês	
3인칭	lê	lêem

perder (잃다)

	단수	복수
1인칭	perco	perdemos
2인칭	perdes	
3인칭	perde	perdem

poder (~할 수 있다)

	단수	복수
1인칭	posso	podemos
2인칭	podes	
3인칭	pode	podem

querer (원하다)

	단수	복수
1인칭	quero	queremos
2인칭	queres	
3인칭	quer	querem

saber (알다)

	단수	복수
1인칭	sei	sabemos
2인칭	sabes	
3인칭	sabe	sabem

ser (~이다)

	단수	복수
1인칭	sou	somos
2인칭	és	
3인칭	é	são

ter (가지다)

	단수	복수
1인칭	tenho	temos
2인칭	tens	
3인칭	tem	têm

trazer (가져오다)

	단수	복수
1인칭	trago	trazemos
2인칭	trazes	
3인칭	traz	trazem

ver (보다)

	단수	복수
1인칭	vejo	vemos
2인칭	vês	
3인칭	vê	vêem

③ 어미가 'IR'로 끝나는 동사

cuspir (침뱉다)

	단수	복수
1인칭	cuspo	cuspimos
2인칭	cospes	
3인칭	cospe	cospem

dormir (잠자다)

	단수	복수
1인칭	durmo	dormimos
2인칭	dormes	
3인칭	dorme	dormem

ir (가다)

	단수	복수
1인칭	vou	vamos
2인칭	vais	
3인칭	vai	vão

ouvir (듣다)

	단수	복수
1인칭	ouço	ouvimos
2인칭	ouves	
3인칭	ouve	ouvem

pedir (요구하다)

	단수	복수
1인칭	peço	pedimos
2인칭	pedes	
3인칭	pede	pedem

sair (나가다)

	단수	복수
1인칭	saio	saímos
2인칭	sais	
3인칭	sai	saem

sentir (느끼다)

	단수	복수
1인칭	sinto	sentimos
2인칭	sentes	
3인칭	sente	sentem

servir (봉사하다)

	단수	복수
1인칭	sirvo	servimos
2인칭	serves	
3인칭	serve	servem

vestir (옷을 입다)

	단수	복수
1인칭	visto	vestimos
2인칭	vestes	
3인칭	veste	vestem

vir (오다)

	단수	복수
1인칭	venho	vimos
2인칭	vens	
3인칭	vem	vêm

mentir (거짓말하다)

	단수	복수
1인칭	minto	mentimos
2인칭	mentes	
3인칭	mente	mentem

preferir (~을 더 좋아하다)

	단수	복수
1인칭	prefiro	preferimos
2인칭	preferes	
3인칭	prefere	preferem

divertir-se (즐기다)

	단수	복수
1인칭	divirto-me	divertimo-nos
2인칭	divertes-te	
3인칭	diverte-se	divertem-se

sorrir (미소 짓다)

	단수	복수
1인칭	sorrio	sorrimos
2인칭	sorris	
3인칭	sorri	sorriem

pôr (놓다)

	단수	복수
1인칭	ponho	pomos
2인칭	pões	
3인칭	põe	põem

Não deixes para amanhã o que podes fazer hoje.
오늘 할 일을 내일로 미루지 마라.

LEITURA

A minha família

Em casa somos sete: a minha avó, o meu pai, a minha mãe, o meu irmão, as minhas duas irmãs e eu. Chamo-me Tiago. O meu irmão do meu pai é casado com uma senhora brasileira e também tem quatro filhos: uma menina e três meninos. Ela tem agora dezassete anos; os meninos têm dez, doze e quinze anos. Quantos anos tem a minha mãe? Ela tem quarenta anos e menos dois anos do que o meu pai.

Nós temos telefone em casa. O nosso telefone tem este núemro:760-1432 (sete, meia,zero, um, quatro, três, dois).

VOCABULÁRIO

a menina: 소녀 (여기서는 딸의 의미로 사용되었음)
o menino: 소년 (여기서는 아들의 의미로 사용되었음)
ser casado com ~와 결혼하다.

☞ 'meia'는 'meia-dúzia'의 의미로 반 다스 즉 숫자 '6'을 나타낸다. 포르투갈어에서는 숫자 '6'과 '7'이 비슷하게 발음되므로 전화에서 혼동을 피하기 위하여 숫자 '6'을 'seis' 대신 'meia'로 말한다.

PERGUNTAS

1. Quantas pessoas tem a família do Tiago?
2. Quais são?
3. Quantos anos tem o pai do Tiago?

4. Qual é o número do telefone do Tiago?
5. Com quem é casado o tio do Tiago?
6. Quantos irmãos tem o Tiago?
7. Quantos anos têm os primos do Tiago?
8. Qual é o número do teu telefone?
9. Quantas pessoas tem a tua família?
10. Quais são?

EXERCÍCIOS

1. (   )의 동사를 문장에 맞도록 직설법 현재형으로 변화시키시오.

(1) Agora nós _____ (comer) chocolates.
(2) Tu não _____ (compreender) bem.
(3) A Maria _____ (viver) na casa do seu tio.
(4) O Sr.Rui _____ (partir) para a Europa.
(5) Eu _____ (escrever) duas cartas por mês aos meus pais.
(6) Eles _____ (aprender) a história da Coréia.
(7) Sempre ela _____ (beber) muito.
(8) A Ana e o Rui _____ (tomar) o trem para Pusan.
(9) Você e eu _____ (receber) os presentes de Natal.
(10) A professora _____ (abrir) a janela.

2. 'SER' 와 'ESTAR' 동사 중 하나를 선택하여 주어에 맞도록 변화시키시오.

(1) Onde _____ eles agora?
(2) O Rui e eu _____ de Portugal.
(3) Esta carta _____ para meu pai.
(4) A água _____ muito fria.
(5) Este vinho _____ de França.

(6) A neve _____ branca.

(7) A Maria _____ cansada agora e deseja dormir.

(8) A Anita _____ pronta para sair a fazer as compras.

(9) As janelas _____ abertas?

(10) _____ boa idéia.

3. 문장에 맞는 의문사를 괄호 안에 넣으시오.

(1) (   ) vem ela? Ela vem amanhã.

(2) (   ) fala? Aqui fala o Rui, amigo da Maria.

(3) (   ) compras o livro? Compro-o numa livraria.

(4) Desde (   ) mora você aqui?

(5) (   ) fala português tão bem?

(6) (   ) alunas vêm? Vêm seis ao todo.

(7) (   ) está o Tiago? Está bem.

(8) (   ) aprende línguas estrangeiras? O Tiago e a Ana aprendem.

(9) (   ) está o tempo hoje? Está agradável.

(10) (   ) estudas? Estudo português.

TRADUZIR

1. 수업은 몇 시에 시작하여 몇 시에 끝납니까?
   수업은 오전 9시 반에 시작하여 오후 5시에 끝납니다.
2. 당신은 몇 학년입니까? 나는 대학교 일 학년입니다.
3. 당신은 몇 살입니까? 나는 19살입니다.
4. 선생님은 어디에 계십니까? 선생님 칠판 앞에 서 계십니다.
5. 당신의 취미는 무엇입니까? 나의 취미는 테니스 치는 것입니다.
6. 무지개는 무슨 색깔입니까?
   빨강, 주황, 노랑, 초록, 파랑, 남색 그리고 보라색입니다.
7. 브라질에서는 어떤 언어로 말합니까? 포르투갈어입니다.
8. 한국의 날씨는 어떠합니까?

봄에는 따뜻하고, 여름에는 덥고, 가을에는 시원하며, 겨울에는 춥습니다.
9. 너는 수업이 끝난 후 어디에서 공부하느냐? 저는 도서관에서 공부합니다.
10. 나는 파두(fado)를 학교 동료들과 함께 부르고 싶습니다.
11. 너는 수영할 줄 아느냐? 예, 물고기처럼 잘합니다.
12. 지금 몇 시입니까? 제 시계로는 4시 15분전입니다.
    당신 시계는 좀 빠르군요.
13. 당신은 몇 시에 점심식사를 하십니까?
    저는 보통 12시 반경에 합니다.
14. 사과 1kg에 얼마입니까? 50 escudos입니다.
15. 나는 목이 몹시 마릅니다.
16. 너는 한 달에 몇 번 부모님께 편지를 쓰느냐?
    2주에 한 번씩 편지를 씁니다.
17. 너희들이 포르투갈어를 배운 지 얼마 되느냐?
    두 달이 됩니다.
18. 너의 휴대폰 번호는 어떻게 되느냐? 내 휴대폰 번호는 010-6785-2760입니다.
19. 포르투갈어와 스페인어는 매우 비슷합니다.
20. 브라질은 어디에 위치해 있습니까? 남아메리카에 있습니다.
21. 세월은 아무도 기다리지 않는다.
22. 심은 대로 거둔다.
23. 시작이 반이다.
24. 아니 땐 굴뚝에 연기가 나랴?
25. 모든 길은 로마로 통한다.

무지개: o arco-íris
남색: anil
따뜻한: agradável
수영하다: nadar
전화 번호: o número de telefone
방과 후: depois das aulas
휴대폰: telemóvel (P)

주황색: alaranjado
보라색: violeta
시원한: fresco
물고기처럼: como um peixe
도서관: a biblioteca
함께: juntos
휴대폰: celular (B)

2주에 한 번: de duas em duas semanas, uma semana sim, uma semana não
세월: tempo e maré
노래 부르다: cantar
거두다: colher
길: o camninho
연기: fumo
~과 비슷하다: ser parecido(a) com
대학교 1학년 학생: o(a) calouro(a), o(a) caloiro(a)
포르투갈 민속 음악: o fado

기다리다: aguardar por, esperar por
심다: semear
동료: o(a) colega
목마르다: estar com sede, ter sede
불: fogo
내 시계로는: pelo meu relógio

Sou Eu

Um dia Joãozinho perdeu-se na cidade.
Muito vivo e esperto, dirigiu-se a um guarda-civil:
    - Seu guarda, o Sr. não viu um pai sem o seu filhinho?
    - Não vi. Por que pergunta?
E Joãozinho, choroso:
    - O filhinho sou eu.....

Não há fogo sem fumo.
아니 땐 굴뚝에 연기가 나랴?

6 형용사와 부사

1. 형용사 (Adjetivo)

형용사에는 품질형용사(사물의 성질이나 상태를 나타내는 형용사)와 한정 형용사(지시, 소유, 의문, 수, 부정을 나타내는 형용사)가 있다. 여기서는 우선 품질형용사만을 알아보기로 한다.

(1) 성·수의 일치

형용사는 명사를 직접 수식하거나 보어로 쓰일 경우, 그 명사의 성·수에 일치하여야 한다.

① 어미가 '-o'로 끝나는 형용사는 다음과 같이 변화한다.

'-o'로 끝나는 형용사의 어미 변화

	단수	복수
남	-o	-os
여	-a	-as

단수		복수	
o livro novo	새 책	os livros novos	새 책들
a casa nova	새 집	as casas novas	새 집들

70

② '-o' 이외의 문자로 끝나는 대부분의 형용사는 남성형과 여성형이 같으며 수에 만 변화한다.

단수		복수
o livro interessante	재미있는 책	os livros interessantes
a foto interessante	재미있는 사진	as fotos interessantes
o lápis azul	푸른 연필	os lápis azuis
a tinta azul	푸른 잉크	as tintas azuis

(불규칙 변화) bom → boa 좋은　　mau → má 나쁜
　　　　　　um → uma 하나　　nenhum → nenhuma ~없는

③ '-o' 아닌 문자로 끝나는 형용사라도 그것이 국적에 관한 것이면 성·수에 변화도 한다.

단수		복수
um homem espanhol	스페인 남자	uns homens espanhóis
uma mulher espanhola	스페인 여자	umas mulheres espanholas
um menino português	포르투갈 소년	uns meninos portugueses
uma menina potuguesa	포르투갈 소녀	umas meninas portuguesas

④ 보어가 된 형용사도 주어의 성·수에 일치하여야 한다.

A casa da Maria é bonita.	마리아의 집은 예쁘다.
As flores do João são vermelhas.	요한의 꽃들은 빨갛다.
As novelas dele são interessantes.	그의 소설은 재미있다.

(2) 형용사의 위치

① 품질 형용사는 대체로 명사 뒤에 놓여 그 명사의 성질이나 상태를 제한한다. 그러나 원래 그 명사의 속성을 나타내주기 위해서는 명사의 앞에 놓는다.

umas flores bonitas   몇 송이의 아름다운 꽃들
um edifício alto   높은 건물
doce mel   단 꿀
branca neve   하얀 눈

② 어떤 형용사들은 명사의 앞에 쓰일 때와 뒤에 쓰일 때 그 뜻이 다른 경우가 있다.

um homem pobre 가난한 사람   um pobre homem 가엾은 사람
um soldado simples 어리석은 병사   um simple soldado 일개 병사
uma casa nova 새로 지은 집   uma nova casa 새로 산(얻은) 집
um homem grande 큰 사람   um grande homem 위대한 사람

2. 부사

(1) 부사의 형태

① 형용사의 여성 어미에 'mente'를 붙이면 된다.

alto → altamente   feliz → felizmente

② "com + 추상명사"는 부사가 된다.

com facilidade   쉽게   com felicidade   행복하게
com frequência   빈번이   com habilidade   훌륭한 솜씨로
com alegria   즐겁게   com tristeza   슬프게
com claridade   명확하게

Ela pronuncia as palavras com muita claridade.
그 여자는 아주 명확하게 단어를 발음한다.

③ 부사가 반복되는 경우, 앞의 부사는 형용사의 여성형으로 만들고 마지막 부사에만 'mente'를 붙인다.

Eles cantam alegre, alta e fortemente.
그들은 즐겁고, 크고 힘차게 노래를 부른다.
Ele fala clara, lenta, e habilmente.
그는 명확하게, 천천히 그리고 재치있게 말한다.

(2) 비교급

① 동등비교

ⓐ tão + 형용사, 부사 + como

Ela é tão alta como o pai. 그녀는 그녀의 아버지만큼 크다.
Eu conheço-a tão bem como você. 나도 당신만큼 그녀를 잘 안다.

ⓑ tanto(a, os, as) + 명사 + como

Eu tenho tantos livros como tu. 나는 너만큼 책을 많이 가지고 있다.

ⓒ 동사 + tanto como

Ela bebe tanto como o marido.
그녀도 그녀의 남편만큼 술을 잘 마신다.

② 우등(열등)비교

ⓐ mais(menos) + 형용사, 부사, 명사 + (do) que

Esta flor é menos bonita do que aquela.
이 꽃이 저 꽃보다 덜 아름답다.

Ele fala mais depressa do que eu.
그는 나보다 말을 더 빠르게 한다.
É mais difícil um rico entrar no Reino de Deus do que um camelo passar pelo fundo duma agulha.
부자가 하늘나라에 들어가는 것이 낙타가 바늘구멍을 통과하기보다 더 어렵다.
Eu tenho mais livros do que ela.
내가 그녀보다 더 많은 책을 갖고 있다.
Eu tenho menos dinheiro do que ela.
나는 그녀보다 돈을 적게 갖고 있다.

ⓑ 동사 + mais(menos) + do que

Ele estuda agora mais do que antes.
그는 요즈음 전보다 공부를 더 많이 한다.

(3) 최상급

① 우등(열등) 최상급

ⓐ 정관사 + mais(menos) + 형용사 + 전치사 (de)

Esta é a flor menos bonita de todas.
이 꽃은 모든 꽃들 중에서 제일 예쁘지 않다.

ⓑ mais(menos) + 부사 + 전치사 (de)

O Paulo corre mais rapidamente de todos.
바울은 모든 사람 중에서 가장 빨리 달린다.
De que estação gosta mais?
너는 어느 계절을 가장 좋아하느냐?
Eu gosto mais do inverno.
저는 겨울을 가장 좋아합니다.

② 형용사의 절대 최상급

형용사가 자음으로 끝날 때는 어미에 'íssimo(a,os,as)'를 모음으로 끝나는 경우에는 모음을 떼고 'íssimo(a,os,as)'를 붙여 주며, "굉장히 ~하다."는 의미를 가진다.

O preço é altíssimo.   값이 굉장히 비싸다.
A casa é bonitíssima.   그 집은 굉장히 아름답다.

③ 수량의 표현은 'mais(menos) + de'의 형식을 취한다.

Ela tem menos de quinhentos livros.
그녀는 500권 이하의 책을 가지고 있다.
Ele tem mais de um milhão de dólares.
그는 100만 달러 이상의 돈을 갖고 있다.

◑ milhão, bilião(bilhão) 다음에도 전치사 'de'가 동반된다.

④ 내용적으로 최상급의 의미를 가지는 표현

Ninguém a ama mais do que eu.
아무도 나보다 그녀를 더 사랑하지 않는다.

▶ 형용사와 부사의 비교급, 최상급의 불규칙 변화

원급	비교급	최상급
muito	mais	o mais
pouco	menos	o menos
grande	maior	o máximo
pequeno	menor	o mínimo

원급	비교급	최상급
bom(boa)	melhor	o ó(p)timo
mau(má)	pior	o péssimo
bem	melhor	ó(p)timo
mal	pior	péssimo

3. 관사

(1) 정관사의 용법

① 정관사는 지칭하는 명사 전체를 나타낸다.

O homem é mortal.	인간은 죽는다.
O ouro é útil.	금은 유용한 것이다.
A rosa é bonita.	장미는 예쁘다.
Os chineses tomam chá.	중국인들은 차를 마신다.

② 정관사는 특정한 사람과 사물을 나타낸다.

O homem é meu tio.	그 사람은 나의 삼촌이다.
Os japoneses vão ao Brasil.	그 일본인들은 브라질에 간다.
Escrevo as cartas.	내가 그 편지를 쓴다.
Ele come a carne.	그가 그 고기를 먹는다.

➡ 그러나 특정한 의미를 지니지 않은 것은 정관사를 생략하는 경우가 많다.
Os alunos compram livros e os camponeses compram sementes.
학생들은 책을 사고 농부들은 씨앗을 산다.
Eu sempre como pão.   나는 항상 빵을 먹는다.

③ 언어의 명칭을 나타내는 명사 앞에 쓴다.

O português é muito interessante.	포르투갈어는 매우 흥미롭다.
O russo é muito difícil.	러시아어는 매우 어렵다.
Eu estudo o inglês.	나는 영어를 공부한다.

➡ ⓐ 'falar' 동사 다음에 언어의 명칭이 올 때는 관사를 생략한다.
Elas falam francês.   그녀들은 불어를 말한다.
ⓑ 언어의 명칭이 전치사 'de' 혹은 'em' 함께 부사구나 형용사구를 이루게 될 때는 관사가 생략된다.
O João é professor de alemão.   요한은 독일어 교수이다.
Falamos em francês.   우리들은 불어로 말한다.

ⓒ 근래에 와서는 언어의 명칭이 'estudar, aprender' 등의 동사 다음에 올 때도 관사를 생략하는 경우가 많다.
  Eu estudo português.   나는 포르투갈어를 공부한다.

④ 존칭과 직위(senhor, senhora, senhorita, presidente, general, professor, director) 등을 나타내는 말이 성 앞에 올 경우에는 관사를 쓴다.

O senhor Carlos está agora na Inglaterra.
Carlos씨는 지금 영국에 있다.
O professor Luís é de Coimbra.
루이스 교수는 꼬임브라 출신이다.

▶ 호칭일 경우에는 생략한다.
  Professor Luís, quando chegou ao Brasil?
  루이스 교수님, 언제 브라질에 도착하셨습니까?

⑤ 국명과 도시명에는 대부분 관사가 붙는다.

o Brasil, os Estados Unidos da América, a Coréia, o Japão
a Itália, a China, a Inglaterra, a Espanha, a Alemanha
o Rio de Janeiro, o Porto

(예외) 포르투갈은 관사를 붙이지 않는다.   *Portugal*

국명	형용사(남성형)	형용사(여성형)
a Coréia	coreano	coreana
a Alemanha	alemão	alemã
a Angola	angolano	angolana
a Arabia	árabe	árabe
a Argentina	argentino	argentina
a Bélgica	belga	belga
a Bolivia	boliviano	boliviana
o Brasil	brasileio	brasileia

o Cabo Verde	cabo-verdiano	cabo-verdiana
o Canadá	canadiense	canadiense
a China	chinês	chinesa
a Colombia	colombiano	colombiana
a Cuba	cubano	cubana
o Ecuador	ecuatoriano	ecuatoriana
o Egipto	egípcio	egípcia
a Espanha	espanhol	espanhola
os Estados Unidos da América	americano	americana
a França	francês	francesa
a Grécia	grego	grega
o Guiné-Bissau	guineano	guineana
a Inglaterra	inglês	inglesa
o Israel	israelita	israelita
a Itália	italiano	italiana
o Japão	japonês	japonesa
o México	mexicano	mexicana
o Moçambique	mocambicano	mocambicana
o Panamá	panamenho	panamenha
o Peru	peruano	peruana
Portugal	português	portuguesa
a Romênia	romeno	romena
a Russia	russo	russa
o São Tomé e Príncipe	são-tomense	são-tomense

(2) 정관사와 전치사

① 전치사 'de, com, em' 다음에 명사가 오는 경우

ⓐ 'de' 다음에 명사가 와서 'de' 앞의 명사를 수식해주는 형용사적 역할을 하는 형용사구가 될 때는 정관사를 생략한다.

  o Departamento de Português   포르투갈어과
  o Ministério de Defesa Nacional   국방부
  o pão de farinha   밀가루 빵

> ● 소유형용사적 의미를 지닐 때는 정관사를 생략하지 않는다.
> *a casa do professor António*   안또니우 교수의 집

ⓑ 'com' 다음에 명사가 와서 형용사구 혹은 부사구가 될 때는 정관사를 생략한다.

  café com leite   밀크 커피
  com lápis   연필로

> ● ① 그러나 "누구누구와 함께…"라는 표현에는 정관사를 생략하지 않는다.
> *Vou a Pusan com os alunos.*   나는 학생들과 함께 부산에 간다.
> ② 부사구가 되더라도 그 명사가 한정된 것이라면 관사를 생략하지 않는다.
> *Eu escrevo sempre com a caneta que me manda meu irmão de Portugal.*
> 나는 항상 형이 포르투갈에서 보내준 펜으로 쓴다.

ⓒ 'em' 다음에 명사가 와서 부사구가 될 때는 정관사를 생략한다.

  Ela fala sempre em português.
  그녀는 항상 포르투갈어로 말한다.
  O aniversário da nossa escola cai num domingo este ano.
  금년에 우리 학교 개교기념일은 일요일에 걸린다.

(3) 부정관사의 용법

① 'SER' 동사의 보어가 직업, 국적, 종교 등의 의미를 가진 명사라면 부정관사를 쓰지 않는다.

  A Teresa é professora.   테레사는 교수이다.
  A Maria é brasileira.   마리아는 브라질인이다.
  O Marco é católico.   마가는 카톨리교인이다.

◐ 그러나 수식어가 첨가되면 부정관사를 쓴다.
   A Teresa é uma professora portuguesa.
   테레사는 포르투갈인 교수이다.
   A Maria é uma brasileira muito inteligente.
   마리아는 매우 현명한 브라질인이다.
   A Rodriguês é uma fadista que canta sempre "Barco Negro".
   로드리게스는 항상 "검은 돛대"를 부르는 화두 가수이다.

② 어떤 사물이 'SER' 동사의 보어가 될 때는 부정관사를 쓴다.

O que é isto?   이것이 무엇입니까?
É uma mesa.   테이블입니다.

③ 어떤 사람이나 사물의 유무를 말할 때는 부정관사나 정관사를 쓰지 않는다.
한정된 의미를 지니지 않는 것이어야 한다.

Há livros aqui?   여기 책들이 있습니까?
Sim, há.   예, 있습니다.
Você tem dinheiro?   당신 돈 가진 것 있습니까?
Sim, tenho.   예, 가지고 있습니다.

◐ 다음 세 문장을 비교해보자.
   É ladrão.   그는 도둑놈이다.(본업을 나타냄)
   É um ladrão.   그는 도둑놈과 마찬가지이다.(본업은 아님)
   É o ladrão.   그가 바로 그 도둑놈이다.(한정된 의미)

4. 수사 (NUMERAIS)

(1) 기수 (Números Cardinais)

0	zero		
1	um(uma)	2	dois(duas)
3	três	4	quatro
5	cinco	6	seis
7	sete	8	oito
9	nove	10	dez
11	onze	12	doze
13	treze	14	catorze
15	quinze	16	dezesseis(dezasseis)
17	dezessete(dezassete)	18	dezoito
19	dezenove(dezanove)	20	vinte
21	vinte e um(uma)	29	vinte e nove
30	trinta	40	quarenta
50	cinquenta	60	sessenta
70	setenta	80	oitenta
90	noventa	100	cem
101	cento e um(uma)	200	duzentos(as)
300	trezentos(as)	400	quatrocentos(as)
500	quinhentos(as)	600	seiscentos(as)
700	setecentos(as)	800	oitocentos(as)
900	novecentos(as)	1,000	mil
1,001	mil e um(uma)	1,111	mil cento e onze
2,000	dois mil	일만	dez mil
십만	cem mil	백만	milhão
천만	dez milhões	일억	cem milhões
십억	bilião(bilhão)	백억	dez biliões(bilhões)

81

① 숫자 16, 17 및 19 의 경우는 포르투갈과 브라질에서 다르게 쓴다.

    16   dezesseis (B)   dezasseis (P)
    17   dezessete (B)   dezassete (P)
    19   dezenove (B)   dezanove (P)

② 숫자에서 1과 2는 남성과 여성으로 구분된다.

    1   um (남성) uma(여성)   2   dois(남성) duas(여성)

③ 숫자 100은 단지 100만 나타내는 경우나 mil, milhão, bilião의 앞에 올 경우에는 cem 이지만 그 이외의 경우에는 cento가 사용된다.

    cem dólares   백 달러   cem milhões 일억
    cento e três dólares   103달러

④ 200부터 900까지는 명사의 성에 일치해야 한다.

    duzentos alunos   200명의 학생
    duzentas enfermeiras   200명의 여 간호사
    trezentos e um carros   301대의 자동차
    trezentas e uma casas   301채의 집

⑤ 'cem, cento, mil' 앞에서는 'um' 을 붙이지 않는다.

    cem livros   100권의 책
    cento e oito páginas   108쪽
    mil escudos   1,000 escudos(포르투갈 화폐단위)

⑥ mil은 남성, 여성도 없고 단복수도 없다.

    mil homens   1,000 명의 남자
    quinhentas mil maçãs   50만개의 사과

⑦ 'milhão, bilião'은 수에 따라 변화하며 명사 앞에 올 경우에는 전치사 'de'를 동반한다.

um milhão de livros   백만권의 책
três biliões de dólares   30억의 달러

◘ 'milhão, bilião' 다음에 숫자가 오면 전치사 'de'를 쓰지 않는다.
cinco milhões quinhentos mil livros   550 만권의 책

⑧ 수식은 포르투갈어로 다음과 같이 읽는다.

3 + 6 = 9   Três mais seis são nove.
8 - 3 = 5   Oito menos três são cinco.
3 x 5 = 15   Três vezes cinco são quinze.
8 ÷ 4 = 2   Oito dividido por quatro são dois.
1/2   a metade.
1/4   um quarto.(uma quarta parte)
1/10   um décimo.(uma décima parte)
2/3   dois terceiros(duas terceira parte)
2,35   dois vírgula três cinco

◘ 우리나라와 영어 사용국에서는 0.5, 2.35 등 소수점을 표기할 때 마침표를 찍으나 포르투갈어 사용국에서는 0,5, 2,35 등 쉼표를 찍는다.

(2) 서수 (Números Ordinais)

1	primeiro	2	segundo
3	terceiro	4	quarto
5	quinto	6	sexto
7	sétimo	8	oitavo
9	nono	10	décimo
11	décimo primeiro	19	décimo nono
20	vigésimo	30	trigésimo

40	quadragésimo	50	quinquagésimo
60	sexagésimo	70	septuagésimo
80	octogésimo	90	nonagésimo
100	centésimo	1.000	milésimo

◐ 주로 명사 앞에서 쓰이나 종종 뒤에 쓰일 때도 있다.
  Hoje estudamos a quinta lição.   오늘은 제 5과를 공부한다.
  Não vi a primeira parte do drama.   나는 그 연극의 제 1부는 보지 못했다.
  O Papa João vigésimo terceiro.   교황 요한 23세

5. 관용구

① | Quanto + 비교급, tanto + 비교급 : ~할수록 ~하다 |

Quanto mais, tanto melhor.   다다익선.
Quanto mais depressa, tanto mais devagar.   급할수록 천천히.

② | o mais + 형용사(부사) + possível : 가능한 한 ~하다 |

Ele tenta voltar o mais cedo possível.
그는 가능한한 일찍 돌아오려고 한다.
Ele tenta voltar quanto antes.
그는 가능한한 일찍 돌아오려고 한다.

③ | tão + 형용사(부사) + que |
  | tanto + 명사 + que | : 매우 ~하여 ~ 하다 |

Este computador é tão caro que não o posso comprar.
이 컴퓨터는 너무 비싸서 나는 살 수가 없다.
Os rapazes cantam e falam tão alto que os pais quase nem conseguem ouvir as notícias pela rádio.

소년들이 너무 크게 말하고 노래를 불렀기 때문에 부모님들은 라디오에서 나오는 뉴스를 거의 알아들을 수 없었다.

④ cada vez mais(menos) : 점점 더(덜)

Em todas as grandes cidades há cada vez mais automóveis, os meios de transporte público andam quase sempre cheios.
모든 대도시에서는 자동차들이 점점 많아지고, 대중교통수단들이 거의 항상 만원이다.

⑤ de mais(menos) : 너무 많이 (적게)

Ele trabalha de mais e dorme de menos.
그는 일은 너무 많이 하고, 잠은 너무 적게 잔다.

⑥ pelo menos(ao menos) : 적어도

Leva-se, pelo menos, uma hora de casa até ao emprego.
집에서 직장까지 적어도 1시간은 걸린다.

⑦ pelo mais(ao mais) : 기껏해야

Ele terá, pelo mais, vinte anos. 그는 기껏해야 20세가 될 것이다.

6. 접속사 'OU' 와 'E' 의 용법

(1) 접속사 'OU'
'아니면', '또는', '혹은' 의 의미를 갖고 있다.

A liberdade ou morte? 자유냐 아니면 죽음이냐?
dentro de sete ou oito dias 7일 혹은 8일 내에

flores ou folhas	꽃 또는 잎사귀들

(2) 접속사 'E'
　'~과(와)', '및'의 의미를 갖고 있다.

você e eu	당신과 나
pai e filho	아버지와 아들
uva, melão, melancia e morango	포도, 참외, 수박 및 딸기
tigre e hiena	호랑이와 하이에나
E Sr.Rui também?	그리고 Rui 씨도요?
Sou coreano e ela é brasileira.	
나는 한국인이고 그녀는 브라질인이다.	

> **Quem espera, sempre alcança.**
> 뜻이 있는 곳에 길이 있다.

LEITURA

Quantos anos tem?

A Isabel tem agora dez anos. Os dois irmãos dela são mais velhos: o Jorge tem doze anos e o Fernando já tem quinze. A Isabel faz onze anos no dia 27 de dezembro. Os irmãos não fazem anos nesse mês; o Jorge faz em maio e o irmão mais velho faz em agosto.

E tu, quantos anos tens? Em que dia fazes anos? Tens irmãos mais velhos? E mais novos? Que idade tem o seu pai? E a tua mãe? Em que dia fazem anos os teus pais?

Com dez anos, a Isabel já tem quase 1,40m (um metro e quarenta centímetros). O Jorge também é bastante alto, mas o Fernando é o mais alto de três e já está mais alto que o pai. E tu, quanto tens de altura? Os teus pais são altos ou baixos?

Aquela estante tem 2,05m de altura e 1,70m de largura. É mais alta do que larga. Esta tem a mesma altura, mas estreita do que aquela, só tem 1,50m (um metro e meio) de largura. Qual é o comprimento da cama? A cama é bastante comprida, tem quase dois metros, mas, só tem uns 40 centímetros de altura.

O armário é tão alto como a porta. A cómoda náo é tão larga como a cama. Estes quadros são tão grandes como os outros. Aquelas cadeiras são tão bonitas como estas.

O Jorge não estuda tanto como o irmão. Ele gosta tanto de história como de geografia. Na sala de aula está tanto calor como na rua. Na nossa turma há tantos alunos como alunas. Ao sábado não temos tantas aulas como à sexta-feira.

O casaco azul é mais feio do que o castanho. Esta blusa é mais larga do que aquela. A Irene gosta dos vestidos compridos. As calças velhas são muito mais curtas do que as novas.

VOCABULÁRIO

o comprimento: 길이 (comprido: 긴)
a altura: 높이, 키 (alto: 높은)
a largura: 너비, 폭 (largo: 넓은)
a idade: 나이
curto: 짧은
estreito: 좁은

PERGUNTAS

1. Quantos anos tem?
2. Em que dia faz anos?
3. Quando faz anos a sua mãe?
4. Que idade tem o teu pai?
5. Tens irmãos mais velhos ou mais novos? Quantos anos têm?
6. Que idade tem o aluno mais velho da tua turma?
7. Quantos alunos há na tua turma? E quantas meninas?
8. Que altura tem?
9. Quem é o mais alto da tua família?
10. Qual é a largura da tua cama? E que comprimento tem?

EXERCÍCIOS

1. (   )의 형용사를 명사의 성·수에 맞게 쓰시오.

   (1) Ela é _____ (um) _____ (grande) mulher.
   (2) Neste mundo há muitos homens _____ (feliz).
   (3) _____ (Algum) dia eu quero ir à China.
   (4) O Rio de Janeiro é uma cidade muito _____ (bonito)
   (5) O Tiago é um jovem muito _____ (alto)
   (6) A ponte é muito _____ (comprido)

(7) Eles preparam a festa com _____ (todo) o cuidado.

(8) Sempre tu bebes água _____ (frio).

(9) Os alunos _____ (espanhol) são agradáveis.

(10) Os estudantes _____ (chinês) são muito simpáticos.

TRADUZIR

1. 주는 것이 받는 것보다 더 행복하다.
2. 그녀는 수영을 할 줄 안다.
3. 당신은 어느 계절을 가장 좋아합니까?
   저는 눈을 좋아하기 때문에 겨울을 가장 좋아합니다.
4. 그 반에서 누가 가장 키가 크냐? Ana입니다.
5. 날아다니는 두 마리 새보다 손에 있는 한 마리의 새가 더 낫다.
6. 많이 가질수록 더 많이 가지고 싶어합니다.
7. Iguaçu 폭포는 세계에서 가장 유명한 폭포 중에 하나이다.
8. Rio는 세계의 3대 미항 중에 하나이다.
9. 나는 치마보다 바지를 더 좋아한다. 왜냐하면 바지가 더 간편하고 실용적이기 때문이다.
10. 외국어를 이해하고 말하는 것이 쉽지 않다.
11. 이 도시의 인구는 얼마나 되지요? 300만 이상입니다.
12. 너는 나이를 먹어감에 따라 점점 더 아버지를 닮아간다.
13. 백짓장도 맞들면 낫다.
14. 많이 알면 알수록 모르는 것이 더 많아진다.
15. 뛰는 놈 위에 나는 놈 있다.
16. 자동차는 점점 많아지고, 사람들은 점점 걸어다니기를 좋아하지 않는다.
17. 좋은 예의 범절이 가장 좋은 추천장이다.
18. 브라질에서 가장 큰 도시는 어디입니까? São Paulo 입니다.
19. Miguel은 아버지만큼 책임감이 강하다.
20. 포르투갈어는 스페인어보다 불규칙 동사가 더 많기 때문에 배우기가 더 어렵다.

바지: as calças
인구: o habitante
추천장: a carta de recomendação
불(규칙) 동사: o verbo irregular(regular)

실용적인: prático
책임감있는: responsável
~를 닮다: ser parecido(a) com
나이를 먹어감에 따라: com a idade

Sabem muito os ratos, mas sabem mais os gatos.
뛰는 놈 위에 나는 놈 있다.

직설법 과거

포르투갈어의 직설법 과거시제에는 전과거(완전과거)와 반과거(불완전과거)가 있다.

1. 직설법 전과거 (Pretérito Perfeito do Indicativo)

(1) 규칙 동사

-AR		- ER		-IR	
-ei	-ámos	-i	-emos	-i	-imos
-aste		-este		-iste	
-ou	-aram	-eu	-eram	-iu	-iram

(2) 불규칙 동사

dar

	단수	복수
1인칭	dei	demos
2인칭	deste	
3인칭	deu	deram

estar

	단수	복수
1인칭	estive	estivemos
2인칭	estiveste	
3인칭	esteve	estiveram

dizer

	단수	복수
1인칭	disse	dissemos
2인칭	disseste	
3인칭	disse	disseram

fazer

	단수	복수
1인칭	fiz	fizemos
2인칭	fizeste	
3인칭	fez	fizeram

haver

	단수	복수
1인칭	houve	houvemos
2인칭	houveste	
3인칭	houve	houveram

poder

	단수	복수
1인칭	pude	pudemos
2인칭	pudeste	
3인칭	pôde	puderam

querer

	단수	복수
1인칭	quis	quisemos
2인칭	quiseste	
3인칭	quis	quiseram

saber

	단수	복수
1인칭	soube	soubemos
2인칭	soubeste	
3인칭	soube	souberam

ser, ir

	단수	복수
1인칭	fui	fomos
2인칭	foste	
3인칭	foi	foram

ter

	단수	복수
1인칭	tive	tivemos
2인칭	tiveste	
3인칭	teve	tiveram

ver

	단수	복수
1인칭	vi	vimos
2인칭	viste	
3인칭	viu	viram

trazer

	단수	복수
1인칭	trouxe	trouxemos
2인칭	trouxeste	
3인칭	trouxe	trouxeram

vir

	단수	복수
1인칭	vim	viemos
2인칭	vieste	
3인칭	veio	vieram

pôr

	단수	복수
1인칭	pus	pusemos
2인칭	puseste	
3인칭	pôs	puseram

(3) 용법

① 동작 혹은 상태가 과거 어느 한 순간에 끝난 것을 표현할 때

Ela saiu do escritório pelas cinco da tarde.
그녀는 오후 5시경에 사무실에서 나갔다
Nasci no dia sete de setembro de mil novecentos e setenta.
나는 1970년 9월 7일에 태어 났다.
Eu joguei tênis com os meus amigos ontem à tarde.
나는 어제 오후에 친구들과 테니스를 쳤다.

② 경험을 나타낼 때

Você esteve em Portugal?
당신은 포르투갈에 가보신 적이 있습니까?
Sim, estive lá por três anos.
예, 그곳에서 3년 동안 살았었습니다.

③ 역사적 사실을 나타낼 때

O Brasil foi descoberto por Cabral em 1500.
브라질은 Cabral에 의해 1500년에 발견되었다.

2. 직설법 반과거 (Pretérito Imperfeito)

(1) 규칙 동사

-AR		- ER, -IR	
-ava	-ávamos	-ia	-íamos
-avas		-ias	
-ava	-avam	-ia	-iam

(2) 불규칙 동사

ser

	단수	복수
1인칭	era	éramos
2인칭	eras	
3인칭	era	eram

pôr

	단수	복수
1인칭	punha	púnhamos
2인칭	punhas	
3인칭	punha	punham

vir

	단수	복수
1인칭	vinha	vínhamos
2인칭	vinhas	
3인칭	vinha	vinham

ter

	단수	복수
1인칭	tinha	tínhamos
2인칭	tinhas	
3인칭	tinha	tinham

(3) 용법

일반적으로 직설법 반과거는 과거에 지속적으로 일어난 행위를 표현할 때 쓰인다. 즉 "…을 하고 있었다."라는 표현을 하는 것이다. 뿐만 아니라 미래로도 이어지는 행위를 표현할 때도 쓰인다.

① 과거에 어떤 행동이 습관적으로 지속되었던 것을 표현할 때

    Antigamente ele fumava muito.
    전에는 그는 담배를 많이 피웠었다.
    Todas as manhãs ela dava um passeio pelo parque.
    아침마다 그녀는 공원을 산책하곤 했었다.

② 과거에 진행 중이었던 행위를 표현할 때

    Por quem esperava na estação ontem?
    당신은 어제 역에서 누구를 기다리고 있었습니까?
    O que fazias a essas horas?
    그 시간에 너는 무엇을 하고 있었니?
    Eu fazia a barba.
    나는 면도를 하고 있었다.

③ 과거에 동시에 발생했던 연속적인 동작이나 상태를 표현할 때

    Quando eu morava no campo, ia ao rio a pescar.
    내가 시골에서 살았을 때 강으로 낚시를 하러 다니곤 하였다.
    A minha família morava em Seul quando eu era menino.
    내가 어렸을 때 우리 가족은 서울에서 살았었다.
    Eu tinha muitas espinhas no rosto quando eu tinha quinze anos.
    내가 15살 일 때 얼굴에 여드름이 많았었다.

④ 과거에 발생한 행위일지라도 어느 한 쪽의 동작이 한 순간에 끝나고 다른 한 쪽의 동작은 계속되고 있었던 것을 표현할 때.

    Quando eu cheguei em casa, a mãe via a televisão.
    내가 집에 도착했을 때 어머니께서는 텔레비젼을 보고 계셨다.
    Quando me telefonaste, eu tomava banho.
    네가 나에게 전화를 걸었을 때 나는 목욕을 하고 있었다.

Casei-me com ela quando eu tinha trinta e três anos.
내가 33살일 때 나는 그녀와 결혼했다.
Eram dez da noite quando comecei a estudar a lição 20.
내가 20과를 공부하기 시작했을 때는 밤 10시였다.

⑤ "…을 하겠다고 말했다." "…이라고 말했다."라는 표현을 할 때 주동사는 직설법 전과거를 쓰고 접속사 'que' 이후의 종속동사는 직설법 반과거를 쓴다.

Ele disse-me que vinha às cinco da tarde.
그는 나에게 오후 5시에 오겠다고 말했다.
Ele disse-me que ela tinha muita febre e tossia muito.
그는 나에게 그녀가 열이 높고 기침을 매우 많이 한다고 말했다.

⑥ 과거에 미래에 뜻을 두었다가 이행하지 않은 것을 표현할 때.

No sábado passado eu ia ir à escola, mas não pude.
나는 지난 토요일에 학교에 가려했으나 갈 수 없었다.
No ano passado eu ia viajar pela Europa, mas não viajei.
나는 작년에 유럽을 여행하려고 했으나 여행하지 않았다.
Devias ver o espetáculo!
네가 그 광경을 보았어야 되는데!

⑦ 과거에 동시에 일어난 일을 대조하여 표현할 때.

O pai lia o jornal na sala enquanto a mãe cozinhava na cozinha.
아버지께서는 거실에서 신문을 보고 계셨고 어머니께서는 부엌에서 요리를 하고 계셨다.
O marido cantava enquanto a mulher tocava piano.
남편은 노래를 부르고 있었고 아내는 피아노를 치고 있었다.

⑧ 현재와 다른 개념을 표현할 때.

Em 1980 um bilhete de metrô custava 50 won, mas agora custa 900 won.
1980년에는 지하철표 값이 50원이었으나 지금은 900원이다.
O que tinhas?   어디 아팠었니?
Estava com dor de cabeça, mas já passou.
머리가 아팠었어. 그러나 이제 다 나았어.
Eu não sabia.   나는 몰랐었다.

⑨ 완곡한 표현을할 때.

Desejava falar com a Ana.   아나를 바꿔 주시겠어요?(전화에서)
Não se importava de escrever estes papéis?
미안하지만 이 서류를 타자 쳐주실 수 있어요?

⑩ 관용적 용법

Era uma vez um príncipe e uma princesa.
옛날 옛적에 왕자와 공주가 살고 있었다.
Era uma vez um lenhador e uma fada ao pé da montanha.
옛날 옛적에 산기슭에 한 나무꾼과 선녀가 살고 있었다.

→ 동사의 현재, 반과거 및 전과거의 비교

Levanto-me cedo.   나는 일찍 일어납니다.(현재의 습관)
Levantava-me tarde.   나는 늦게 일어나곤 하였었습니다.(과거의 습관)
Levantei-me tarde esta manhã. 나는 오늘 아침에 늦게 일어났습니다.

Estudo português.   나는 포르투갈어를 공부한다.
Estudava russo.   나는 러시아어를 공부했었다.
Estudei a lição 5 ontem.   나는 어제 5과를 공부했다.

LEITURA

O piquenique

Mãe: Tanta chuva durante toda a semana e hoje temos um dia cheio de sol. Nem se vê uma nuvem no céu. Podíamos ir à praia...Que dizes, Ana?

Ana: Boa ideia, mãe! E a água do mar já não deve estar fria de mais para se poder tomar banho.

Rui: Vou já perguntar ao pai se quer ir. Com este sol, é um crime passar o sábado em casa, sem fazer nada ou a ver televisão.

Mãe: O pai já se levantou e tomou o pequeno almoço. Deve estar lá fora, na varanda. Aí vem ele...

Rui: Bom dia, pai. Estávamos aqui a falar de que podíamos ir hoje dar um passeio. O tempo está tão bom!

Pai: Bem, ontem de manhã o dia também estava assim bonito e à tarde pôs-se cinzento. Durante a semana é que esteve realmente desagradável.

Ana: Mas hoje está quente como em julho ou agosto. Só há um pouco de vento, mas até tão bom!

Pai: E onde é que vocês pensavam ir , ao campo ou à praia?

Ana: Eu gostava muito de ir à praia. Levávamos os fatos de banho...

Mãe: Não sei, mas para tomar banho no mar ainda deve ser cedo.

Pai: E o último passeio que demos também foi à praia. Hoje podíamos ir passar o dia no campo. Comprávamos qualquer coisa para comer e fazíamos um piquinique. Que dizes, Rui?

Mãe: O almoço não é problema. Então tu e o Rui vão arranjar-se o mais depressa possível, porque queremos partir cedo.

Rui: Em que direcção vamos, pai?

Pai: Vamos ao pinhal de Leiria. Vocês ainda não o conhecem e deve ser um dos mais bonitos do país.

(Duas horas mais tarde)

Rui: Já estou com muita fome! A que horas almoçamos?

Mãe: É o ar dos campos que te abre o apetite.

Pai: Tens de ter paciência, porque não chegamos lá antes da uma e meia. Mas ficas com mais apetite e o almoço até sabe melhor.

Rui: Pois é. O pai diz sempre que estes ares lhe abrem o apetite e depois come bem, bebe melhor e deita-se a dormir toda a tarde debaixo duma árvore. Na segunda-feira tem mais um quilo.

Mãe: E então, Rui, para quem trabalha como o pai, até faz bem sair de casa ao fim-de-semana e não pensar nos problemas de todos os dias. Ainda ontem a D.Maria me dizia que nós é que fazíamos bem em dar estes passeios aos sábados. Cuidado, Luís! Vão ali uns animais a atravessar a estrada.

Pai: Já os vi... mas, que é isto? Há qualquer coisa que não está bem... O carro... Deve ser um pneu, tenho de parar.

Ana: Então o que é?

Pai: É um furo no pneu de trás, do lado direito.

Rui: E agora?

Pai: Agora? Agora vamos ficar ainda com mais apetite...

o tempo: 날씨
qualquer(quaisquer): 어느 것
o pinhairal: 소나무 숲
o céu: 하늘
parar: 멈추다
o piquenique: 소풍, 피크닉
estar com fome: 배고프다
o campo: 들, 산
até(mesmo): 더욱더, 까지도
o crime: 죄악
o pneu: 타이어
o furo: 펑크

o animal: 동물
o sol: 태양
arranjar: 정리하다, 준비하다
a árvore: 나무
o ar: 공기
o vento: 바람
abrir o apetite: 밥맛이 좋아지다
trajes de banho: 수영복
de mais: 지나치게
fora: 밖
cinzento: 회색, 잿빛
trás: 뒤

PERGUNTAS

1. Quem teve a ideia de ir à praia?
2. O que é que a Ana queria fazer na praia?
3. Como estava o tempo naquele sábado?
4. Por que disse a mãe que ainda devia ser cedo para tomar banho no mar?
5. Onde é que a família queria ir almoçar?
6. O Rui estava cheio de fome. Porquê?
7. A que horas esperavam chegar ao pinhal.
8. Geralmente, o que fazia o pai depois de almoço?
9. Por que é que tiveram de parar o carro?
10. Por que disse o pai que ainda iam ficar com mais apetite?

TRADUZIR

1. 당신은 언제 태어났습니까? 나는 1982년 7월 17일에 태어났습니다.
2. 당신은 지난 주말에 무엇을 하였습니까?
   나는 친구들과 야영을 갔습니다. 매우 재미있었습니다.
3. 그녀는 방금 전에 쇼핑하러 나갔습니다.
4. 파출부가 고의로 화장실의 거울을 깨뜨렸습니다.
5. 너는 방학동안에 공부를 많이 했느냐? 나는 책에 손을 대보지도 않았다.
6. 나는 오늘 아침 늦게 일어나 학교에 지각했다.
7. Santos팀이 Benfica팀에 2:2로 비겼다.
8. 당신은 언제 리스본 대학을 졸업하셨습니까?
9. 당신은 어제 저녁 식사에 무엇을 먹었습니까?
   나는 포르투갈식 대구요리를 먹었습니다.
10. 1992년 올림픽 마라톤 경기에서 누가 금메달을 땄습니까?
11. 당신은 Iguaçu 폭포에 가보신 적이 있습니까?
12. 눈이 내리는 오후였다. 강아지 한 마리가 이리저리 뛰어다니고 있었다.
13. 그가 유치원에 다닐 때 그의 아버지께서 돌아가셨다.

14. 아버지께서도 우리들처럼 어렸을 적에 크리스마스 트리를 만드셨었어요?
15. 내 동생은 잠자리에 들기 전에 일기를 쓰곤 했었다.
16. 옛날 옛적에 숲 속 오두막집에 백설공주와 일곱 난쟁이가 살고 있었다.
17. 누나는 빨래를 하고 있었고 나는 방 청소를 하고 있었다.
18. 그녀는 나를 만날 때마다 늘 미소를 짓곤했다.
19. 나는 포르투갈어의 기원이 라틴어라고 들었다.
20. 그는 그 당시 브라질의 생활에 잘 적응하지 못했었다.
21. 내가 고등학교 다닐 때는 사진 찍는 것을 좋아했었다.
22. 그는 실수하여 숟가락을 국그릇에 떨어뜨렸다.
23. 그녀는 어제 감기 걸려서 결석했다
24. 너는 '카네이션 혁명'에 대해서 들어 본 적이 있습니까?
    전혀 들어 본적이 없습니다.
25. 나는 어제 밤 늦게까지 '바람과 함께 사라지다'를 보았다.

어휘

태어나다: nascer
즐기다: divertir-se
쇼핑하다: fazer as compras
거울: o espelho
고의로: com querer(de propósito)
지각하다: estar atrasado(a) em
졸업하다: formar-se de
저녁 식사에: ao jantar
포르투갈식: à (moda) portuguesa
올림픽 경기: os Jogos Olímpicos
폭포: a catarata
이리저리: de um lado para o outro
크리스마스 트리: a árvore de Natal
백설공주: a Branca de Neve
오두막집: a cabana
청소하다: fazer as limpezas

야영 가다: fazer campismo, acampar
방금 전: há pouco
파출부: a mulher-a-dias, faxineira
화장실: a casa-de-banho, banheiro
실수하여: sem querer
팀: a equipe(a equipa), time
손을 대다: tocar em
대구요리: a bacalhoada
마라톤: a maratona
금메달: a medalha de ouro
강아지: o cachorro
유치원: o jardim infantil, jardim da infância
일기: o diário
숲: a mata, floresta
난쟁이: o anão(anões)
빨래하다: lavar as roupas

~라고 들었다: ouvir dizer(falar) 라틴어: o latim
~에 기원을 두다: ter origem em 고등학교: o colegial(liceu)
사진 찍다: tirar fotos 떨어뜨리다: deixar cair
국그릇: o prato de sopa 감기 걸리다: apanhar frio(resfriado)
~에 빠지다: faltar a
밤 늦게까지: ao fim da noite, até tarde da noite
카네이션 혁명: a Revolução de Cravo '바람과 함께 사라지다': 'O vento levou'
~와 사이가 좋다(나쁘다), ~에 잘(못) 적응하다: dar-se bem(mal) com
2:2로 비기다: empatar por dois a dois

Anedota

O Garcia ia entrar em casa do Rui, um grande amigo seu. De repente, um enorme cão levanta-se detrás duma árvore e saí, latindo muito ao encontro do pobre homem apavorado.

Nisso o Rui chega à varanda e diz ao Garcia, parado no meio do jardim e que não ousava avançar.

Entre, Garcia. Não tenha mêdo. Pois você não sabe que "Cão que ladra muito não morde?"

"Eu sei", respondeu o Garcia, guardando prudente distância, "Mas o que não sei é se o cão também sabe disso".

직설법 미래와 과거미래

1. 직설법 미래 (Futuro de Indicativo)

(1) 규칙 동사

AR, ER, IR, OR

	단수	복수
1인칭	원형 + ei	원형 + emos
2인칭	원형 + ás	
3인칭	원형 + á	원형 + ão

(2) 불규칙 동사

dizer

	단수	복수
1인칭	direi	diremos
2인칭	dirás	
3인칭	dirá	dirão

fazer

	단수	복수
1인칭	farei	faremos
2인칭	farás	
3인칭	fará	farão

trazer

	단수	복수
1인칭	trarei	traremos
2인칭	trarás	
3인칭	trará	trarão

(3) 용법

① 현재를 기점으로 앞으로 일어날 일이나 미래의 행위

    Eles virão no mês que vem.   그들은 다음 달에 올 것이다.
    Farei uma viagem pela América do Sul estas férias do verão.
    나는 이번 여름 방학에 남미를 여행할 것이다.

② 현재의 추측이나 가능성을 표현한다.

    Que horas serão agora?   지금 몇 시쯤 되었을까?
    Serão cinco horas da tarde.   오후 5시쯤 되었을 거야.
    Quantos anos terá ela?   그녀는 몇 살 되었을까?
    Ela terá uns vinte anos.   그녀는 20살쯤 되었을 거야.
    Batem à porta. Quem será?   누가 노크를 한다. 누구일까?

③ 강한 명령이나 금지

    Não matarás.   살인하지 말지어다.
    Não cometerás adultério.   간음하지 말지어다.
    Não dirás uma mentira.   거짓말하지 말지어다.

(4) 미래형의 표현

①   `ir` 동사의 직설법 현재 + 동사 원형

    Vou fazer campismo (acampamento) estas férias do verão.
    나는 이번 여름 방학 때 야영을 갈 것이다.
    Vais jogar tênis amanhã de manhã?
    너는 내일 아침에 테니스를 칠 것이냐?

②
> haver + de(que) + 동사원형
> ter + de(que) + 동사 원형

Temos de(que) cumprir o serviço militar.
우리들은 병역 의무를 이행하여야만 한다.
Havemos de(que) respeitar os pais.
우리들은 마땅히 부모님을 공경해야만 한다.
Tenho de(que) terminar o trabalho(dever) de casa ainda hoje.
나는 오늘 중으로 숙제를 끝마쳐야만 한다.

◐ 직설법 현재도 미래의 행위를 나타낸다. 그러나 직설법 미래가 가능성을 나타낸다면 직설법 현재는 확실성을 나타낸다.
Chegamos dentro duns meses.   우리들은 몇 달 내에 도착한다.
Chegaremos dentro duns meses.   우리들은 몇 달 내에 도착할 것이다.

2. 직설법 과거미래 (Condicional de Indicativo)

(1) 규칙 동사

AR, ER, IR, OR

	단수	복수
1인칭	원형 + ia	원형 + íamos
2인칭	원형 + ias	
3인칭	원형 + ia	원형 + iam

(2) 불규칙 동사

dizer

	단수	복수
1인칭	diria	diríamos
2인칭	dirias	
3인칭	diria	diriam

fazer

	단수	복수
1인칭	faria	faríamos
2인칭	farias	
3인칭	faria	fariam

trazer

	단수	복수
1인칭	traria	traríamos
2인칭	trarias	
3인칭	traria	trariam

(3) 용법

① 과거를 기점으로 본 미래

Faríamos uma viagem pelo Brasil no ano passado.
우리들은 작년에 브라질로 여행하려고 했었다.
Eu prometi ao professor que estudaria muito.
나는 교수님께 열심히 공부하겠다고 약속했다.
Eu pensava que não aconteceria nada.
나는 아무 일도 일어나지 않을 것이라고 생각했었다.

② 과거의 추측을 표현할 때

Que horas seriam quando eles chegaram?
그들이 도착했을 때 몇 시쯤 되었을까?
Seriam as onze horas da noite.   밤 11시쯤 되었을 거야.

Onde estariam eles a essas horas?
그 시간에 그들은 어디 있었을까?

③ 정중한 표현을 할 때

Gostaria de visitar o professor esta noite.
오늘밤에 선생님 찾아 뵙고 싶은데요.
Poderia ajudar-me a traduzir isso?
그것을 번역하는데 도와주실 수 있으세요?

(4) 과거미래의 표현

① | 'ir' 동사의 반과거 + 동사 원형 |

Eu ia assistir no concerto ontem à noite.
나는 어젯밤 음악회에 참석하려고 했었다.
Faríamos uma viagem pelo mundo inteiro uns anos atrás.
우리들은 몇 년 전에 세계일주 여행을 하려고 했었다.

② | 'ter' 동사의 반과거 + de(que) + 동사원형
    'haver' 동사의 반과거 + de(que) + 동사원형 |

Tínhamos de fazer o possível.
우리들은 최선을 다했어야 되는데.
Havias de ver o espetáculo.
네가 그 광경을 보았어야만 하는데.

LEITURA

A caminho de Algarve

Dentro de pouco tempo, a família Pires partirá a caminho do Algarve. Sairão de casa mais tarde do que queriam, mas também acordaram tarde e agora parecem todos cheios de pressa: na cozinha, o João e o Fernando e tomam o pequeno almoço em pé, enquanto a mãe faz as camas e o pai já está a pôr as malas no carro.

__ Vamo-nos embora! grita o Sr.Pires. Para que é tanta bagagem? Não vamos mudar de casa... "Que dirão os engenheiros – pensa ele – se chegar atrasado à reunião? Ora, sendo só uns minutos, também não fará mal. Se repararem, darei uma desculpa qualquer."

Finalmente, está tudo pronto. Com um tempo de primavera, até dá gosto viajar...

Depois de Setúbal, há menos movimentos na estrada. A boa velocidade, entram agora no Alentejo. Os rapazes cantam e falam tão alto que os pais quase nem conseguem ouvir as notícias dadas pela rádio. À saida de Alcácer do Sal, e já que precisa de meter (encher) gasolina, o Sr.Pires pára o carro numa estação de serviço(num posto de gasolina).

__ Gasolina sem fumo ou com fumo?
__ Sem fumo, faz favor. Pode encher. Agradecia também que visse a pressão dos pneus. Este aqui atrás parece-me um pouco em baixo.
__ Quer que veja também a água e óleo?
__ Não é preciso, obrigado. Sabe dizer-me como está a estrada de agora em diante?
__ Andam a repará-la, mas será melhor ter cuidado com os buracos. Se não for muito depressa...

__ Qual é a pressão?
__ Todos a 23...Levou mais de trinta de litros!
__ Entretanto, os dois irmãos fazem contas para saber a que velocidade têm andado. Na opinião deles, a média não é famosa, pois acham que 65 quilómetros à hora é pouco. A verdade é que o pai também nunca gostou de guiar (dirigir) depressa...

A viagem continua através do Alentejo. O sol está quente e são horas de almoçar. Debaixo duma árvore, a mãe põe a toalha para o piquenique. Não falta nada: sanduíches, bifinhos, pastéis de bacalhau, ovos cozidos, bolos e bananas: para beber, há vinho, laranjada (suco de laranja) e café. Enfim, "serviço de primeira qualidade", como diz o Fernando. "Estou com apetite (fome)!"

O Sr. Pires, que comeu e bebeu bem, sente que os olhos se lhe querem fechar. Cansado, o sono parece mais forte do que a sua vontade. Por isso, e com medo de adormecer durante a viagem, pára outra vez o carro. Sai e começa a andar à beira da estrada, fazendo movimentos com os braços e as pernas.

Quando chegaram a Portimão, já se decidiram a procurar alojamento na Praia da Rocha.
"São só mais três quilómetros." diz a esposa, olhando para o mapa, mas assim ficaremos à beira-mar. Acho que não teremos dificuldade em encontrar quartos livres nesta época do ano, há lá lugar alguns hotéis e pensões. Dentro de vinte minutos poderá estar a tratar dos teus assuntos. Ainda não é tarde.

Finalmente, o mar! Foi uma grande alegria para os rapazes, que, naquela altura, já iam fartos de "comer quilómetros".

__ E se tentássemos já naquele hotel alí? Tem bom aspecto, moderno e com vistas para o mar... É três estrelas!

Acompanhado dos filhos, o Sr.Pires entra no hotel e pergunta ao empregado da recepção.

__ Ainda têm quartos livres?
__ Quantas pessoas são?
__ Bem, nós precisávamos de um quarto de casal e outro com duas camas, aqui para os rapazes.
__ Podemos arranjar, sim. Para quantos dias é?
__ Dois. Só dormida e pequeno almoço. Se possível, com janelas para a praia...
__ Muito bem. Irão ficar no 408 e 409. Aqui estão as chaves. Vou já mandar buscar a bagagem.

VOCABULÁRIO

o casal: 부부
o óleo: 오일
a média: 평균
a beira-mar: 바닷가
a pensão: 여관, 하숙
através de: ~을 통하여
a velocidade: 속도
a estação de serviço: 주유소
à beira de: ~가에
reparar: 보수하다, 수리하다
a pressão: 압력
a opinião: 의견, 견해
o posto de gasolina: 주유소

PERGUNTAS

1. "Não vamos mudar de casa..." Que quer o Sr. Pires dizer com isto?
2. Que fez o Sr. Pires na estação de serviço?
3. Que diferença há entre gasolina sem fumo e com fumo?
4. Os rapazes acham que 65km à hora não é uma média 'famosa'. És da mesma opinião?
5. Onde é que a família Pires almoça?
6. Qual é a ementa do piquenique?
7. Por que é que o Sr. Pires está com tanto sono depois de almoço?

8. Quando viram o mar, os filhos ficaram muito contentes. Porquê.
9. Por que razão deseja o Sr. Pires quartos "com janelas para o mar"?
10. Em que andar são os quartos onde vão ficar?

TRADUZIR

1. 나의 아버지께서는 그 일로 인하여 나를 더 이상 용서하지 않을 것이다.
2. 노력 없이는 누구도 아무 것도 얻지 못할 것이다.
3. 그 후 1년 후에 그들은 약혼했을 것이다.
4. 처음에는 부모님까지도 그일을 믿으려 하지 않았었다.
5. 그 탑의 높이는 얼마쯤 될까? 대략 15m 쯤 될 것 같은데.
6. 이 시간에 그 서점이 열려 있을까?
7. 우리들은 이번 여름 방학에 중남미를 여행할 것이다.
8. 어젯밤 일기예보에 의하면 오늘 비가 억수같이 올 것이라고 했다.
9. 보험회사가 거의 모든 경비를 지불할 것이다.
10. 나는 그 일을 약속된 날까지 끝내기 위하여 최선을 다 할 것이다.
11. 그 왕자가 정말로 그 유명한 배우와 결혼했을까?
12. 누가 이 선물을 그 고아들에게 보냈을까?
13. 어린이들은 그 표의 반값만 지불할 것이다.
14. 너는 이 편지를 등기로 보내야만 한다.
15. 지금부터 10년 후면 우리들이 어떻게 변화되어 있을까?
16. 우리들은 다음 달 초에 포르투갈의 'fado'에 대하여 취재하기 위하여 포르투갈로 떠날 것이다.
17. 그 배의 길이는 133m, 폭은 22m, 높이는 13m 쯤 될 것이다.
18. 내가 오늘 아침 집을 나왔을 때는 새벽 4시 반쯤 되었을 것이다.
19. 너는 오늘 방과 후에 무엇을 할 것이니?
    나는 풀장에서 수영을 할 것이다.
20. 나는 그녀의 말을 결코 잊지 못할 것이다.
21. 너는 며칠 전에 빌려준 책을 언제 돌려 줄 것이니?
    조만간에 돌려 줄께.
22. 투우사들이 소를 관중들 앞에서 정말로 죽일까?

23. 너희 이웃에 대해서 거짓 증언 하지 말지어다.
24. 그녀는 틀림없이 장애자 올림픽 경기에서 금메달을 획득할 것이다.
25. 그 은행은 전국 주요 도시에 지점을 개설할 것이다.

어휘

용서하다: perdoar
얻다: obter
그후 1년이 지나서: daí a um ano
믿다: acreditar em, crer em
탑: a torre
이 시간에: a esta hora
~에 의하면: segundo
중남미: a América Central e do Sul
보험회사: a companhia de seguros
약속된 날짜: data marcada
영화배우: o ator(a atriz) de cinema
정말로: realmente
고아: o orfão(os orfãos)
표의 반값: meio bilhete, meia-entrada
지금부터 10년 후: daqui a dez anos
취재하다: fazer uma reportagem
배: o barco
폭: a largura
방과 후: depois das aulas
잊어버리다: esquecer-se de
빌려주다: emprestar
조만간: mais tarde ou mais cedo
관중들 앞에서: em frente do público
틀림없이: sem falta
전국: todo o país
거짓증언 하다: levantar o falso testemunho
장애자 올림픽 경기: os Jogos Olímpicos para os Deficientes
다음 달 초에: no começo (princípio) do mês que vem
비가 억수같이 오다: chover a cântaros

~때문에: por causa de
노력 없이는: sem esforço
약혼하다: ficar noivo
처음에는: no princípio
높이: a altura
서점: a livraria
일기예보: a previsão do tempo
이웃: o próximo
모든 경비: todas as despesas
최선을 다하다: fazer o possível
결혼하다: casar-se com
선물: o presente
보내다: mandar
등기 편지: a carta registrada
변화되다: modificar-se
~에 대하여: a respeito de
길이: o comprimento
새벽: a madrugada
풀장: a piscina
돌려주다: devolver
며칠 전: uns dias atrás
투우사: o toureiro
투우소: o touro
지점: a agência
주요 도시: a cidade importante

Anedota

Temos lição de gramática hoje?

Sim, senhor professor.

Muito bem. Vamos a ver. De que gênero é a palavra bengala?

Bengala é do gênero feminino.

Isso mesmo. E de que gênero é guarda-chuva?

Guarda-chuva também é do gênero feminino.

Hom'essa! Por quê?

Porque é uma bengala com saia.

Não, senhor. Guarda-chuva é do gênero masculino.

Queira desculpar.

Outra pergunta. Qual é o futuro do verbo amar?

O futuro do verbo amar é casar-se.

Sente-se.

Desculpe-me, senhor professor.

Está desculpado. Mas não o posso aprovar.

Sinto muito.

Também eu. Adeus.

Até amanhã.

Cada um colhe segundo semeia.
심는대로 거둔다.

 대명사

1. 인칭대명사 목적격

인칭 대명사 목적격에는 우리말의 '~을(를)'에 해당하는 직접목적격(caso acusativo)과 '~에게'에 해당하는 간접목적격(caso dativo)이 있다.

(1) 직접 목적격 (caso acusativo)

		단 수	복 수
1인칭	공통	me 나를	nos 우리들을
2인칭	공통	te 너를	vos 너희들을
2인칭	(존칭) 남성	o 당신을	os 당신들을
2인칭	(존칭) 여성	a 당신을	as 당신들을
3인칭	남성	o 그를	os 그들을
3인칭	여성	a 그녀를	as 그녀들을

(2) 간접목적격 (caso dativo)

		단 수	복 수
1인칭	공통	me 나에게	nos 우리들에게
2인칭	공통	te 너에게	vos 너희들에게
2인칭	(존칭) 남성	lhe 당신에게	lhes 당신들에게
2인칭	(존칭) 여성	lhe 당신에게	lhes 당신들에게
3인칭	남성	lhe 그에게	lhes 그들에게
3인칭	여성	lhe 그녀에게	lhes 그녀들에게

(3) 명사의 대명사화

① 대명사의 위치: 모든 대명사는 동사의 뒤에 오는 것이 원칙이며 그 경우에 동사와 hifen(-) 으로 연결된다.

<u>Ele dá os livros às meninas.</u>

ⓐ Ele dá-os às meninas. (직접 목적어만 대명사화 한 경우)
ⓑ Ele dá-lhes os livros. (간접 목적어만 대명사화 한 경우)
ⓒ Ele dá-lhos. (직접 · 간접 목적어를 대명사화 한 경우)

◆ 간접 목적어인 경우 명사나 대명사 앞에는 반드시 전치사 'a 혹은 para'가 온다.
Ela entregou as revistas ao aluno.

② 간접 목적어와 직접 목적어의 결합

	o	a	os	as
me	mo	ma	mos	mas
te	to	ta	tos	tas
lhe	lho	lha	lhos	lhas
nos	no-lo	no-la	no-los	no-las
vos	vo-lo	vo-la	vo-los	vo-las
lhes	lho	lha	lhos	lhas

(2) 동사가 'r,s,z'로 끝나고 직접 목적어 'o(a,os,as)'가 올 경우 'r,s,z'는 탈락되고 직접 목적어가 'lo(la,los,las)'로 변화된다.

① R

ⓐ Vou visitar a <u>Maria</u>.   나는 마리아를 방문하려 한다.
   Vou visitá-la.

ⓑ Eu gosto de ver <u>um filme</u>.   나는 영화 보기를 좋아한다.
　Eu gosto de vê-lo.

ⓒ Queres abrir <u>as janelas</u>?   너는 창문을 열기를 원하느냐?
　Queres abrí-las?

② S

ⓐ Nós falamos <u>português</u>.   우리들은 포르투갈어를 말한다.
　Nós falamo-lo.

ⓑ Encontras <u>o livro</u>?   그 책을 찾았느냐?
　Encontra-lo?

ⓒ A empregada pôs <u>a mesa</u>.   종업원이 식탁을 차렸다.
　A empregada pô-la.

③ Z

ⓐ Ela traz <u>umas bebidas</u>.   그녀가 음료수를 가져온다.
　Ela trá-las.

ⓑ Ele fêz <u>um homem(boneco) de neve</u>.   그는 눈사람을 만들었다.
　Ele fê-lo.

ⓒ Ele diz <u>uma mentira</u>.   그는 거짓말을 한다.
　Ele dí-la.

❋ ① quer 뒤에 직접목적어가 올 경우 quer-o(a,os,as) 된다.
　　Ela quer <u>as revistas</u>.　　*그녀는 잡지를 원한다.*
　　Ela quer-as.

　② tens 뒤에 직접목적어가 올 경우 tens-o(a,os,as) 된다.
　　Tu tens <u>um grande sonho</u>?　　*너는 커다란 꿈을 가졌느냐?*
　　Tu tens-o?

(3) 동사가 비음(-m,-ão,-õe)으로 끝나고 그 뒤에 직접목적어 o(a,os,as)가 올 경우 직접 목적어 앞에 'n'이 첨가된다.

① Elas compraram <u>os sapatos</u>.　그녀들은 구두를 샀다.
　 Elas compraram-nos.

② Eles dão <u>dinheiro</u> aos pobres.　그들은 가난한 사람들에게 돈을 준다.
　 Eles dão-no aos pobres.

③ A mãe põe <u>a mesa</u>.　어머니께서 식탁을 놓으신다.
　 A mãe põe-na.

(4) 동사가 분철되는 경우

동사의 직설법 미래 혹은 과거미래 뒤에 목적격 대명사(직접, 간접, 재귀)가 올 경우 분철된다.

① Comprarei <u>um carro vermelho</u>.
　 나는 빨간 자동차 한 대를 살 것이다.
　 Comprá-lo-ei.

② Fariam <u>uma viagem</u> pela Europa no ano passado.
　 그들은 작년에 유럽을 여행하려고 했었다.
　 Fá-la-iam pela Europa no ano passado.

③ Ela entregará <u>as revistas aos primos</u>.
　 그녀는 그 잡지들을 사촌들에게 건네줄 것이다.
　 Ela entregar-lhas-á.

(5) 목적격 대명사 동사 앞에 올 경우

① 부정문 (não, nem, nunca, ninguém, nada, etc.)

ⓐ Eu não escrevo a carta ao Carlos. ⇒ Eu não lha escrevo.
나는 까를로스에게 편지를 쓰지 않는다.

ⓑ Ninguém cumpriu o seu dever. ⇒ Ninguém o cumpriu.
아무도 자기의 의무를 이행하지 않았다.

② 의문사가 있는 의문문

A que horas te deitas?　　　　너는 몇 시에 자느냐?
Deito-me à meia-noite.　　　　나는 자정에 잔다.

③ 종속절의 경우

Quando eu te telefonei, o que é que fazias?
내가 너에게 전화했을 때 너는 무엇을 하고 있었니?

④ já, só, também, ainda, até 등의 부사가 동사 앞에 올 경우

Ele já terminou o trabalho.　　그는 이미 그 일을 끝마쳤다.
Ele já o terminou.

> ● 그러나 부사가 동사 뒤에 올 경우에는 대명사가 동사 뒤에 온다.
> *Ele apaga a luz já.*　그는 곧 불을 끈다.
> *Ele apaga-a já.*

⑤ 부정대명사 (algum, outrem, algo, alguém, outro, etc.)가 올 경우

Alguém o fará.　　　　　　　　누군가가 그 일을 할 것이다.

2. 인칭대명사 전치사격 (caso preposicional)

		단 수		복 수	
1인칭	공통	(전치사) mim	(전치사) nós
2인칭	공통	(전치사) ti	(전치사) vós
	공통 (존칭)	(전치사) você	(전치사) vocês
3인칭	남성	(전치사) ele	(전치사) eles
	여성	(전치사) ela	(전치사) elas

Ela sempre pensa em mim.   그녀는 항상 나를 생각한다.
A carta é para ela.   그 편지는 그녀에게 온 것이다.
Estas gravatas são dele.   이 넥타이들은 그의 것이다.
É muito importante para você.   그것은 당신에게 매우 중요하다.
É fácil traduzí-lo para ela.   그것을 번역하는 것은 그녀에게는 쉽다.
Gosto de viajar com vocês.   나는 당신들과 함께 여행하기를 좋아한다.
Eu não quero ir ao teatro contigo.   나는 극장에 너와 함께 가기 싫다.
Ela quer dançar comigo.   그녀는 나와 함께 춤추기를 원한다.

3. 관계 대명사

(1) QUE

① 선행사가 사람, 사물인 경우에 사용된다.
② 동사의 주어 혹은 목적어인 경우에 사용된다.

O livro que compraste ontem é muito interessante.
어저께 네가 산 책은 매우 재미있다.
As aves que gorjeiam cã não gorjeiam como lá.
이곳에서 지저귀는 새들은 그 곳의 새들만큼 잘 지저귀지 못한다.
Há muitas coisas que não posso entender.
내가 이해할 수 없을 것들이 많이 있다.

A casa em que elas moram é pequena. 그녀들이 사는 집은 작다.
Eu conheço os espanhóis, que são todos médicos.
나는 스페인 사람들을 아는데 그들 모두는 의사이다.

(2) QUEM

① 사람을 나타내며 선행사가 없는 경우에 사용된다.
② 사람을 나타내며 전치사 목적어가 되는 경우에 사용된다.

Deus ajuda a quem cedo madruga. 하늘은 스스로 돕는 자를 돕는다.
Quem espera, sempre alcança. 뜻이 있는 곳에 길이 있다.
A moça com quem vim ontem à tarde é a minha filha.
나와 어제 오후에 함께 온 소녀는 내 딸이다.
Este é o senhor de quem falávamos.
이 분이 우리들이 늘 이야기했던 그 분이다.
Quem se afoga, até às palhas agarra.
물에 빠진 사람은 지푸라기라도 잡는다.
Não pode comer pepinos quem semeia tomates.
콩 심은데 콩나고 팥 심은데 팥난다.
Quem corre atrás das duas lebres, não apanha nenhuma.
두 마리 토끼를 쫓는 자는 한 마리도 못 잡는다.

(3) O QUE(OS QUE, AS QUE)

① 선행사를 포함한 사물을 나타낼 경우에 사용된다.
② 복수인 경우에는 사람 혹은 사물을 나타낼 때 사용된다.

Não deixes para amanhã o que podes fazer hoje.
오늘 할 일을 내일로 미루지 마라.
Façam aos outros o que querem eles façam a vocês.
너희들이 대접받고자 하는 대로 남에게 대접하라.
O que se aprende no berço dura até a sepultura. 요람에서 무덤까지
Os que fazem justiça são poucos. 의를 행하는 자는 적다.

Você quer estes móveis ou os que estão na sala?
당신은 이 가구를 원하십니까? 혹은 저 방에 있는 가구를 원하십니까?

(4) O QUAL(A QUAL, OS QUAIS, AS QUAIS)

① 사람과 사물에 사용된다.
② 선행사를 강조 혹은 명확하게 해주기 위해서 사용한다.

O pai da moça, o qual também é orador, falou bem.
소녀의 아버지 그는 연사이며 말을 잘 하신다.
Aqui há muitas prendas, dentre as quais você pode escolher uma.
여기에 많은 선물들이 있다. 그 중에서 너는 하나를 골라라.

(5) CUJO (CUJA, CUJOS, CUJAS)

① 사람과 사물에 사용된다.
② 소유격 관계 대명사이다.

Falei com aquele senhor cuja casa queremos alugar.
우리가 세 들기를 원하는 집주인과 내가 이야기했다.
Os alunos cujos exames foram negativos serão reprovados.
그들의 시험이 부적격 판정을 받은 학생들은 낙제 할 것이다.

(6) QUANTO (A, OS, AS)

Isto é tudo quanto posso lhe dizer.
이것이 내가 너에게 말 해줄 수 있는 곳 모두이다.
A lei deve proteger todos quantos vivem honestamente.
법은 정직하게 사는 모든 사람을 보호해야만 한다.
Nem tudo quanto retug é ouro.
반짝인다고 다 금은 아니다.

LEITURA

O turista estrangeiro

A __ Sabes dizer-me onde fica a estação de correios mais próxima, por favor?

B __ A mais próxima é a dos Restauradores. O senhor vai por esta rua e depois, na primeira...segunda...terceira à esquerda...Bem, como é um pouco difícil, eu posso ir com o senhor.

A __ É muito amável. Muito obrigado.

B __ De nada. Eu também vou nessa direcção.

A __ A cidade é tão grande e eu conheço-a tão mal...

B __ Já vejo que o senhor é oriental.

A __ Sim, sim. Sou oriental, sou coreano.

B __ Ah, sim! Agora visitam-nos muitos turistas orientais. Mas o senhor fala muito bem a nossa língua. Onde é que a aprendeu? Já cá vive há muito tempo?

A __ Eu? Não, é a segunda vez que venho a Portugal, mas quando aqui estive, no ano passado, só visitei o Minho, o Douro e a Beira. E quero estudar bem esta língua. Mas é tão difícil...

B __ Não deve ser fácil, não. Mas o senhor nem dá erros...

A __ Bem, ainda tenho de aprender muito vocabulário. Eu gosto de falar com as pessoas, assim aprende-se mais rápido.

B __ Mais 'depressa' lá isso é verdade. Então, já viu muita coisa aqui em Lisboa?

A __ Sim, eu cheguei de avião na quinta-feira de manhã. O motorista do táxi que apanhei no aeroporto levou-me a um hotel e nessa tarde fui visitar o Castelo de S.Jorge e uma igreja...a Sé.

B __ Gostou de Castelo de S.Jorge?

A __ Gostei muito, sim.

B __ Cuidado! Agora não podemos atravessar a rua. A luz está vermelha para os peões. E o bairro de Alfama, já o viu?

A __ Ainda não. Ontem dei um passeio num autocarro de turismo pelos arredores. Estivemos nos Jerónimos, na Torre de Belém e em outro monumento, não sei que nome tem. Depois fomos ao Estoril e Cascais, almoçámos lá num restaurante e continuámos a viagem até Sintra.

B __ Estiveram no Palácio da Pena?

A __ Sim, sim. Foi, na verdade, um passeio muito agradável.

B __ Então quanto tempo ainda vai ficar em Portugal?

A __ As minha férias acabam no fim deste mês. Eu tenho uns amigos que vivem no Algarve e queria ir visitá-los. Ouvi dizer que o Algarve é muito bonito. Os meus amigos têm lá uma quinta, compraram-na há três ou quatro anos.

B __ Bem, eu agora tenho de à direita, mas o senhor deve continuar em frente. São só mais uns duzentos metros. É sempre a direita, até ao largo, depois volta à direita e está quase nos Restauradores.

A __ Muito obrigado. tive muito prazer em conhecê-lo. O senhor foi muito amável, muito obrigado.

B __ De nada, o prazer foi todo meu. Boa tarde!

VOCABULÁRIO

o oriental: 동향인
amável: 친절한
o passeio: 산책
a estação de correios(o correio): 우체국
direito: 오른쪽의
o(a) turista: 관광객
o palácio: 궁전
o castelo: 성, 성곽
a igreja: 교회
atravessar: 건너다
a luz: 불, 신호등
a quinta(fazenda): 농장
voltar: 돌아가다
o cuidado: 조심
viver: 살다
frente: 앞, 정면
em frente de...: 의 앞에

a viagem: 여행
a direcção: 방향
próximo: 가까운, 이웃의, 다음의
o turismo: 관광
o monumento: 유적
esquerdo: 왼쪽의
o peão(pedestre): 보행자
o(a) motorista: 운전수, 기사
santo: 거룩한, 성인
a torre: 탑
visitar: 방문하다
o erro: 잘못, 실수
o aeroporto: 공항, 비행장
o avião: 비행기
o hotel: 호텔
à frente: 앞으로

PERGUNTAS

1. O oriental está muito perto dos Restauradores?
2. Por que é que ele fala português tão bem?
3. Durante toda a conversa, ele só deu um erro. Que foi?
4. Como veio ele para Portugal?
5. Ele está a morar em casa de amigos?
6. O que é que ele já viu de Lisboa?
7. Ele ainda não saiu da capital?
8. Onde fica o Palácio da Pena?
9. Por que é que ele quer ir ao Algarve?
10. O português vai com turista coreano até aos Restauradores?

EXERCÍCIOS

1. Substituir por pronomes a parte sublinhada.

   (1) Ele atravessou o rio de barco.
   (2) Encontraste os turistas brasileiros no aeroporto?
   (3) Passas o feriado nacional a trabalhar!
   (4) Os estrangeiros viram os monumentos da cidade.
   (5) O Sr. Tiago já comprou a Qunita de Santa Amaro.
   (6) Nós apanhámos a camineta das nove e um quarto.
   (7) Eu é que paguei o táxi.
   (8) Podes levar estes filmes, Ana?
   (9) O Sr. Pedro só ouviu os discos ontem.
   (10) O irmão dela traz as laranjadas.
   (11) Eles querem os bifes mal passados.
   (12) Os homens põem a secretária no escritório.
   (13) Quando é que você perdeu as chaves?

(14) Eu apaguei <u>a luz da cave</u>.
(15) Dou <u>os jornais à tua irmã</u>?
(16) As meninas deixaram <u>o quarto</u> muito sujo.
(17) Ela faz <u>os erros</u> porque não estuda.
(18) A criada também lavou <u>os copos</u>.
(19) Vou vestir <u>a camisola de lã</u>.
(20) Onde serviram <u>o almoço</u>?

2. 다음 (   )안에 인칭대명사의 전치사격을 넣으시오

   (1) Você quer ir ao concerto com(   )? (eu)
   (2) Depois de (   ), eu entro no salão. (tu)
   (3) Para (   ) não é fácil dominar o português num ano. (eu)
   (4) O professor quer ir ao ar livre con(   ). (nós)
   (5) A mãe dela se preocupa sempre com (   ). (ela)

TRADUZIR

1. 나는 망고, 멜론, 파인애플, 오렌지와 같은 열대과일을 좋아한다.
2. 너는 오늘밤에 그녀를 사귀어 알게 될 것이다.
3. 여기서 당신 집에 도착하는데 얼마나 걸립니까?
4. 지하철에는 많은 사람들이 탈 수 있다.
5. 그는 밥 먹는 것 보다 술 마시는 것을 더 좋아한다.
6. 나는 당신에게 나의 절친한 친구 미겔을 소개한다.
7. 나는 매일 밤 너를 생각한다.
8. 그녀는 바삐 달려온다.
9. 저 기차는 지금 시속 90km 로 달리고 있다.
10. 한라산은 한반도의 남쪽에 위치하고 있다.

열대 과일: frutas tropicais
사귀어 알다: conhecer
절친한 친구: o amigo íntimo(velho)
바쁘게: a toda pressa, com muita pressa
~의 남쪽에: ao sul de...
시속 90km로: a uma velocidade de 90km por hora
쉐타: o suéter
양복: o paleto(B), o fato(P)
~과 같은: tal(tais) como
시간이 걸리다: levar-se
소개하다: apresentar
달려오다: vir correndo
한반도: a Península Coreana
셔츠: a camiseta

No elevador

Uma senhora muito indagadeira entrou uma ocasião num elevador e perguntou ao acensorista:

- O senhor não se cansa de subir e descer o dia todo?
- Canso-me, sim senhora, respondeu o rapaz.

E a senhora querendo espirituosa, acrescentou:

- É de subir que o senhor se cansa?
- Não, senhora.
- É de descer, então?
- Não, senhora.
- Mas, então de que é?
- É de responder a perguntas tolas, minha senhora.

Quem espera, sempre alcança.
뜻 있는 곳에 길이 있다.

10 직설법 완료형

직설법 완료형에는 다음과 같이 3가지가 있다.
① 현재 완료형
② 과거 완료형
③ 미래 완료형

1. 과거분사 (Particípio Passado)

(1) 규칙 변화

		(예)	
AR	-ADO	falar	falado
-ER	-IDO	comer	comido
-IR	-IDO	partir	partido

(2) 불규칙 변화

abrir ⇒ aberto (열다)
descobrir ⇒ descoberto (발견하다)
dizer ⇒ dito (말하다)
fazer ⇒ feito (만들다)
ganhar ⇒ ganho (얻다)
pagar ⇒ pago (지불하다)
soltar ⇒ solto (석방하다)
ver ⇒ visto (보다)

cobrir ⇒ coberto (덮다)
descrever ⇒ descrito (묘사하다)
escrever ⇒ escrito (쓰다)
fritar ⇒ frito (튀기다)
gastar ⇒ gasto (소비하다)
pôr ⇒ posto (놓다)
supor ⇒ suposto (상상하다)
vir ⇒ vindo (오다)

(3) 규칙 변화와 불규칙 변화를 하는 동사

이 경우 규칙 변화는 완료형에, 불규칙 변화는 수동태 및 형용사로 사용된다.

acender ⇒ acendido, aceso (불을 켜다)
aceitar ⇒ aceitado, aceite (수락하다)
cegar ⇒ cegado, cego (눈이 멀다)
entregar ⇒ entregado, entregue (넘겨주다)
encher ⇒ enchido, cheio (가득 채우다)
juntar ⇒ juntado, junto (합치다)
limpar ⇒ limpado, limpo (청소하다)
matar ⇒ matado, morto (죽이다)
morrer ⇒ morrido, morto (죽다)
prender ⇒ prendido, preso (붙잡히다)
salvar ⇒ salvado, salvo (구하다)
secar ⇒ secado, seco (말리다)

2. 용법

(1) 형용사로 쓰이는 과거분사

과거분사는 형용사와 마찬가지로 명사를 직접 수식하거나 보어로 쓰인다. 이때 과거분사는 명사의 성·수에 일치하여야 한다.

o livro copiado à mão   손으로 베껴 쓴 책
A janela está aberta.   창문이 열려 있다.

➲ ① 과거분사가 형용사로 쓰였으나 부사적인 용법으로 쓰이는 경우가 많다.
    O soldado regressa quase morto à sua aldeia.
    그 군인은 초죽음이 되어 자기 동네로 돌아온다.
    O capitão grita-lhe irritado.
    그 대위는 화나서 그에게 소리친다.

② 물론 형용사도 부사적 용법으로 많이 쓰인다.
Os alunos saem da sala de aula muito contentes.
학생들은 매우 만족해서 교실에서 나간다.

3. 직설법 현재완료

(1) 기본 형태

> ter (혹은 haver) 동사의 직설법 현재 + 과거분사

(2) 용법

① 과거에서 현재까지 계속되는 동작이나 상태를 나타낼 때 사용된다.

Como tens passado ultimamente?   요즈음 어떻게 지내시지요?
Este inverno tem feito muito frio.
올 겨울의 날씨는 무척 춥지요?
Ele há colecionado os selos dos vários países desde o tempo do liceu.(ginásio)   그녀는 중학교 때부터 여러 나라의 우표를 수집해오고 있다.

② 방금 완료된 동작이나 상태를 나타낼 때

Hei escrito a carta.   방금 편지를 썼습니다.
Tenho dito.   제가 할 말은 다 끝냈습니다.

4. 직설법 과거완료(대과거)
(Pretérito Mais-que-Perfeito do Indicativo)

직설법 과거완료는 복합 대과거와 단순 대과거의 2가지 형태가 있다.

(1) 기본 형태

① 복합 대과거 (Pretérito mais-que-Perfeito composto do Indicativo)

> ter (혹은 haver) 동사의 직설법 반과거 + 과거분사

② 단순 대과거 (Pretérito mais-que-Perfeito simples do Indicativo)

동사의 직설법 전과거 3인칭 복수에서 'am'을 뺀 후 다음과 같이 어미를 붙인다.

기본형태

	단수	복수
1인칭	-a	-amos
2인칭	-as	
3인칭	-a	-am

(예) dar

	단수	복수
1인칭	dera	deramos
2인칭	deras	
3인칭	dera	deram

➡ 단순대과거 변화에는 불규칙 변화는 없다.

(2) 용법

복합 대과거와 단순 대과거의 용법은 같다.

① 과거 시제보다 앞선 시제를 나타낼 때

Quando eu cheguei no aeroporto, o avião já havia partido.
내가 공항에 도착했을 때는 비행기는 이미 떠났었다.
Quando eu cheguei na estação, o trem já partira.
내가 기차역에 도착해보니 기차는 이미 떠났었다.
Eu telefonei para o teu escritório há pouco e lá disseram que já tinhas saido.
조금 전에 너희 사무실로 전화했는데 네가 이미 나갔다고 말했다.

② 완곡한 표현을 나타낼 때(이 경우에는 단순 대과거만 사용한다.)

Quisera conversar consigo a respeito do problema esta tarde.
오늘 오후에 그 문제에 대해서 당신과 의논 드리고 싶습니다.

③ 관용적인 표현

tomara que :   ~했으면 좋겠다.
Tomara que passes no exame.   네가 그 시험에 합격했으면 좋겠다.

5. 직설법 미래완료

(1) 기본 형태

> ter (혹은 haver) 동사의 직설법 미래 + 과거완료

(2) 용법

① 미래의 어느 시점을 기준으로 그 때까지 완료될 상황을 나타낼 경우

Até ao fim deste ano, já haverão construído a biblioteca.
금년 말까지는 그 도서관을 완공할 것이다.
Daqui a três dias, ela já terá chegado lá.
3일 후에는 그녀가 그곳에 도착할 것이다.

② 추측이나 가능성을 나타낼 때

Ela terá se zangado, deverás (de verdade), comigo? Não fiz nada de mal a ela.
그녀가 정말로 내게 화내고 있을까? 나는 그녀에게 잘못한 것이 없는데.

LEITURA

o jovem advogado

A anedota já tem barbas, como se costuma dizer, mas realmente é engraçada e talvez ainda não a conheçam. Trata-se da história de um jovem advogado, a quem podemos chamar Pavão. Ora Dr. Pavão tinha acabado o curso há pouco tempo e, exactamente naquele dia, preparava-se para receber os seus primeiros clientes.

Como é natural, sentia-se feliz e bastante excitado. Tinha gasto muito dinheiro a arranjar o escritório, que agora estava com um aspecto agradável e moderno. Ele e outro colega de profissão tinham alugado aquelas salas no primeiro andar dum prédio novo. A renda não era nada barata, mas, enfim, os clientes ficavam logo com boa impressão. A alcatifa(a tapete), as cortinas, o sofá e as cadeiras de couro, a secretária com um telefone verde em cima('é mais caro, mas sempre dá outro ar', pensava ele), tudo aquilo tinha custado bom dinheiro, mas agora também ia começar a ganhá-lo. Do lado de fora da varanda, já tinha mandado pôr a tabuleta. PAVÃO ADVOGADO. "É bom haver uma paragem do autocarro(um ponto de ônibus) aqui mesmo em frente do escritório. Assim, as pessoas vêem o nome mais vezes e torna-se conhecido..."

Abriu dois livros e pô-los sobre a secretária, junto de alguns papéis, para dar o aspecto de quem tem muito que fazer. Mas não conseguia ficar sentado, andava constantemente de um lado para o outro da sala. Estava a olhar pela janela, a imaginar quem podia ser os primeiros clientes, quando ouviu tocar à campainha. O coração começou a bater-lhe mais depressa. Exitado, foi abrir a porta. Afinal, era o carteiro, que vinha entregar uma carta registrada. Dentro de envelope encontrou um bilhete e umas folhas de papel azuis. Leu o bilhete: O dono de prédio enviou-lhe uns documentos que ele devia assinar.

Pouco depois bateram à porta. O Dr. Pavão correu a sentar-se à secretária, deixou bater uma segunda vez e então disse em voz alta:"

Entre!" Era a mulher-a-dias. Vinha dizer que já tinha feito as limpezas na outra sala e perguntar se precisava de mais alguma coisa. "Não, Sra. Maria, obrigado. Então até amanhã."

Levantou-se e foi de novo até à janela. "Quatro anos(no primário) na primária escola, sete no liceu, cinco na universidade..." Finalmente, depois de tanto trabalho, ia começar a sua vida de advogado. "Ao princípio, talvez seja um pouco difícil, mas depois, quando já for conhecido..." Trrriiin! "Aí está o primeiro!" Não dava boa impressão ir receber os clientes à porta, mas a empregada ainda não tinha podido vir naquele dia. "Faz favor?!"

— É por causa duns(lampiões) candeeiros, da 'Estrela'. A conta está em nome do Sr. Dr. Pavão.
— Sou eu próprio. Um conto e cem cada? Não se pode dizer que sejam baratos, mas emfim. Aqui tem: mil...dois mil...e duzentos.
— Obrigado. Bom dia!
— "Bom dia não, 'mau dia' ...Para começar, parece-me que estou com pouca sorte. Já são quase onze horas!"

Nesse momento, tocaram outra vez à campainha. Rapidamente, tornou a sentar-se à secretária e pegou no telefone. Quando tocaram de novo, disse: "Faz favor de entrar, é só um momento..." À entrada da sala apareceu um homem com fato(uniforme) de trabalho e uma caixa de metal na mão. E o Dr. Pavão começou a falar ao telefone:

— Sim, claro, o ministro já me tinha pedido para tratar desse caso pessoalmente, o Sr. Director sabe que há milhões de escudos em jogo. A verdade é que ando agora muito ocupado, talvez de ir à Suíça já depois de amanhã. O assunto do banco vou decidí-lo sozinho, tem de ser. Como? Ah, não precisa de me agradecer. Os amigos são para as ocasiões, ótimo, ficamos assim. Bom dia, senhor director, tive muito prazer ouví-lo.

> Com o ar mais feliz deste mundo, o Dr. Pavão olhou então para o homem que, junto à porta, continuava com a caixa de metal na mão, e perguntou-lhe amavelmente:
>
> __ Que deseja o senhor?
> __ Bem, eu sou da Companhia e venho ligar o telefone...

VOCABULÁRIO

a alcatifa, o tapete: 카펫트
o director: 국장
a anedota: 일화
o couro: 가죽
o cliente: 고객
alugar: (집, 사무실) 빌리다.
a renda: 세
a mulher-a-dias, faxineira: 파출부
a tabuleta: 간판
conseguir: 이루다

o aspecto: 모습
a cortina: 커텐
o advogado: 변호사
pessalmente: 개인적으로
fazer as limpezas: 청소하다
o carteiro: 우체부
assinar: 서명하다
o documento: 서류
o curso: 과정
a campainha: 초인종

PERGUNTAS

1. Qual é profissão do Dr. Pavão? E que idade tinha, mais ou menos?
2. Quantos anos tinha andado a estudar?
3. Por que razão se sentia exitado naquele dia?
4. Onde ficava o escritório dele?
5. Quem foi a primeira pessoa a tocar à campainha?
6. Quem tinha mandado a carta registrada? Com que fim?
7. A segunda pessoa não tocou à campainha, bateu à porta. Quem era?
8. Por que foi o Dr. Pavão sentar-se à secretária, quando tocaram de novo à campainha?
9. Achas que era verdade o que ele dizia ao telefone? Porquê?
10. Parece-te que o Dr. Pavão era uma pessoa modesta? Porquê?

TRADUZIR

1. 그녀는 지난 주말부터 아파서 누워 있다.
2. 그는 고의로 그것을 했을 것이다.
3. 그녀는 고등학교 때부터 외국 화폐를 모아오고 있다.
4. 그는 동생이 만든 장난감을 부수어 버렸다.
5. 내가 너에게 물어 볼 것이 하나 있었는데 너를 보자마자 갑자기 잊어버렸다.
6. 우리들이 투우장에 도착했을 때는 이미 투우 경기가 시작되었었다.
7. 그가 잠에서 깼을 때는 그의 가족은 이미 아침 식사를 마쳤었다.
8. 나는 그의 전보를 받기 전에 이미 그의 주문품을 보냈었다.
9. 그녀는 불어를 3년 전부터 배우고 있다.
10. 나는 오래 전부터 나의 장래에 대해서 생각해오고 있다.
11. 우리가 역에 도착했을 때는 부산행 기차는 이미 떠났었다.
12. 그는 의사가 시키는 대로 담배를 끊었다.
13. 그녀는 음악을 좋아하기 때문에 대학시절부터 음반을 모아 오고 있다.
14. 오늘날 실업율이 점점 높아지고 있다고 말한다.
15. 그가 그 소식을 들었을 때 그가 한 것에 대해 후회했다.
16. 그 소년은 부모님께서 생일 케이크의 촛불에 붙였던 불을 껐다.
17. 염려하지 말아라. 브라질행 비행기는 아직 떠나지 않았을 것이다.
18. 내일 정오까지는 그들은 그곳에 도착할 것이다.
19. 5시간후면 밀물이 이 방파제 높이까지 올라 올 것이다.
20. 지금부터 10년 후에는 우리들은 어떻게 변화되어 있을까?

지난 주말: o fim da semana passada
아파서 누워있다: estar (deitado) de cama
외국화폐: moeda estrangeira
갑자기: de súbito, de repente
투우장: praça da tourada
잠이 깨다: acordar-se

고의로: com querer, de propósito
고등학교: liceu, colegial
장난감: o brinquedo
잊어버리다: esquecer-se de
투우경기: a tourada
전보: o telegrama

주문품: a encomenda
담배를 끊다: deixar de fumar
요즈음: hoje em dia, ultimamente
~라고 말한다: dizem que, diz-se que
촛불: a lume de velas, a chama de velas
생일 케이크: o bolo dos anos(de aniversário)
불을 끄다: apagar
걱정하다: preocupar-se com
5시간 후: daqui a cinco horas
방파제: o quebra-mar
아침 식사하다: tomar café da manhã(B)
　　　　　　tomar o pequeno almoço(P)

오래 전부터: há muito tempo
음반: o disco
실업률: a taxa de desemprego
후회하다: arrepender-se de

불을 켜다: acender
내일 정오: amanhã ao meio-dia
밀물: o maré alto
변화되다: modificar-se

Anedota

O meu irmão sempre foi conhecido pelo seu insaciável e constante apetite. Quando tinha cerca de cinco anos, fez uma série de testes onde seria avaliado o seu QI. Foram-lhe apresentados alguns desenhos onde deveria identificar os elementos ausentes; um carro sem rodas, uma casa sem telhado, etc. Quando lhe mostraram uma mesa à qual faltava uma perna, o meu irmão respondeu prontamente:

　- A comida! Falta a comida!

11 태

1. 능동태와 수동태

(1) 능동태 (Voz Ativa) ⇒ 수동태 (Voz Passiva)

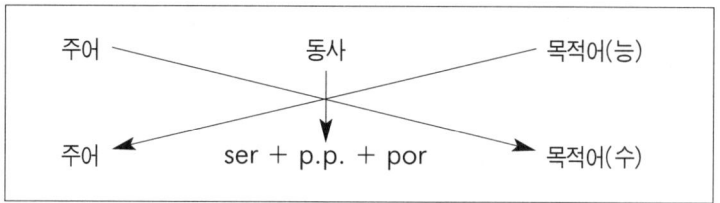

① 'SER' 동사는 수동태 문장 주어의 수에 일치하며 시제는 능동태 문장과 일치 시켜야 한다.

Nós fazemos um homem (boneco) de neve.
우리들은 눈사람을 만든다.
Um homem (boneco) de neve é feito por nós.

② 능동태의 본동사는 수동태에서 'ser + 과거분사'로 바꾸며, 주어의 성·수에 따라 변화한다.

A mãe fará a filha piansta.
어머니는 딸을 피아니스트로 키우려고 하신다.
A filha será feita pianista pela mãe.

③ 능동태의 주어는 전치사 'por' 뒤에 위치하며 전치사 목적격으로 바뀐다.

    Tu puseste a mesa?　　　　　　네가 상을 차렸느냐?
    A mesa foi posta por ti?

④ 4형식의 문장의 경우 직접 목적어만 수동태에서 주어가 될 수 있다.

    Tu deste estas flores à Maria?　　네가 마리아에게 꽃을 주었느냐?
    Estas flores foram dadas à Maria por ti?

⑤ 진행형의 경우 수동태는 'estar + sendo + p.p.' 형태를 취한다.

    Ela estava escrevendo o diário.　　그녀는 일기를 쓰고 있었다.
    O diário estava sendo escrito por ela.

⑥ 완료형의 경우 'ter(haver) + sido + p.p.' 의 형태를 취한다.

    Ela tem colecionado os postais ilustrados desde o tempo do liceu. (colegial)
    그녀는 고등학교 시절부터 그림 엽서를 모아오고 있다.
    Os postais ilustrados têm sido colecionados por ela desde o tempo do liceu. (colegial)

⑦ 의문사 'quem' 으로 시작되는 문장은 수동태에서는 'por quem' 으로 시작된다.

    Quem ganhou o jogo?　　　　　그 경기에서 누가 이겼느냐?
    Por quem foi o jogo ganho?

⑧ 기타

    ⓐ Ninguém o ajudou.　　　　　아무도 그를 도와주지 않았다.
       Ele não foi ajudado por ninguém.

ⓑ Onde podemos encontrar o livro?
어디에서 우리들은 그 책을 찾을 수 있습니까?
Onde o livro pode ser encontrado por nós?

ⓒ Nem sempre dizem a verdade.
진리가 항상 말해지는 것은 아니다.
A verdade nem sempre é dita.

(2) "본동사 + se"의 형태

Falam português no Brasil.   브라질에서는 포르투갈어가 말해진다.
Fala-se o português no Brasil.
Dizem que ele é milionário.   사람들은 그가 백만 장자라고 말한다.
Diz-se que ele é milionário.

(3) 수동태에서 상태를 나타내는 경우
('SER' 대신 'ESTAR' 동사가 사용된다.)

Este livro está escrito em português.
이 책은 포르투갈어로 쓰여져 있다.
As portas estavam abertas.
문들은 열려져 있었다.

○ 다음과 같은 경우 관용적으로 사용된다.
estar preocupado com: 걱정하다   *estar contente com*: 기뻐하다
estar farto de: 싫증나다   *estar farto com*: 지치다
estar aborrecido com: 짜증내다   *estar ocupado com*: 바쁘다
estar cansado de: 피곤하다   *estar satisfeito com*: 만족하다
estar coberto de: ~으로 덮여 있다   *estar interessado em*: 흥미가 있다
estar zangado com: 화내고 있다   *estar cheio de*: ~으로 가득 차 있다
estar surpreendido com: ~에 놀라다.
estar preparado(pronto) para: ~할 준비가 되어 있다

LEITURA

A visita dos Tiagos

Na sua nova casa, a família Pedro recebe a sua primeira visita:
O engehneiro Tiago e a mulher, velhos amigos desde o tempo do liceu.
Os Tiagos chegam agora à porta da entrada...
(T - Eng. Tiago; R - D. Rute Tiago; P - Dr.Pedro; A - D.Ana Pedro)

T/R - Então boas tardes!
P - Olha quem aqui vem...Então, estão bons? Entrem, entrem.
A - Olá, Rute, já não te via há mais de um mês...Boa tarde, Tiago, passou bem?
T - Bem obrigado, Sabem, nós queríamos ir esta tarde ao cinema, mas já não arranjámos bilhetes e lembrámo-nos de vir visitá-los. Então, como se sentem na vossa casa nova? Mas isto é um palácio!... A sala ficou tão linda! Um sofá novo...
P - Vocês já conhecem quase tudo, o sofá é realmente novo, foi comprado ontem, mas todos os outros móveis foram trazidos da vivenda onde morávamos.
R - Isto é para tua cozinha nova. Pensámos que devias gostar. E isto é para ti, Ana.
A - Oh! Ainda nos trazem presentes! Não era preciso...
R - A Paula não está, pois não? Gostava tanto de falar com ela.
A - A minha filha? Saiu há pouco para uma festa em casa de uns amigos.
Ela é convidada tantas vezes, nem fazes ideia, passa os fins-de-semana fora de casa.
T - Eu queria telefonar-vos, mas nem sabia se o número do vosso telefone ainda era o mesmo.
P - Ainda não temos telefone aqui. Já foi pedido há bastante tempo, até hoje ainda não o puseram cá... Vou trazer uns bebidas. Desculpe,

Rute, o que é que você toma?

R - Eu agora não quero nada, obrigada. Acabámos de almoçar quando eram duas e meia.

P - Tenho aqui um vinho especial para ti, Tiago...

T - Olha, para te dizer a verdade, tomava um café. Não é lá muito bom para o meu coração, mas dois ou três por dia não fazem mal à saude, pois não?

R - Como é que trouxeram o piano cá para cima?

P - Nem queira saber! Foi puxado da varanda de trás. Eram quatro ou cinco homens e ainda tive de ir lá dar uma mão. Ainda hoje sinto aqui uma dor nas costas, e no dia seguinte nem me podia mexer. Fiquei cansadíssimo...

R - Se ele era trazido pelas escadas...

A - Não podia ser. Nem pelas escadas nem de elevador, só pela varanda é que podia entrar. Felizmente, a porta da sala é bastante larga. Com licença, vou fazer o café.

P - Estamos muito satisfeitos com o andar. Não é grande, mas para nós chega. Mudar de casa é que tanto trabalho!

T - Tão depressa não mudam de casa outra vez, pois não?

P - Espero que nunca mais. Para mim foi a última vez!

VOCABULÁRIO

a visita: 방문
mudar de casa: 이사가다
o engenheiro(Eng.): 기사, 기술자
o blihete: 표
puxar: 끌다

as costas: 등(a costa:해안)
a casa nova: 새집
a entrada: 현관, 입구
com licença: 실례합니다
empurrar: 밀다

PERGUNTAS

1. Onde se conheceram o Dr. Pedro e o Eng. Tiago?
2. Por que é que os Tiagos se lembraram de visitar a família Pedro?
3. Eles já conheciam todos os móveis que viam na casa nova?
4. Que presente deu a D. Rute à amiga?
5. Onde estava a Paula a passar a tarde?
6. O que queria a D. Rute beber?
7. Quem não devia tomar café? Porquê?
8. Como foi levado o piano para casa do Dr. Pedro?
9. Por que saiu a D. Ana da sala?
10. O Dr. Pedro diz que nunca mais quer mudar de casa. Porquê?

다음 보기와 같이 우리말로 옮긴 후 태를 바꾸시오.

〈보기〉

> Quem ganhou a medalha de ouro na maratona nos Jogos Olímpicos passados?
> ⇒ 누가 지난번 올림픽 경기에서 금메달을 땄습니까?
> ⇒ Por quem foi a medalha de ouro ganha na maratona nos Jogos Olímpicos passados?

1. A D. Paula abriu as cartas.
2. Os vizinhos quase nunca a vêem.
3. Trouxeste os bilhetes?
4. Todos os planos são feitos por mim.
5. Onde põem as flores?

6. Nós vimo-la no parque de campismo.
7. Quando eu cheguei lá, o caçador já tinha matado um tigre.
8. Ele tem juntado os selos de vários países desde o tempo do colégio.
9. Encontram esta revista em qualquer lugar.
10. Recebem-na às seis da tarde.
11. O patrão pôs o empregado na rua.
12. A polícia avisara toda a gente.
13. Cortamos a relva de quinze em quinze dias.
14. As encomendas foram entregues pelo carteiro.
15. Aquele marinheiro salvou dois passageiros.
16. Marquei o primeiro golo.
17. Arrumaste a gaveta da secretária?
18. Quem abriu estas latas de conserva?
19. Ele está acendendo as velas de bolo de anos.
20. Organizas a festa?
21. Também temos construído alguns prédios nessa zona.
22. O convite não podia ser aceite pelo engenheiro.
23. As equipes eram formadas por nadadores de grande classe.
24. Tu fazes o resto do trabalho?
25. Repetem o programa no domingo que vem.
26. O Magalhães fez uma viagem pelo mundo inteiro pela primeira vez.
27. Eles têm a reunião no terceiro sábado de cada mês.
28. O Cabral descobriu o Brasil em mil e quinhentos.
29. O Luís de Camões escreveu 'os Lusíadas'.
30. O homem gordo e de barbas está lendo as revistas.

TRADUZIR

1. 파출부가 화장실의 거울을 실수로 깨뜨렸다.
2. 로마는 하루아침에 이루어지지 않았다.
3. 그 산꼭대기는 일년 내내 흰 눈으로 덮여 있다.
4. 캐나다에서는 어떤 언어가 말해 지느냐? 영어와 불어가 말해진다.
5. 그는 두 달에 한 번씩 이발을 한다.
6. 전화는 누구에 의해서 발명되었습니까?
7. 그 자전거는 나중에 소나무 숲에서 발견되었다.
8. 내가 그를 방문했을 때 그는 숙제를 하고 있었다.
9. 몇 나라에서 포르투갈어가 말해집니까?
   일곱 나라에서 포르투갈어가 말해집니다.
10. 네가 옷장을 정리했느냐?
11. 누가 그 멋있는 광경을 사진 찍었느냐? 바로 제가 찍었습니다.
12. 그녀는 고아들을 돌보아 주곤 했었다.
13. 그는 생일 선물로 친구에게 책을 주었다.
14. 내가 집에 도착했을 때 그녀는 막 나가려고 준비하고 있었다.
15. 대부분의 사람들이 조간 신문을 읽는다.
16. 그는 동생이 만든 장난감을 부수어 버렸다.
17. 제 장갑을 어디에 보관하셨습니까?
18. 그녀가 너에게 편지와 소포를 보낼 것이다.
19. 아버지께서는 신문을 읽고 계셨고, 어머니께서는 빨래를 하고 계셨다.
20. 그 버스는 만원이다.

Depois de tempestade, vem bonança.
폭풍 뒤에 고요가 온다.

어휘

깨뜨리다: partir, quebrar
화장실: a casa de banho
캐나다: a Canadá
발명하다: inventar
나중에: mais tarde
사진 찍다: tirar fotos
고아: orfão(orfãos)
대부분: a maior parte
장난감: o brinquedo
소포: o pacote
두 달에 한 번씩: um mês sim um mês não, de dois em dois meses.
숙제: o trabalho de casa, o dever de casa
소포: a encomenda postal
화장실: o banheiro
숙제: a lição de casa

거울: o espelho
산꼭대기: a cima da montanha
이발하다: cortar o cabelo
소나무 숲: o pinhal, pinheiral
설거지하다: lavar os pratos
멋있는 광경: o espetáculo magnífico
돌보다: tomar conta de, cuidar de
조간 신문: o jornal da manhã
부수다: quebrar
빨래하다: lavar as roupas
산꼭대기: o pico (tôpo) da montanha
두 달에 한번씩: uma vez a cada dois meses

Nem tudo quanto reluz é ouro.
반짝인다고 다 금은 아니다.

Oração de S. Francisco

Senhor
Faça de mim um instrumento da Vossa paz:
Onde houver ódio, que eu leve o Amor;
Onde houver ofensa, que eu leve o Perdão;
Onde houver discórdia, que eu leve a União;
Onde houver dúvida, que eu leve a Fé;
Onde houver erro, que eu leve a Verdade;
Onde houver desespero, que eu leve a Esperança;
Onde houver tristeza, que eu leve a alegria;
Onde houver trevas, que eu leve a luz.

Senhor
Faça que procure mais:
consolar que ser consolado,
compreender que ser compreendido,
amar que ser amado.

Pois
é dando que se recebe,
é perdoando que é perdoado,
e é morrendo que se ressuscita para a Vida Eterna!

평화의 기도

주여
나를 평화의 도구로 써주소서
미움이 있는 곳에 사랑을
상처가 있는 곳에 용서를
불화가 있는 곳에 일치를
의혹이 있는 곳에 믿음을
오류가 있는 곳에 진리를
절망이 있는 곳에 희망을
슬픔이 있는 곳에 기쁨을
어둠이 있는 곳에 광명을 심게 하소서

주여
위로 받기 보다는 위로하며
이해 받기 보다는 이해하며
사랑 받기 보다는 사랑하며
살아가도록 하여 주소서
용서를 함으로써 용서받고
자기를 온전히 줌으로써
영생을 얻기 때문이다.

성 프란시스꼬의기도문 중에서

12 접속법 현재(Presente do Subjuntivo)

직설법은 실제적이며 객관적인 내용을 나타낼 때 사용하는 것이다. 그러나 접속법은 화자의 주관적 판단으로 보아 앞으로 일어나거나 하게 될 일을 예상 할 때 쓰인다. 뿐만 아니라 비현실적이거나 경험해보지 못한 내용을 상상할 때와 가정할 때에도 사용된다.

1. 규칙동사

직설법 현재 1인칭 단수에서 'o'를 떼어낸 후 다음과 같이 변화시키면 된다.

	AR 동사			ER,IR,OR 동사	
	단수	복수		단수	복수
1인칭	-e	-emos	1인칭	-a	-amos
2인칭	-es		2인칭	-as	
3인칭	-e	-em	3인칭	-a	-am

(예)

	AR 동사		ER 동사		IR 동사		OR 동사	
	단수	복수	단수	복수	단수	복수	단수	복수
1인칭	fale	falemos	beba	bebamos	parta	partamos	ponha	ponhamos
2인칭	fales		bebas		partas		ponhas	
3인칭	fale	falem	beba	bebam	parta	partam	ponha	ponham

2. 불규칙 동사

dar

	단수	복수
1인칭	dê	demos
2인칭	dês	
3인칭	dê	dêem

estar

	단수	복수
1인칭	esteja	estejamos
2인칭	estejas	
3인칭	esteja	estejam

haver

	단수	복수
1인칭	haja	hajamos
2인칭	hajas	
3인칭	haja	hajam

ser

	단수	복수
1인칭	seja	sejamos
2인칭	sejas	
3인칭	seja	sejam

saber

	단수	복수
1인칭	saiba	saibamos
2인칭	saibas	
3인칭	saiba	saibam

ir

	단수	복수
1인칭	vá	vamos
2인칭	vás	
3인칭	vá	vão

querer

	단수	복수
1인칭	queira	queiramos
2인칭	queiras	
3인칭	queira	queiram

3. 용법

(1) 명사문에 쓰이는 접속법

① 비인칭 동사

가능성, 필요성, 당연성 등을 표현하는 동사가 술어가 될 때, 비인칭 표현의 주어가 되는 명사문에는 접속법을 써야 된다.

ser preciso: ~할 필요가 있다	ser necessário: ~할 필요가 있다.
ser possível: ~하는 것은 가능하다	ser impossível: ~하는 것은 불가능하다
ser provável: ~할 지도 모른다	ser natural: ~하는 것은 당연하다
ser bom: ~하는 것은 좋다	ser melhor: ~하는 것은 더 좋다
ser mau: ~하는 것은 나쁘다	ser pior: ~하는 것은 더 나쁘다
ser fácil: ~하는 것은 쉽다	ser difícil: ~하는 것은 어렵다
ser estranho: ~하는 것은 이상하다	ser conveniente: ~하는 것이 합당하다
ser errado: ~하는 것은 잘못이다	ser pena: ~것은 유감이다
ser suficiente: ~하는 것이 충분하다	ser bastante: ~하는 것이 충분하다
ser vergonhoso: ~하는 것이 부끄럽다	ser lamentável: ~하는 것이 한탄스럽다
ser justo: ~하는 것이 정당하다	ser inconveniente: ~하는 것이 부당하다
basta: ~하기에 충분하다	poder: ~할지도 모른다
ser indispensável: ~하는 것이 필요 불가결하다	

É provável que chova.
비가 올지도 모른다
É possível que tu faças isso.
네가 그것을 하는 것은 가능할 것이다.
É necessário que os jovens tenham grande sonho.
젊은이는 큰 꿈을 가져야 할 필요가 있다.
É melhor que não venhas aqui.
네가 여기 안 오는 것이 더 낫다.

② 인칭동사

ⓐ 소원, 기원, 요청 등을 나타내며 주절의 주어와 종속절의 주어가 다를 때 접속법을 사용한다.

desejar: 원하다	querer: 원하다
esperar: 기대하다	contar: 기대하다
solicitar: 간구하다	rogar: 간구하다
pedir: 요청하다	exigir: 요청하다
oxalá: 원하다	tomara que: 원하다

Peço-lhe que ele não fale mal dos outros.
나는 그가 다른 사람에 대해서 나쁘게 말하지 않기를 요청한다.
Espero que vocês me ajudem a fazer meu trabalho de casa.
나는 너희들이 내가 숙제하는데 도와주기를 바란다.

➡ ① oxalá 다음에는 'que'를 붙이지 않는다.
Oxalá(Tomara que) passes no exame! 네가 그 시험에 합격하기를!
② 'que'로 시작되는 종속절 문장에서 접속법 동사가 사용되었으면 'espero' 동사가 생략되었다고 생각하면 된다.
Que Deus te abençoe! 하나님께서 그대를 축복하시기를!

ⓑ 기쁨, 두려움, 유감, 좋아함, 싫어함, 불만, 감사 등을 나타내고 주절의 주어와 종속절의 주어가 다를 경우 종속절에 접속법 동사가 사용된다.

alegrar-se: 즐거워하다	estar satisfeito: 만족하다
folgar: 즐겁다	temer: 두려워하다
recear: 두려워하다	ter medo: 두려워하다
lamentar: 한탄하다	sentir: 섭섭하게 느끼다
estar aborrecido: 싫증을 내다	gostar: 좋아하다
estar desgostoso: 싫어하다	agradecer: 감사하다
estar surpreendido: 놀라다	ter pena: 유감이다

É uma pena que eles não participem da festa.
나는 그들이 그 축제에 참석하지 못하여 매우 섭섭하다.
Agradeço-lhes que tenham lido estas notícias com todo o interesse.
나는 그들이 큰 관심을 갖고 이 뉴스를 읽어 주어서 감사하게 생각한다.
Estou surpreendido que tu mores em Seul.
네가 서울에 살고 있다니 놀랍구나!

ⓒ 의혹, 추측, 불확실, 부인 등을 나타내며 주절의 주어와 종속절의 주어가 다를 때 접속법이 동사가 사용된다.

---

duvidar: 의심하다 achar: ~라고 생각하다
pensar: ~라고 생각하다 supor: ~라고 추측하다
talvez: ~일지 의심스럽다 não crer: 믿지 않는다
não acreditar: 믿지 않는다 não parecer: ~이 아닌 것 같다
negar: 부인하다

Duvido que ele chegue a tempo na reunião.
그가 그 모임에 시간에 맞게 참석할지 의심스럽다.
Acho importante que tu não deixes de fazer o trabalho.
네가 그 직장을 그만두지 않는 것이 중요하다고 생각한다.
Não me parece que ele tenha possibilidade de ganhar na eleição.
그가 그 선거에서 승리할 가능성이 없어 보인다.

> ◐ 'talvez' 다음에는 'que'를 붙이지 않는다.
> *Talvez ele chegue lá a são e salvo.*
> 그가 그곳에 무사히 도착할까?

ⓓ 명령, 충고, 허락, 금지 등의 의미를 나타내며 주절의 주어와 종속절의 주어가 다를 때 접속법을 사용한다.

> mandar (ordenar): 명령하다
> fazer: 하도록 시키다
> permitir: 허락하다
> consentir: 동의하다
> deixar: 허락하다
> aconselhar: 충고하다
> proibir: 금지시키다
> admitir: 승인하다

Mando que ela feche olhos e abra a boca.
나는 그녀가 눈을 감고 입을 벌리도록 명령한다.
Proibo que os menores fumem e bebam.
나는 미성년자들이 담배 피우는 것과 술 마시는 것을 금지시킨다.
O professor não permite que os alunos falem coreano na aula.
그 선생님은 학생들이 수업시간에 한국말을 하는 것을 허락하지 않으신다.

(2) 형용사문에 쓰이는 접속법

선행사가 불한정성, 불확실성인 경우 종속절인 형용사문에서는 접속법을 사용한다.

Procuro uns homens que falem português.
나는 포르투갈어를 말하는 몇 사람을 찾고 있다.
Aqui não há ninguém que eu conheço.
여기에는 내가 아는 사람이 아무도 없다.
Quero tomar alguma coisa que me mate a sede.
나는 갈증을 해소 시켜줄 어떤 것을 마시기를 원한다.
Não encontro lá ninguém que saiba dançar samba.
나는 그곳에서 쌈바 춤을 출 수 있는 사람을 아무도 만나지 못하였다.
Há alguém que goste de morar ilhota inabitada?
무인도에서 살고 싶어하는 사람이 있을까?

(3) 부사문에 쓰이는 접속법

부사문에서는 어떤 동작의 완료가 불확실할 때 접속법을 사용한다. 다음의 접속사나 접속사구에 결합되는 동사는 접속법을 써야한다.

① 방법을 나타내는 접속사

> como : ~ 하는대로　　　　　segundo: ~에 따라
> de acordo com: ~에 따라　　como se: 마치~인 것처럼
> sem que: ~함이 없이　　　　conforme: ~에 따라

Continue ou pare o trabalho de acordo com o que ele decida.
그가 결정하는 대로 그 일을 계속하든지 중단하든지 하시오.
Ele nada bem como se ele fosse um peixe.
그는 마치 물고기인 것처럼 수영을 잘 한다.

② 목적을 나타내는 접속사

> para que: ~을 하기 위하여　　a fim (de) que: ~을 할 목적으로
> de modo que (de maneira que, de forma que): ~하도록

Mando o meu filho para o Brasil para que ele estude português.
나는 내 아들을 포르투갈어를 공부하게 하기 위하여 브라질에 보낸다.
Vocês devem comportar-se bem de modo que dêem bons exemplos para os juniores.
너희들은 후배들에게 좋은 본보기가 되게 하기 위하여 행실을 잘 해야한다.
Explique-me com facilidade de maneira que eu entenda.
내가 이해할 수 있도록 쉽게 설명해 주시오.

> ◉ 결과로 해석될 때는 직설법을 쓴다.
> *Ele fez tudo errado, de modo que tive de corrigir.*
> 그가 다 틀리게 했다 그래서 나는 고쳐야만 했다.

③ 양보를 나타내는 접속사

> embora: 비록 ~할지라도　　por mais+형용사+que: 아무리 ~한다 할지라도
> ainda que (mesmo que, se bem que): 비록~할지라도

Embora chova amanhã, eu tenho de sair.
비록 내일 비가 온다 할지라도 나는 떠나야만 한다.
Ainda que ele seja bom aluno, não tenho confiança nas suas traduções.
비록 그가 우수한 학생이라 할지라도 나는 그의 번역을 믿을 수 없다.
Por mais inteligente que ela seja, não pode dominar o português num ano.
그녀가 아무리 현명하다 할지라도 일년만에 포르투갈어를 통달하지는 못한다.

④ 조건, 가정을 나타내는 접속사

> se: 만일 ~라면   caso (no caso que): ~하는 경우에는
> a não ser que (a menos que, salvo que): ~하는 경우가 아니라면

Não voltarei para a minha terra, a menos que tenha um milhão de dólares.
내가 백만 불 없이는 고향에 돌아오지 않겠다.
Vou sair de casa caso não chova.
비가 오지 않는 경우에는 집에서 나가겠다.
Caso não venhas, avisa-me, por favor.
네가 오지 못할 경우에는 나에게 알려라.

⑤ 때를 나타내는 접속사

> quando: ~할 때는   antes que: ~하기 전에
> depois que: ~한 후에   sempre que: ~할 때마다
> até que: ~할 때까지   enquanto: ~하는 동안
> logo que (assim que): ~하자 마자

Espere aqui até que eu volte.   내가 돌아 올 때까지 여기서 기다려라.
Quero conversar contigo antes que partas.
네가 떠나기 전에 너와 이야기를 나누고 싶다.

Antes que o galo cante, você me negará três vezes, dizendo que não me conhece.
닭이 울기 전에 너는 나를 모른다고 세 번 부인할 것이다.

◑ 양보 혹은 때를 나타내는 접속사는 종속절의 동사가 표현하고자 하는 내용이 앞으로 일어날 일이면 접속법을, 진행중이거나 반복적이거나 혹은 이미 일어난 일이면 직설법을 쓴다.
Logo que chegares em casa, telefona-me.
집에 도착하자마자 나에게 전화해라.
Logo que ela chegou em casa, ela foi para a cama.
그녀는 집에 도착하자마자 자러 갔다.

⑥ 기타

ⓐ "A 혹은 B"의 의미를 포함하고 있는 접속사

```
quer A quer B
ou A ou B         ⇒ A 혹은 B
ora A ora B
```

Quer chova, quer não, iremos à praia amanhã.
우리들은 내일 비가 오든지 혹은 비가 안 오든지 해변가에 갈 것이다.
Ora viva ora morra, eu vou fazer o mais possível.
살든지 죽든지 나는 최선을 다 할 것이다.

ⓑ "~이든지 간에" 라는 표현을 할 때

```
quem quer que + 접속법: ~누구이든지 간에
quando quer que + 접속법: ~언제이든지 간에
onde quer que + 접속법: ~어디이든지 간에
o que quer que + 접속법: ~무엇이든지 간에
como quer que + 접속법: ~어떠하든지 간에
qualquer que + 접속법: ~어느 것이든지 간에
```

Quem quer que venha, não quero encontrar ninguém por agora.
누가 오든지 간에 나는 지금으로서는 아무도 만나고 싶지 않다.

ⓒ convir que + 접속법: ~하는 것이 편리하다
bastar que + 접속법: ~이면 충분하다

Convém que venhas cá depois de amanhã.
네가 모레 여기에 오는 것이 편리하겠다.
Basta que digas 'sim' quando for sim e digas 'não' quando for não.
예면 '예' 아니면 '아니요' 라고만 하면 충분하다.

ⓓ 기원문

Viva a República da Coréia!   대한민국 만세

LEITURA

Do latim ao português

- Quantas línguas há no mundo, Pai?
- Dizem que umas três mil, mas muitas são faladas só por pequenos grupos.
- Tantas? E línguas assim mais importantes, quantas são?
- Bem, deve haver cerca de setenta que são faladas, pelo menos, por cinco milhões de pessoas.
- O inglês é a língua mais falada em todo o mundo, não é?
- Não, não, em primeiro lugar vem o chinês, muito mais falada do que outras línguas tão conhecidas como o inglês, o espanhol, o russo ou o alemão.
- Espero que o português também se conte entre as línguas mais importantes...
- O português está realmente entre as dez línguas mais faladas. Nota que, só no Brasil, há quase cem milhões de habitantes que falam a nossa língua.
- Ouvi dizer que o português teve origem no latim. Como foi isso?
- Deves saber que o latim era a língua que os romanos falavam, 'Romano' vem de Roma, que hoje é a capital da Itála. Os romanos começaram a chegar à Península Ibérica no século III antes de Cristo. E por cá ficaram durante cerca de 600 anos.
- Devia ser bonito: Então se os romanos falavam latim, como é que a gente, que aqui vivia, os compreendia?
- Pouco sabemos sobre esses tempos. A verdade é que o latim se modificou pouco a pouco e deu origem às línguas com origem no latim. Talvez te lembres como se diz 'pé' em francês
- 'Pied.'
- Exato. Pois em espanhol é 'pie' e em italiano 'piede'.
- 'Piede', 'pied', 'pie', 'pé'... Que interessante! O português deve

ser difícil de aprender, não acha, pai?
- Os estrangeiros dizem que não é nada fácil. Conheço um senhor inglês que, embora viva aqui há mais de quinze anos, continua a dar os mesmos erros de sempre. Ele diz, por exemplo: "Quer que eu 'abro' a janela?" – em vez de 'abra'. Ou ainda: "A minha mulher lamenta que eu 'chego' tão tarde a casa, quando devia dizer 'chegue' ".
- Pois é, nós falamos correctamente e nem precisamos de pensar se está certo ou errado.
- Isso é assim porque aprendemos a nossa língua desde muito cedo. A todo o momento estamos a falar ou a escrever, a ouvir ou a ler português. O português é a nossa língua materna. "Materna" vem de 'mãe', quer dizer que cada um começou a aprendê-la desde os primeiros tempos da sua vida.

VOCABULÁRIO

lamentar: 한탄하다. 탄식하다
modificar: 변화하다
correcto: 정확한
pelo menos: 적어도
dizem(diz-se) que: ~라고 말한다
em primeiro lugar: 첫번째로
a Península Ibérica: 이베리아 반도
ser parecido com: 비슷한
o latim: 라틴어
subjuntivo: 접속법(B)
conjuntivo: 접속법(P)

Cristo: 그리스도
o século: 세기
a origem: 기원
errado: 틀린
cerca de: 대략
o chinês: 중국어
o russo: 러시아
em vez de: ~의 대신에
a língua materna: 모국어
pouco a pouco: 조금씩 조금씩

PERGUNTAS

1. Qual é a língua mais falada no mundo?
2. Pode dizer-se que o português é uma língua importante? Porquê?

3. Em que países se fala o português?
4. Qual é a origem da língua portuguesa?
5. Até que século estiveram os romanos na Península Ibérica?
6. Que línguas tiveram origem no latim?
7. Achas o português difícil?
8. O português é parecido com o ecpanhol?
9. Que te parece mais difícil de aprender?
10. Quantas pessoas falam português mais ou menos?

EXERCICIOS

1. 다음 동사의 접속법 현재로 변화시키시오.

(1) agredir   (2) caber   (3) conseguir   (4) consentir
(5) cobrir   (6) crer   (7) despir   (8) dizer
(9) divertir-se (10) dormir (11) fazer   (12) ir
(13) ler   (14) medir   (15) mentir   (16) ouvir
(17) pedir   (18) perder   (19) poder   (20) pôr
(21) querer   (22) sacudir (23) seguir   (24) sentir
(25) sorrir   (26) ter   (27) tossir   (28) trazer
(29) valer   (30) ver   (31) vestir   (32) vir

2. (   )안에 (   )의 동사를 맞도록 변화시키시오.

(1) Esperamos que não (   ) amanhã.(chover)
(2) Aconselha-me que (   ) um pouco mais.(estudar)
(3) Espero que a Paula se (   ) com a idade.(modificar)
(4) Eu não permito que os menores (   ).(fumar)
(5) Meus pais dizem-me que não (   ) tarde a casa na noite.(voltar)

(6) Tire este talão e espere até que quando o (   ), por favor.(chamar)

(7) Desejo que não (   ) problema.(haver)

(8) Deixem que as crianças (   ) a mim.(vir)

(9) É provável que eles (   ) o comboio das sete para Coimbra. (perder)

(10) Sinto muito que tu (   ) doente de cama.(estar)

TRADUZIR

1. 남에게 대접받고자 하는 대로 남에게 대접하라.
2. 부모님은 우리들이 그 일로 인하여 용기를 잃을까봐 걱정을 하신다.
3. 내가 비록 죽더라도 당신을 모른다고 말하지 않을 것이다.
4. 우리가 올림픽 개최국 국민으로서 긍지를 갖는 것은 지극히 당연하다.
5. 네가 아무리 졸라대도 나는 그것을 하지 않겠다.
6. 네가 그 프로그램의 제 2부를 볼 수 없다니 유감이다.
7. 너에게 행운이 있기를 기원한다.
8. 아무리 값이 싸도 필요하지 않은 것은 사지 마라.
9. 닭이 울지 않는다 할지라도 새벽은 온다.
10. 들어가기 전에 출구를 생각하라.
11. 이 영화는 미성년자가 관람하는 것은 금지되어 있다.
12. 제 시간에 도착하는 것이 좋을 거야. 그렇지 않으면 너를 태워다 주지 않을 것이다.
13. 네가 진실을 말한다 할지라도, 나는 너를 믿지 못하겠다.
14. 나는 너희들이 내가 말하는 것을 주의 깊게 듣기를 바란다.
15. 그녀가 운전 면허 시험에 합격을 하든지, 못하든지 그녀의 아버지께서는 그녀에게 차를 주실 것이다.
16. 이 컴퓨터가 큰 고장이 아니었으면!
17. 네가 원하는 것은 무엇이든지 하나만 골라라.
18. 부모님께서는 내가 16세가 되기까지는 이성교제를 원치 않으신다.
19. 바울이 새 직장에 만족할는지 걱정이다.
20. 이사벨은 그녀의 남편이 집에 늦게 들어온다고 한탄한다.

21. 네가 언제 오든지 환영이다.
22. 농부가 깨어 있든지 잠을 자든지 그가 알지 못하는 사이에 씨앗은 싹이 터서 자란다.
23. 너는 아마도 유럽의 한 구석에 살고 있는 사람들을 부러워할 지도 모른다.
24. 너의 후손들이 하늘의 별과 해변의 모래와 같게 하리라.
25. 너의 대답이 어떠하든지 간에 나의 뜻대로 할 것이다.
26. 나는 학교 가까운 곳에 있는 집을 구하려 다닌다.
27. 좋아지지 않는 선은 없고 나빠지지 않는 악도 없다.
28. 너희들 중에 누가 아무리 걱정을 많이 한다고 해서 너희 생명을 조금이라도 연장 시킬 수 있느냐?
29. 나귀가 아무리 말이 되기를 원할지라도 나귀는 나귀일 수밖에 없다.
30. 나는 너에게 잘 어울리는 옷을 사려고 시내에 나갔다.

용기를 잃다: perder coragem
올림픽 경기: os Jogos Olímpicos
행운: a boa sorte
이성 교제하다: namorar
걱정하다: preocupar-se com
진실을 말하다: dizer a verdade
운전면허 시험: o exame de condução
합격하다: passar em
걱정하다: recear
~을 부러워하다: sentir inveja de
후손들: os descendentes
해변의 모래: os grãos de areia na praia do mar
내 뜻대로: à minha vontade
구하다: procurar
농부: o agricultor
~가 되다: fazer-se
잘 어울리다: servir-se

개최국 국민: o povo hospedeiro
제 2 부: a segunda parte
컴퓨터: o computador
한탄하다: lamentar
미성년자: os menores
믿다: acreditar em
주의 깊게: com atenção
큰 고장: o problema sério
환영이다: seja bem-vindo
구석: o canto
하늘의 별들: as estrelas do céu
대답: a resposta
동이 트다: a manhã rompe
나귀: o asno
연장시키다: prolongar
출구: a saída

Anedota

Perguntaram um dia a Milton, o grande poeta inglês.
Por que um rei pode receber a coroa aos catorze anos
mas só pode casar-se aos dezoito?
   - É simples — declarou o poeta; — é que é mais fácil governar um reino do
   que uma mulher.

Façam aos outros o que querem eles façam a vocês.
너희들이 대접받기 원하는 대로 남을 대접하라.

13 명령법

1. 명령법(Impetativo)의 기본형

	긍 정	부 정
tu	직설법 3인칭 단수	não + 접속법 2인칭 단수
você	접속법 3인칭 단수	não + 접속법 3인칭 단수
nós	접속법 1인칭 복수	não + 접속법 1인칭 복수
vocês	접속법 3인칭 복수	não + 접속법 3인칭 복수

Não deixes para amanhã o que podes fazer hoje.
오늘 할 수 있는 일을 내일로 미루지 마라
Façam aos outros o que querem que eles façam a vocês.
남에게 대접받고자 하는 대로 너희도 남에게 대접하라.
Não te esqueças de mim.
나를 잊지 마라.
Traga-me a ementa, por favor.
차림표를 갖다 주세요.

> "dizer, fazer, trazer" 동사의 경우 2인칭 긍정 명령문의 경우
> 포르투갈에서는 "diz, faz, traz"를 사용하며,
> 브라질에서는 "dize, faze, traze"를 사용한다.
>
> Faz à tua vontade.　　　네 뜻대로 해라.(P)
> Dize sempre a verdade.　항상 진실을 말하라.(B)

2. 명령법을 나타내는 표현

(1) poder + infinitivo(원형)

    Pode entrar.   들어오세요.
    Pode ler a página vinte.   20쪽을 읽으세요.

(2) 강한 명령
직설법 미래 2인칭 단수를 주로 사용한다.

    Não matarás, não cometerás adultério e não roubarás.
    살인하지 마라, 간음하지 마라, 도적질하지 마라.
    Não dirás falso testemunho contra o teu próximo.
    너의 이웃에 대해서 거짓 증언하지 마라.

(3) vamos + infinitivo
영어의 "Let's + inf." 의 의미 즉 "~합시다."

    Vamos cantar o hino da escola em voz alta.
    교가를 큰소리로 부릅시다.

(4) 완곡한 명령

```
tenha a vontade de + infinitivo
faça o favor de + infinitivo        ⇒   ~해 주십시오.
queira + infinitivo
```

    Faça o favor de passar-me pão e manteiga.
    빵과 버터를 건네 주세요.

(5) 원형으로 명령

Malhar no ferro enquanto está quente.
쇠가 뜨거울 때 때려라.(기회를 놓치지 마라.)
Não fumar no carro.　　　차안에서는 금연입니다.
Traduzir em coreano.　　　한국어로 번역하십시오.

LEITURA

A festa de anos (aniversário)

Como o Rui fazia anos no sábado, convidou para casa um grupo de colegas e amigos. Com a irmã, que se chama Lúcia, eram doze ao todo.

A festa começou pelas três e meia da tarde. Cada um que chegava, dava logo os parabéns ao Rui e este agradecia os presentes que lhe traziam. Na sala grande da cave estiveram a fazer jogos e a conversar uns com os outros. Eram cinco horas quando a mãe do Rui o chamou para lhe dizer que o lanche estava pronto...

M - Rui, vai dizer aos teus amigos que podem vir comer. E tu, Lúcia, traz as bebidas que estão em cima da mesa da cozinha e põe mais laranjadas no frigorífico, por favor.
R - Vou já chamá-los, mãe. Lúcia, leva-me estes discos lá para baixo, sim?
L - Agora não posso, tenho de ir pôr os guardanapos na sala.
R - Tiago, vem para cima e diz aos outros que é hora de lanchar. Depois do lanche continuamos a jogar...

A mesa da sala estava cheia de pratos com bolos, doces, pastéis e sanduíches. No meio tinha um grande bolo de anos. Ao lado via-se uma mesa mais pequena, onde estavam as bebidas, pratos, copos e talheres. O lanche ia começar...

T - Eia!!! Quem é que vai comer tanta coisa?! Parece-me que há comida de mais. Dá-me daí um prato e um garfo, Paulo.

P - Espere um momento... Tomá lá o prato, a Joana é que pode dar-te o garfo. Pode-lhe.

J - O que é que querias, Tiago? Era um garfo? Aqui o tens. Não me arranjas um copo com sumo?

T - Claro, Joana para raparigas bonitas como tu arranja-se tudo. Zé, passa-me essa garrafa, sim? Cá está sumo...

J - Está bem assim, obrigada. Pronto! Chega, chega!!! Serve bem também a Ana, que ainda está um copo vazio. E a Irene também ainda não bebeu nada e está com sede. Tem paciência e...

T - Eu sou agora aqui o criado das meninas ou quê? Então elas não podem servir-se?

R - Come e bebe, Vitor, há muita comida lá dentro. Anda para aqui e serve-te. A minha mãe traz já mais pastéis e doce... Senta-te naquela cadeira. Vitor, não precisam de estar todos de pé. Vê lá se queres beber outra coisa qualquer. Cerveja e vinho também há cá em casa...

P - Parece-me que nem almoçaste, Diogo... Não paras de comer, não dizes nada...

D - Quando se come, não se deve falar, não é assim? E estas sanduíches de frango estão tão boas!...

VOCABULÁRIO

o subsolo: 지하실(B)
a cave: 지하실(P)
convidar: 초대하다
o bolo de anos: 생일 케익(P)
o bolo de aniversário: (B)

a bebida: 음료수
o sumo: 오렌지 쥬스(P)
dar os parabéns: 축하하다
jogar: 게임하다
o suco de laranja: 오렌지 쥬스(B)

o frigorífico: 냉장고(P)
agradecer: 감사하다
o lanche: 점심과 저녁 사이에 먹는 간식
o pastel: 파스텔
a sanduíche: 샌드위치
a geladeira: 냉장고(B)

PERGUNTAS

1. Quantos amigos convidou o Rui para festa de anos?
2. O que fizeram os rapazes e raparigas antes do lanche?
3. O que devia a Lúcia trazer da cozinha?
4. Por que é que ela não podia levar os discos para a cave?
5. O que havia para comer? E para beber?
6. Onde estava o bolo de anos?
7. Quem pediu um prato e um garfo?
8. O que é que a Joana queria beber?
9. O Tiago não queria ser "o criado das meninas"... Porquê?
10. Por que é que o Diago não dizia nada?

EXERCÍCIOS

※ 다음 문장의 보기와 같이 우리말로 옮기고 밑줄 친 부분을 대명사로 바꾼 후 명령법으로 고치시오.

<보기> convidar os amigos.   친구들을 초대하다

	긍 정	부 정
tu	Convida-os.	Não os convides.
você	Convide-os.	Não os convide.
nós	Convidemo-los.	Não os convidemos.
vocês	Convidem-nos.	Não os convidem.

1. trazer <u>as bebidas</u>.
2. dizer <u>os nomes</u>.
3. dar <u>as aulas</u>.
4. ver <u>os monumentos</u>.
5. pedir <u>a ementa</u>.
6. ser romano em Roma.
7. apagar <u>as luzes</u>.
8. ouvir <u>o que ele diz</u>.
9. esquecer-se disso.
10. ler <u>o programa</u>.
11. vir quanto antes.
12. pôr <u>a mesa</u>.
13. cumprimentar <u>o professor</u>.
14. vestir <u>o sobretudo</u>.
15. telefonar <u>ao amigo</u>.
16. ver-se ao espelho.
17. pedir-lhe dinheiro.
18. ser amável <u>para ela</u>.
19. tocar <u>piano</u>.
20. vir a pé.
21. agradecer <u>ao Tiago</u>.
22. dormir neste quarto.
23. perder-se na cidade.
24. fazer a <u>sopa</u>.
25. perguntar <u>ao médico</u>.
26. convidá-los para jantar.
27. brincar com <u>os meninos</u>.
28. voltar-se para trás.
29. responder-lhe já.
30. pôr <u>o pão</u> no frigorífico.

TRADUZIR

1. 내일 일을 걱정하지 마시오.
2. 체면을 차리지 마세요.
3. 좁은 문으로 들어가라.
4. 공중의 새를 보라. 들의 백합화가 어떻게 자라는가 보라.
5. 구하라, 그리하면 주실 것이요, 찾으라, 그리하면 찾을 것이요, 문을 두드리라, 그리하면 열릴 것이라.
6. 얼굴을 찡그리지 마라.
7. 오른 뺨을 때리거든 왼 뺨을 돌려대라.
8. 네 이웃을 네 몸같이 사랑하라.
9. 네 부모를 공경하라.
10. 미안하지만 선불로 주십시오.
11. 외모로 사람을 판단하지 마라.
12. 일하기 싫거든 먹지도 말라.

13. 너희 중에 죄 없는 자가 먼저 돌로 쳐라.
14. 가난하다고 비굴하지 말고 부자라고 뽐내지 마라.
15. 길을 건너가기 전에 좌우를 살펴라.
16. 잔디밭에 들어가지 마십시오.
17. 건강을 위해서 이 정도의 온도와 습도를 유지하십시오.
18. 한 마디 말하기 전에 두 번 생각하라.
19. 목마르기 전에 우물을 파라.
20. 듣는데는 첫번째가 되고 말하는데는 마지막이 되라.
21. 처음을 보고 끝을 판단하지 마라.
22. 라디오를 켜라. 그러나 너무 크게는 하지 마라.
23. 내가 계산 할께. 아냐, 각자 부담하자.
24. 선은 기억하고 악은 잊어 버려라.
25. 이 빈칸에 당신의 성명과 주소를 기입하여 주십시오.
26. 애국가를 제창합시다.
27. 그가 너에게 잘 못한 것에 대해서 불평하지 마라.
28. 이 선물을 금색종이로 포장해 주세요.
29. 나를 좀 쉬게 내버려 두라.
30. 물고기가 없는 강에 그물을 던지지 마라.

어휘

체면 차리다: fazer cerimônia
큰 소리로: em voz alta
때리다: dar uma tapa, bater
선불로 지불하다: pagar adiantado
죄를 짓다: pecar
비굴하다: abaixar-se
건너다: atravessar
오른쪽: a direita
밟다: pisar
공경하다: respeitar
습도: a humildade

백합화: o lírio
얼굴을 찡그리다: fazer caretas
던지다: deitar
외모로: pela aparência
돌로 치다: atirar a pedra
뽐내다: levantar-se
왼쪽: a esquerda
잔디밭: o relvado (잔디: a relva)
그물: a rede
온도: a temperatura
유지하다: manter

파다: cavar
끝, 꼬리: o cabo
금색종이: o papel dourado
기억하다: lembrar-se
잊어버리다: esquecer-se de
빈 칸: o espaço
주소: o endereço
각자 계산하다: dividir as despesas
불평하다: queixar-se de
메뉴: o cardápio

우물: o poço
포장하다: embrulhar
선물: o presente
선: o bem
악: o mal
기입하다: preencher
좁은 문: a porta estreita
애국가: o hino nacional
잘못하다: fazer mal

Anedota

O Rui resolveu jogar golfe. Um dia, quando estava a jogar ainda pior do que era costume, resolveu explicar a situação desagradável ao seu caddie adolescente.
- Comecei a jogar golfe para praticar o autodomínio - disse o Rui.
O jovem revirou os olhos e respondeu:
- Se é esse o caso, devia ter ido para caddie.

Sê romano em Roma.
로마에서는 로마 사람이 되라.

14 부정사

1. 종류

포르투갈어의 부정사에는 인칭 부정사와 비인칭 부정사가 있다.

(1) 인칭 부정사 (Infinitivo Pessoal)
   인칭의 성·수에 따라 변화한다.
(2) 비인칭 부정사 (Infinitivo Impessoal)
   인칭의 성·수에 따라 변화하지 않는다.

인칭 부정사의 변화

	단수	복수
1인칭	원형	원형 + mos
2인칭	원형 + es	
3인칭	원형	원형 + em

(예) dizer

	단수	복수
1인칭	dizer	dizermos
2인칭	dizeres	
3인칭	dizer	dizerem

2. 부정사의 용법

(1) 명사적 용법

① 주어로 쓰이는 경우

Ver é crer.   보는 것이 믿는 것이다.

② 목적어로 쓰이는 경우

 Gosto tanto de ler os livros. 나는 책 읽는 것을 매우 좋아한다.

③ 보어로 쓰이는 경우

 O meu passatempo é jogar tênis. 내 취미는 테니스 치는 것이다.
 O melhor é não dizer nada.
 제일 좋은 것은 아무 말도 안 하는 것이다.

④ 관사를 동반하는 경우

 주어로 쓰일 경우 관사를 동반하기도 한다.

 O ver é crer. 보는 것이 믿는 것이다.

(2) 형용사적 용법

① 명사 + 전치사 + 관계사 + Inf.

 Não tenho casa em que morar. 나는 살집이 없다.
 uma caneta com que escrever 쓸 펜
 uma cadeira para sentar-se 앉을 의자

② 부정어 + que + Inf.

 Tenho algo que te contar. 너에게 말할 것이 있다.
 Há muito que fazer. 할 일이 많다.

③ 부정어 + de + Inf.

 Quero algo de beber. 나는 무엇인가 마실 것을 원한다.

Dê-me algo de comer.　　　　　무엇인가 먹을 것을 주세요.

④ 명사 + para + Inf.

Aqui há dinheiro para gastar.　　　여기에 쓸 돈이 있다.
A Maria quer uma bicicleta para montar(andar).
마리아는 탈 자전거를 원한다.

(3) 부사적 용법

전치사 뒤에서 사용되며 목적, 원인, 결과, 이유, 조건 등을 표현한다.

Ela faz ginástica para não engordar. (목적)
그는 뚱뚱해지지 않으려고 체조를 한다.
Tu serás castigado por não fazeres isso. (조건)
그것을 하지 않는다면 너도 벌받을 것이다.
Ele morreu por cansar-se (de cansaço) demasiado. (원인)
그는 과로로 죽었다.
Desculpe-me por ter pisado no seu pé. (이유)
당신의 발을 밟아서 죄송합니다.

(4) 사역동사 및 지각동사

사역동사 (mandar, fazer, deixar, etc.) 및
지각동사 (ver, sentir, ouvir, etc.) 다음에는 동사 원형을 쓴다.

Deixe-me dormir.
나를 자도록 내버려 두라.
Ele fez o coxo andar.
그는 앉은뱅이를 걷게 했다.
Nunca ouvi o pai falar mal dos outros.
나는 아버지께서 다른 사람에 대해서 나쁘게 말씀하시는 것을 들은 적이 없다.

(5) 조동사

조동사 혹은 조동사화 된 동사 뒤에서 사용된다.

Sabes nadar bem?   수영을 잘 하니?
Não, sou prego. (Não sei nadar nada.)
아니오, 저는 맥주병입니다.
Havemos-de respeitar os pais.
우리들은 마땅히 부모님을 공경해야 한다.

(6) 명령법

Não fumar no carro, por favor.   차 안에서는 금연입니다.

3. 인칭 부정사의 용법

(1) 인칭 부정사는 의미상의 주어를 포함한다.

① ⓐ É-te difícil acabar tudo ainda hoje. (비인칭부정사)
  ⓑ É difícil acabares tudo ainda hoje. (인칭부정사)
  ⓒ É difícil que acabes tudo ainda hoje.(접속법)
    네가 오늘 중으로 그 일을 끝내기는 어렵다.

② ⓐ Não nos é possível chegar lá dentro duma hora. (비인칭 부정사)
  ⓑ Não é possível chegarmos lá dentro duma hora. (인칭 부정사)
  ⓒ Não é possível que cheguemos lá dentro duma hora. (접속법)
    우리들이 그곳에 한 시간 안에 도착하는 것은 가능하지 않다.

(2) 전치사 다음에 의미상 주어를 나타낼 경우에 사용된다.

ⓐ Ele pede-nos para orar. (비인칭 부정사)

ⓑ Ele pede para orarmos. (인칭 부정사)
　　ⓒ Ele pede que oremos. (접속법)
　　　그는 우리들에게 기도해달고 부탁한다.

(3) 사역 동사나 지각동사 다음에서 의미상 주어를 나타낼 경우에 사용된다.

　　Ele fez os mudos falarem, os cegos verem e os surdos ouvirem.
　　그는 벙어리들이 말하게 하였고, 장님들이 보게 하였고, 귀머거리들이 듣게 하였다.
　　Ela ouviu os cães ladrarem ontem à noite.
　　그녀는 어제 밤에 개들이 짖는 소리를 들었다.

4. 부정사 완료형
　　(haver 혹은 ter의 원형 + 과거분사)

(1) 전치사 뒤에 과거 시제를 써야 될 경우 부정사 완료형을 사용한다.

　　Eu arrependo-me de não haver estudado muito no liceu.
　　나는 고등학교 다닐 때 공부를 열심히 하지 않은 것을 후회한다.
　　Ele havia-de ter chegado aqui antes do meio-dia.
　　그가 정오 전까지는 이곳에 도착했어야만 하는데

(2) 비인칭 동사 뒤에 과거 시제를 써야 될 경우 부정사 완료형을 사용한다.

　　Seria melhor termos ido dar uma volta com eles.
　　그들과 함께 산책 나가는 것이 더 좋았을 것을!

(3) 조동사나 조동사화 된 동사 뒤에서 과거 시제를 나타낼 경우 사용한다.

　　Posso ter apanhado mais peixes.
　　나는 더 많은 물고기를 잡을 수 있었는데.

5. 기타구문

(1) ao + Inf.: ~하자마자

Ao ouvir a notícia, ela começou a chorar.
그녀는 그 소식을 듣자마자 울기 시작했다.

(2) sem + Inf.: ~하지 않은 채로

Ele deixou o seu quarto sem limpar.
그는 방을 청소하지 않은 채로 놓아두었다.

(3) ser + 형용사 + de + Inf.: ~하는 것은 ~하다

Este livro é difícil de ler. (É difícil ler este livro.)
이 책은 읽기가 어렵다.
Este chocolate era impossível de obter durante a guerra.
이 초콜렛은 전쟁 중에는 얻기가 불가능했었다.

(4) ter(haver) + 명사 + por + Inf.: 아직도 ~하지 않은

Todavia tenho dois livros por ler.
그런데 나는 아직 읽지 않은 책이 두 권 있다.
Havia muitas coisas por terminar.
아직도 끝나지 않은 일이 많이 있었다.

LEITURA

Conversa ao pequeno almoço

Ontem à noite, como o Jorge e a Clara quiseram ver o filme da televisão, foram deitar-se tarde. O programa acabou quase a uma hora e o pior foi hoje de manhã: nem ele nem a irmã ouviram o relógio tocar e, quando o Jorge perguntou as horas à mãe, ela disse: "Já passa das sete e um quarto. Vocês hoje levantaram-se tarde e já estão atrasados." O Jorge foi logo para o quarto de banho e lavou-se e vestiu-se em poucos minutos, mas a Clara, que faz tudo sempre mais devagar, só mais tarde foi sentar-se à mesa para tomar o pequeno almoço.

C - O pai já se levantou?
M - Esta manhã ele levantou-se muito cedo e já saiu, porque tem de ir com uns senhores lá da firma a Arraiolos. Foi encontrar-se com eles no Marquês. O pai ainda não sabe se podem vir hoje, ou se têm de ficar lá até amanhã.
C - Onde fica Arraiolos, é muito longe daqui?
M - Não é, mas ida e volta sempre são uns 280 quilômetros.
J - Com aquele carro nunca mais lá chega... Quando é que o pai compra um carro novo? O nosso já está a ficar tão velho...
M - E, como já tem uns cinco ou seis anos, já não serve, não é? Isso é fácil de dizer, mas os carros agora não estão nada baratos e o preço da gasolina sempre a subir...
J - Os carros modernos já não gastam tanta gasolina. O nosso é que nunca gasta menos de doze litros aos cem.
M - Se o pai ainda não comprou um novo, é porque não pôde... Ainda há pouco ele estava a ler no jornal que houve não sei quantos acidentes no fim de semana passada.
C - Pois é, muitas estradas são estreitas e más, e as pessoas gostam de andar depressa... (dirigir com pressa)
J - Soube ontem que o Sr. Velez, aquele senhor amigo do pai que

trabalha na televisão, também teve um acidente na semana passada, já perto de Sintra. O carro saiu da estrada e foi contra a parede de uma casa...

C - Como foi isso?

J - Não sei bem, mas vai servir de lição ao Sr. Velez, que agora tem de passar sem carro durante uns tempos.

M - Mas ele ficou mal?

J - Não, teve muita sorte, o carro é que ficou pior.

M - Bem, agora é hora de ir para a escola. Já puseste as coisas da ginástica no teu saco, Jorge?

J - Pus, sim. Esta manhã foi tudo a correr. Lavámo-nos e tomámos o pequeno almoço em menos de meia hora. Mais depressa não pode ser... Quando não te levantas cedo é assim. Ainda não vais atrasado, não sei é como pudeste lavar-te em tão pouco tempo...

C/J - Até logo, mãe!

VOCABULÁRIO

o filme: 영화
a firma: 회사
vestir: 옷을 입다
devagar: 천천히
lavar: 씻다
a gasolina: 가솔린

o litro: 리터
o quilômetro: 킬로미터
o acidente: 사고
a estrada: 길, 도로
depressa: 빠르게

PERGUNTAS

1. Porque é que o Jorge e a Clara se deitaram tarde?
2. Quem se lavou e vestiu mais depressa?
3. Onde foi o pai encontrar-se com os outros senhores?
4. Quantos quilómetros são de Lisboa a Arraiolos?
5. Porque é que o pai ainda não comprou um carro novo?

6. Quantos anos tem o carro deles?
7. Como soube o pai dos acidentes que houve no fim-de-semana passada?
8. Como foi o acidente que o Sr. Veloz teve?
9. Onde foi esse acidente?
10. Quanto tempo levou o Jorge a lavar-se, vestir-se e tomar o pequeno almoço?

TRADUZIR

1. 웅변은 은이요, 침묵은 금이다.
2. 뜻이 있는 곳에 길이 있다.
3. 아는 것과 가르치는 것은 다르다.
4. 우리들은 고등학교 시절의 아름다운 추억을 잊어버릴 수 없습니다.
5. 그 희극을 보자 나는 웃지 않을 수 없었다.
6. 우리들이 노력하지 않고는 좋은 열매를 거둘 수 없습니다.
7. 요즈음은 점점 더 취직하기가 더 어렵다고 합니다.
8. 금요일 오후 모임에 나올 수 있으세요? 잘 모르겠습니다.
   제 비망록을 봐야 되겠는데요.
9. 귀찮게 해드려서 죄송합니다.
10. 아직은 포르투갈어로 제 의사를 표현하기가 무척 어렵습니다.
11. 그들에게 아침 6시에 깨워달라고 부탁하는 것이 좋겠다.
12. 쥐를 잡기 위해 집에 불을 놓지 마라.
13. 나는 파출부에게 유리창을 닦도록 시켰다.
14. 그는 많은 희생을 치르고 나서 담배를 끊었다.
15. 이 책은 여러 번 읽을 가치가 있다.
16. 너의 취미는 무엇이냐? 제 취미는 경음악을 듣는 것입니다.
17. 라디오에서 흘러나오는 고전 음악을 듣고 싶다.
18. 부모님을 보자마자 아이들은 울음을 터뜨렸다.
19. 이 본문을 읽은 다음에 너는 어떤 제목을 붙이겠느냐?
20. 아는 것이 힘이다.
21. 소망을 가지는 것은 인내하는 것을 가르쳐 준다.

22. 그는 물 컵에 물을 따른다는 것이 식탁보에 따랐다.
23. 나중에 후회하지 않기 위하여 여러분들은 대학 시절에 열심히 공부하십시오.
24. 우리들이 브라질에 여행하는 것은 매우 유익하다.
25. 전쟁터에 가기 전에 한 번 기도하고, 배타기 전에 두 번 기도하고, 결혼하기 전에 세 번 기도하라.

웅변: o bom falar
은: a prata
희극: a comédia
열매: o fruto
터뜨리다: desatar a
귀찮게 하다: aborrecer
깨우다: acordar
소망: a esperança
파출부: a mulher-a-dias(P)
~하고 싶다: ter vontade de
점점 더: cada vez mais
요즈음: hoje em dia
여러 번: repetidas vezes
제목을 붙이다: dar título
전쟁터에 가다: ir para a guerra
~하지 않을 수 없다: não poder deixar de
라디오에서 흘러나오는: dada pela rádio

침묵: o bom calar
아름다운 추억: a recordação bonita
희생: o sacrifício
노력하다: esforçar-se para
잘 모르겠다: não saber ao certo
의사를 표현하다: expressar-se
~에 불을 놓다: deitar fogo a
인내: a paciência
유리를 닦다: limpar os vidros
고전 음악: a música clássica
취직하다: arranjar um emprego
~할 가치가 있다: valer a pena de
본문: o texto
기도하다: rezar, orar
배 타러 가다: embarcar
파출부: faxineira(B)

Não deites fogo à casa para matares os ratos.
쥐를 잡으려고 집에 불을 놓지 마라.

15 현재분사 (Gerúndio)

1. 형태와 특징

(1) 형태

(예)

AR 동사	-ANDO	falar	falando
-ER 동사	-ENDO	dizer	dizendo
-IR 동사	-INDO	partir	partindo
-OR 동사	-ONDO	pôr	pondo

(2) 특징

① 불규칙 변화가 없다.
② 성·수에 따라 변화하지 않는다.

➡ 명사로 사용되는 경우에는 복수형이 될 수 있다.
(*os formandos* : 졸업 예정자들)

2. 용법

(1) 진행형

① 현재 진행형 : estar 직설법 현재 + 현재분사

② 과거 진행형 : estar 직설법 반과거 + 현재분사
③ 미래 진행형 : estar 직설법 미래 + 현재분사

● ① 포르투갈에서는 진행형을 'estar + a + Inf'의 형태를 사용한다.
　ⓐ Estava chovendo.(B)
　ⓑ Estava a chover.(P)　비가 내리고 있었다.
② 진행의 의미를 더욱 생생하게 표현해주기 위하여 'estar' 대신 'ir, vir, andar, ficar' 등의 동사를 사용할 수 있다.
　A sombra da morte vinha chegando-lhe cada vez mais perto.
　죽음의 그림자가 그에게 점점 다가오고 있었다.

(2) 명사형

"~하는 사람들"의 의미를 갖는다.

Entrem os formandos no salão da cerimônia, por favor.
졸업 예정자 여러분들은 식장으로 입장하십시오.

● os formandos : 졸업 예정자(이번에 졸업하는 사람)
　os formados : 졸업생(이미 졸업한 사람)

(3) 분사구문

① 때

> Ao + Inf.
> Mal + 직설법 동사
> Quando + 접속법 미래 (혹은 직설법 동사)
> Enquanto + 직설법 동사

ⓐ Chegando em casa, ela foi para a cama.
　Ao chegar em casa, ela foi para a cama.
　Ela mal chegou em casa, ela foi para a cama.

Quando ela chegou em casa, ela foi para a cama.
그녀는 집에 도착하자마자 침대에 들어갔다.

ⓑ Chegando em Portugal telefona-me, por favor.
Ao chegares em Portugal, telefona-me, por favor.
Mal chegarás em Portugal, telefona-me, por favor.
Quando chegares em Portugal, telefona-me, por favor.
포르투갈에 도착하자마자 나에게 전화해다오.

ⓒ (Estando) Dormindo todos, um ladrão entrou no quarto pela janela.
Enquanto todos estavam dormindo, um ladrão entrou no quarto pela janela.
모두가 잠자고 있는 동안 도둑이 창문을 통하여 침실에 들어왔다.

② 이유

| como + 직설법 동사 |

ⓐ Gostando de viver ao ar livre, faço campismo nas férias do verão. Como gosto de viver ao ar livre, faço campismo nas férias do verão.
나는 야외에서 생활하는 것을 좋아하기 때문에 여름 방학 때는 캠핑을 간다.

ⓑ Levantando-se tarde esta manhã, ele chegou atrasado nas aulas. Como ele se levantou tarde esta manhã, ele chegou atrasado nas aulas.
그는 오늘 아침 늦게 일어났기 때문에 학교에 지각했다.

③ 조건

| caso + 접속법 미래
| se + 접속법 미래
| no caso de + Inf.

ⓐ Continuando a fumar de mais como agora, morrerás mais cedo.
Caso continuares a fumar de mais como agora, morrerás mais cedo.
Se continuares a fumar de mais como agora, morrerás mais cedo.
No caso de continuares a fumar de mais como agora, morrerás mais cedo.
지금처럼 계속해서 담배를 많이 피울 경우 너는 더 일찍 죽을 것이다.

ⓑ Estando na minha situação, como farás neste caso?
Caso estiveres na minha situação, como farás neste caso?
Se estiveres na minha situação, como farás neste caso?
No caso de estares na minha situação, como farás neste caso?
네가 만약 내 입장이라면 이러한 경우에 너는 어떻게 하겠느냐?

ⓒ Sentindo-te cansado, podes descansar.
Caso te sentires cansado, podes descansar.
Se te sentires cansado, podes descansar.
No caso de te sentires cansado, podes descansar.
피곤하거든 쉬도록 해라.

④ 양보절

```
embora + 접속법
apesar de + Inf.
```

ⓐ Chovendo a cântaros, eu tinha que sair.
Embora chovesse a cântaros, eu tinha que sair.
Apesar de chover a cântaros, eu tinha que sair.
비가 억수같이 내림에도 불구하고 나는 나가야만 했다.

ⓑ Gostando imenso da música, não posso assistir ao concerto.
Embora goste imenso da música, não posso assistir ao concerto.
Apesar de gostar imenso da música, não posso assistir ao concerto.
나는 음악을 매우 좋아함에도 불구하고 연주회에 참석할 수 없다.

ⓒ Jogando melhor, a nossa equipe perdeu o jogo por um a zero.
　　Embora jogasse melhor, a nossa equipe perdeu o jogo por um a zero.
　　Apesar de jogar melhor, a nosssa equipe perdeu o jogo por um a zero.
　　우리 팀이 경기를 더 잘했음에도 불구하고 1:0으로 패했다.

⑤ 부대상황

> e + 직설법

ⓐ Um caminhão correu pela estrada, levantando nuvens de poeira.
　　Um caminhão correu pela estrada e levantou nuvens de poeira.
　　트럭이 먼지를 자욱히 일으키면서 질주하였다.

ⓑ Ouvindo a música dada pela rádio, ela estuda.
　　Ela ouve a música dada pela rádio e estuda.
　　그녀는 라디오에서 나오는 음악을 들으면서 공부를 한다.

LEITURA

Aproveitar o fim de semana

　Estando ambos os filhos em férias, e precisando o marido de ir a Portimão na sexta-feira, para tratar de assuntos da firma onde trabalha, a D. Mariana Pires achou que era boa ocasião para toda a família ir dar um passeio de carro até ao Algarve...

M - Já que tens lá ir, nós aproveitámos, a última vez que lá estivemos, também por altura da Páscoa, foi há três anos. Partindo daqui na sexta-feira de manhã, podemos almoçar pelo caminho e, quando lá

chegarmos, tu vais tratar da tua vida.
P - A ideia parece-me ó(p)timo, vão pensando nisso. Mas olhem que no sábado ainda vou estar ocupado, com certeza.
M - Isso é pena, realmente. No entanto, se não precisares do carro, posso levar os rapazes até à praia.
F - Pois é, a mãe só tem medo de guiar no meio da cidade. Havendo muito trânsito...
M - Bem, se fosse no verão, quando o Algarve se enche de turistas, é verdade que não queria, mas, nesta altura do ano...
F - Eu gostava imenso de conhecer o Algarve. Podemos ir com você?
P - Cá por mim, filho, tenho todo o prazer em que me acompanhem, até porque não gosto de viajar sozinho. Claro que não se trata de um passeio como vocês talvez estejam a imaginar, porque lá vou ter bastante que fazer. Na sexta à tarde há uma reunião a que não posso faltar.
M - Quanto ao alojamento, também não deve ser problema, no Algarve há tantos hotéis. Podemos até mandar reservar dois quartos, telefona-se...
F - E quando é que voltávamos segunda-feira?
P - Não, Fernando, temos voltar ainda domingo, porque não estou em férias, como vocês...
F - Saindo de manhã cedo, podemos fazer um piquenique, em vez de almoçar nalgum restaurante.
M - Também é uma ideia. Se fizer bom tempo, até se torna mais agradável comer ao ar livre. Mas tudo depende do tempo. Só continuar tão bom como tem estado...
F - Que grande ideia a mãe teve! Vou já fazer uma lista das coisas que devemos levar na sexta-feira...

VOCABULÁRIO

a firma: 회사
a ocasião: 기회
a última vez: 지난번
o assunto: 업무, 일
aproveitar: 이용하다
o alojamento: 숙소

ter medo de: ~을 두려워하다
encher-se de: ~으로 가득 차다
acompanhar: 동행하다. 동반하다
estar em férias: 방학중이다
quanto a: ~에 대해 말하자면
dar um passeio de carro: 자동차로 여행하다. 드라이브하다
por altura da Páscoa: 부활절 무렵

o trânsito: 교통량
ao ar livre: 야외에서
faltar a: ~에 빠지다
em vez de: ~에 대신에

PERGUNTAS

1. A família Pires quer ir ao Algarve. Em que altura do ano? Como sabes?
2. Quantos dias vão passar eles em Algarve?
3. O Sr. Pires vai ter pouco tempo para família. Porquê?
4. A D. Mariana tem carta de condução, mas parece que não gosta de guiar. Porquê?
5. Se o tempo estiver bom, onde vão almoçar?
6. Quantas pessoas há na família Pires?
7. O Fernanado já esteve no Algarve? Como sabes?
8. Quando é que tem reunião o pai?
9. Eles têm problema de arranjar o alojamento?
10. Imagina que és o Fernando e faz uma lista com, pelo menos, uma dúzia de coisa a levar na viagem?

TRADUZIR

1. 호텔의 수영장을 보자마자 우리들은 호텔에서 더 머물기를 원했다.
2. 그 가방은 너무 비슷해서 아무도 그 차이점을 간파하지 못했다.
3. 그들은 난관에 봉착했음에도 불구하고 용기를 잃지 않았다.
4. 비록 내일 세상이 끝난다 할지라도 나는 오늘 할 일을 하겠다.
5. 이웃 사람들이 밤새도록 떠들어서 나는 어제밤 잠을 잘 수가 없었다.

6. 그녀는 지난 추억을 회상하면서 밤을 꼬박 새웠다.
7. 그녀는 즐겁게 노래를 부르면서 피아노를 쳤다.
8. 폭풍우가 지나가자 파란 하늘에 무지개가 나타났다.
9. 이 옷이 잘 맞지 않으면 가져오시오. 다른 것으로 바꿔 드리겠습니다.
10. 그녀의 무용 연주회가 성공적이어서 관중들은 기립박수를 보냈다.
11. 이 길을 계속 따라간다면 국립박물관을 찾을 수 있을 것이다.
12. 나는 진통제를 먹었기 때문에 오후 내내 잠만 잤다.
13. 나는 Tejo 강을 따라 강변을 걸으면서 나의 포르투갈 유학시절의 추억을 회상하였다.
14. 비가 억수같이 내림에도 불구하고 그 선수들은 훈련을 계속하였다.
15. 폭풍우가 심했음에도 불구하고 그 배는 무사히 귀향하였다.
16. 아침 일찍부터 밤늦게까지 그는 도서관에서 공부하며 보낸다.
17. 그들이 문 앞에 도착했을 때 그 문은 저절로 열렸다.
18. 네가 사실대로 말한다면 너를 용서해 줄 것이다.
19. 그 소식을 듣자마자 원근 각처에서 사람들이 모여들기 시작했다.
20. 그는 비록 가난하게 살았지만 다른 사람들을 도와주는 것을 좋아한다.
21. 그는 매우 인색한 사람이기 때문에 아무도 도와주려고 하지 않는다.
22. 그 써커스에서 원숭이를 보자마자 우리는 웃지 않을 수 없었다.
23. 네가 지금처럼 계속해서 술을 많이 마신다면 너의 건강이 점점 악화 될 것이다.
24. 말은 먼지를 일으키면서 전속력으로 달렸다.
25. 어제는 이슬비가 하루 종일 내리고 있었다.
26. 그의 아들이 중병에 걸려서 그는 의사를 데리러 보냈다.
27. 내일은 공휴일이기 때문에 야외로 피크닉을 가려고 한다.
28. 그녀는 몸무게가 너무 나가서 식이요법 중이다.
29. 내가 여러 차례 편지를 보냈음에도 불구하고 그는 한 번도 답장이 없었다.
30. 교수님께서 다시 한 번 더 기회를 주신다면 다시 도전해 보겠습니다.

수영장: a piscina
차이점: a diferença
난관: a dificuldade
날씨가 좋다: fazer o bom tempo
밤새도록: durante toda a noite
회상하다: lembrar-se de
즐겁게: com alegria
무지개: o arco-íris
무용 연주회: o recital de dança
성공적이다: sair-se bem
국립박물관: o Museu Nacional
강을 따라: ao longo de
~변에: à beira de
무사히: a são e salvo
밤늦게 까지: ao fim da noite
인색한: avarento, pão duro
악화되다: ficar de mal para pior
식이요법 중이다: estar de dieta, estar fazendo dieta
저절로 열리다: abrir-se por si mesmo
원근 각처에서: todos os lugares de perto e de longe

가방: a mala
간파하다: notar
봉착하다: encontrar
대신에: em vez de
떠들다: fazer barulhos
추억: a recordação
폭풍우: a tempestade
잘 맞다: ficar bem
바꾸다: trocar por
진통제: o sedativo
도전하다: desafiar
훈련하다: treinar
심하게: furiosamente
아침 일찍부터: de manhã cedo
답장하다: dar uma resposta
갑자기: de repente, de súbito
데리러 보내다: mandar buscar

Coisas de matuto

Um caipira vindo do interior do Brasil, tomou um bonde quase vazio. Chovia a cântaros. Havia uma goteira bem lugar onde estava sentado o caipira.
O condutor vendo a água cair sobre homem, perguntou-lhe: Mas porque é que o senhor não trocou de lugar? Não vê aí está chovendo? É, já pensei nisso, respondeu o matuto, mas trocar com quem?

16 접속법 과거

1. 형태

접속법 과거는 직설법 전과거 3인칭 복수형으로부터 이루어졌다. 모든 동사의 직설법 전과거 3인칭 복수형은 'ram'으로 끝난다. 여기서 'ram'을 떼어내고 다음과 같이 변화시키면 된다.

접속법 과거의 변화

	단수	복수
1인칭	-sse	-ssemos
2인칭	-sses	
3인칭	-sse	-ssem

(예) pôr (puseram)

	단수	복수
1인칭	pusesse	pusessemos
2인칭	pusesses	
3인칭	pusesse	pusessem

● 접속법 전과거형 변화에는 예외가 없다.

2. 용법

(1) 명사문

주절의 동사가 직설법 전과거, 반과거, 과거미래가 오면 종속절의 명사문의 동사는 접속법 과거형이 사용된다.

A Maria queria que entrassemos no parque.
마리아는 우리가 공원에 들어가기를 원했다.

Aconselhei-te que estudasses muito.
나는 너에게 열심히 공부하도록 충고했었다.
Agradecíamos que nos trouxesse duas doses de gamba (duas porções de camarão) e uns queijos frescos.
새우 2인분과 약간의 신선한 치이즈를 갖다 주시면 감사하겠습니다.
Ela pediu-me que eu orasse para ela.
그녀는 내가 그녀를 위해 기도해 달라고 요청했다.
Gostaria que o carro fosse meu, mas é do meu pai.
그 자동차가 내 것이었으면 좋았겠지만 나의 아버지 것이다.

(2) 비인칭 동사

비인칭 동사에서 주절이 직설법 전과거, 반과거 혹은 과거미래가 올 경우에 종속절에서 접속법 과거형이 사용된다.

Era impossível que eu fosse na festa.
내가 그 축제에 가는 것은 불가능했었다.
Seria melhor que tu viesses logo.
네가 속히 오는 것이 더 나았을 것을!

(3) 형용사문

주절의 동사가 직설법 전과거, 반과거, 혹은 과거미래이면 종속절의 형용사문의 동사는 접속법 과거형이 사용된다.

Buscava uns homens que soubessem falar português.
포르투갈어를 말할 줄 아는 사람을 찾고 있었다.
Eu iria fazer o que você me dissesse.
나는 당신이 말하는 대로 하려고 했었다.
Não conheci ninguém que soubesse o facto.
나는 그 사실을 아는 사람을 한 명도 알지 못했다.
Haveria alguém que pudesse fazer isso?
그것을 할 수 있는 사람이 있었을까?

(4) 부사문

주절의 동사가 직설법 전과거, 반과거, 과거미래이면 종속절의 부사문 동사는 접속법 과거형이 사용된다.

Mandei o meu filho para o Brasil para que estudasse português.
나는 포르투갈어를 공부하라고 내 아들을 브라질에 보냈다.
Ele não queria voltar para a sua terra natal a menos que tivesse um milhão de dólares.
그는 백만 달러를 갖기 전에는 고향에 돌아가기를 원치 않았다.
A Maria sairia depois que sua irmã partisse.
마리아는 그녀의 언니가 출발한 후에 나가려 했었다.

(5) 가정법 과거

Se eu tivesse bastante dinheiro, eu ajudaria o senhor.
내가 충분한 돈을 가지고 있다면 당신을 도와드릴 터인데.
Fosse eu um peixe, eu podia atravessar o rio a nado (nadando).
내가 물고기라면 그 강을 헤엄쳐서 건너갈 터인데

(6) 관용구

> fosse quem fosse (quem quer que fosse): 누구였든지 간에
> fosse quando fosse (quando quer que fosse): 언제였든지 간에
> fosse como fosse (como quer que fosse): 어떠하였든지 간에
> fosse o que fosse (o que quer que fosse): 무엇이었든지 간에
> fosse qual fosse (qual quer que fosse): 어느 것이었든지 간에
> estivesse onde estivesse (onde quer que estivesse): 어디였든지 간에
> acontecesse o que acontecesse: 무슨 일이 일어나든지 간에
> custasse o que custasse: 값이 얼마였든지 간에

Fosse qual fosse o motivo, nada podia justificar o que ele fez.
동기가 어찌되었든지 간에 그가 한 것은 정당화될 수 없었다.
Custasse o que custasse, eu queria comprar o livro.
값이 얼마였든지 간에 나는 그 책을 사기를 원했었다.

LEITURA

Vem aí o Natal

Dezembro já chegou, dentro de pouco tempo aí temos de novo o Natal. As ruas cheias de luzes, as montras (vitrinas) das lojas, onde se vêem tantos presentes, a música que se ouve, as próprias conversas das pessoas - tudo nos diz que o dia 25 de dezembro não vem longe. Em casa da família Marques vamos encontrar o pai, ajudado pela Anita e pelo Eduardo, a preparar a árvore de Natal.

E - Talvez fosse melhor pôr aquela estrela no ramo mais alto, não acha, papá?

P - Aqui também não fica mal. Se tivéssemos mais duas ou três bolas de cor, para este lado...

A - Eu posso ir comprá-las! Na loja do Sr. Ferreira tem tudo o que é preciso para o Natal.

P - Não ainda deve haver mais algumas do ano passado. Vai perguntar à mamãe se sabe onde estão.

E - Quando tinha a nossa idade, também arranjava (enfeitava) assim a árvore de Natal, lá na casa dos avós?

P - Não, Eduardo. Esta tradição do pinheiro é relativamente moderna, e julgo bem que de origem estangeira. Se as crianças hoje soubessem...

E - Conte como era, papai!

P - Gastava-se menos dinheiro do que agora e no entanto, algumas semanas antes do Natal, já andávamos excitados com a ideia de fazer o presépio. Pouco a pouco, o tio Zé e eu juntávamos dinheiro para comprar as (imagens) figuras. Ainda me lembro que um pastor de barro custava dez tostões. Agora é quase tudo de plástico.

E - Também se podem comprar figuras de madeira ou de metal...

A - A mãe diz que as bolas que temos para a árvore estão todas na mesma caixa.

P - Obrigado, Anita. Se houvesse mais, ficava o pinheiro mais bonito, mas não faz mal.

E - Quem é que os ajudava a arranjar o presépio?

P - Ninguém. O tio Zé e eu fazíamos tudo sozinhos. Tínhamos uma sala pequena onde ninguém podia entrar enquanto o presépio não estivesse pronto. Eu devia uns sete ou oito anos quando a avó nos deu a primeira figura - um menino Jesus já bastante crescido. Depois é que começámos a juntar as figuras e, alguns anos mais tarde, a sala ficava quase cheia, só com o presépio.

A - Estou a imaginar o papá e o tio, fechados na sala, sem que ninguém os visse...

P - Acreditem que, embora desse muito trabalho, era uma alegria quando ficava pronto e íamos chamar os pais, para que fossem ver o 'nosso' presépio.

A - Devia ficar lindo, não?

P - Sim, tudo aquilo parecia uma montanha verde e castanha, cheia de estradas, lagos, pequenos rios, pontes...

E - Como é que davam a ideia da água dos lagos e dos rios?

P - Com pedaços de vidro e restos de um espelho grande que deixámos cair no chão... Por cima da montanha púnhamos uma grande estrela de papel. Guiados por aquela estrela, lá iam os três reis da tradição a cavalo, a caminho da gruta onde estava deitado de Menino Jesus, que parecia ter já mais de um ano...

A - E a água como era?

P - Era feita com pedras e outras coisas. Claro que os animais também não podiam lá faltar. Lembro-me que o burro era muito maior que a vaca...

A - Se cada pastor só custava dez tostões, podiam ter muitos...

P - Tudo relativo. Naquele tempo, dez tostões já era muito dinheiro para nós. Não podíamos comprar tudo o que quiséssemos. E achávamos o presépio maravilhoso exatamente porque o trabalho era todo nosso.

E - Tinham, então, muitas figuras de barro?

P - Sim, muitas. Os pastores levavam os seus presentes, mas havia ainda figuras de todas as espécies que possamos imaginar. Isso é que era engraçado: púnhamos as mulheres que vendem galinhas, com os cestos à cabeça, ao lado de outras vestidas à espanhola; nas estradas, tanto se viam romanos como negros ou trabalhadores do campo.

A - Parece que o papá tem saudades desses tempos...

P - É verdade, Anita. Como hoje, também nos divertíamos bastante pelo Natal. E com que alegria íamos de manhã cedo, logo que acordávamos, ver os presentes deixados pelo Pai Natal sobre os sapatos de cada um de nós!

E - Que pena não ser Natal durante todo o ano...

VOCABULÁRIO

o papá, papai: 아빠
a mamã, mamãe: 엄마
a montra: 진열장
o pastor: 목동
a figura, imagem: 모형
a tradição: 전통
relativo: 상대적
o pedaço: 조각
o presépio: 예수님 탄생한 장면을 묘사한 마굿간 모형
Bapai Noel: 산타 할아버지 (B)
Pai Natal: 산타 할아버지 (P)

a barba: 수염
o vidro: 유리
o barro: 진흙
a madeira: 나무
a bola de cor: 색방울
o plástico: 플라스틱
a gruta: 동굴, 마굿간
juntar: 모으다

PERGUNTAS

1. Como se sabe que faltam poucos dias para o Natal?
2. Que está o Sr. Marquês a fazer?
3. Quem está a ajudá-lo?
4. Para que queria o pai mais bolas de cor?
5. A Anita sempre foi à loja comprar mais bolas?
6. Como se chama o irmão do Sr. Marques?
7. Onde é que o Sr. Marques e o irmão arranjavam o presépio?
8. Porque é que eles não deixavam entrar ninguém na sala?
9. Quando é que o Sr. Marques e o irmão recebiam os presentes?
10. Porque diz o Eduardo que é pena não ser Natal durante todo o ano?

TRADUZIR

1. 부인은 남편에게 과음하지 말라고 간청했다.
2. 그는 어린아이들에게 조용히 하라고 신호를 보냈다.
3. 그 외국인 교수님은 수업시간에 한국어로 말하는 것을 허락하지 않았다.
4. 그녀는 그녀의 방이 바닷가로 향하기를 원했었다.
5. 비록 힘든 일이었지만 완성되었을 때는 큰 기쁨이었다.
6. 나는 그들이 그 일을 하지 못할 것이라고 의심했었다.
7. 토요일마다 비가 오든 날씨가 좋든 고아원을 방문했었다.
8. 여러분들이 비행기의 자리에 착석해주시면 감사하겠습니다.
9. 군중들은 그가 죽었다고 생각했었다.
10. 아무리 노력을 했어도 나는 그 문제를 풀지 못했었다.
11. 나는 우리들이 이번 주말을 밖에서 보낼 것을 제안했다.
12. 아무리 사전을 찾아보아도 나는 그 단어의 뜻을 찾을 수가 없었다.
13. 그는 포르투갈사람처럼 포르투갈어를 잘 한다.
14. 그는 모든 사람들이 알아들을 수 있도록 큰 소리로 말했다.
15. 나는 그녀가 알아차리지 못하도록 그녀의 집을 빠져 나왔다.
16. 의사는 그 환자에게 다시는 담배를 피우지 말라고 충고했다.

17. 그 거지는 사람들이 그에게 무엇을 줄 것을 기대하면서 사람들에게 손을 내밀었다.
18. 그는 그녀의 죽음에 대해서 책임이 없다고 생각했었다.
19. 내가 그의 생각을 바꾸도록 설득하는 것은 불가능했다.
20. 우리 모두가 이 책을 읽어야 할 필요가 있다.
21. 어제 오후 나는 항생제를 처방 받기 위하여 의사를 찾아갔었다.
22. 무슨 일이 일어났든지 간에 내가 포르투갈어를 공부하는 것을 포기하지 않았어야 했는데.
23. 이 서류를 포르투갈어로 번역해주시면 감사하겠습니다.
24. 여러분들이 장애자 올림픽에 많은 관심을 표명해주신 것에 대하여 진심으로 감사드립니다
25. 그는 그녀의 딸이 혼자 유럽 여행하는 것을 허락했었다.

과음하다: beber de mais
신호를 보내다: fazer sinal
~를 향하다: dar para
토요일마다: aos sábados
군중: a multidão
사전 찾다: consultar o dicionário
착석하다: tomar os lugares
알아채다: dar-se conta
처방 받다: receitar
관심: o interesse
서류: os papéis, os documentos
환자: o(a) paciente
거지: o mendigo
~할 수 있도록: de modo(maneira) que
장애자 올림픽: os Jogos Olímpicos para os deficientes

간청하다: rogar, solicitar
조용히 하다: ficar quieto
힘들다: dar trabalho
고아원: o orfanato
제안하다: sugerir
의미, 뜻: o significado
생각을 바꾸다: mudar da ideia
항생제: o antibiótico
표명하다: mostrar
진심으로: todo o coração
번역하다: traduzir para
책임있다: ser responsável por
설득하다: persuadir

Anedota

- Admite que é culpado? – perguntou o juiz ao arguido.
- Não, Sr. Dr. Juiz.
- Tem um álibi?
- O que é um álibi?
- Bem, alguém o viu cometer o acto?
- Ninguém, graças a Deus.

De pequenito se torce o pepino.
세살 버릇 여든까지 간다.

O que se aprende no berço dura até à sepultura.
요람에서 배운 것이 무덤까지 간다.

17 접속법 미래

1. 형태

접속법 미래형은 직설법 전과거 3인칭 복수에서 만든다. 직설법 3인칭 복수에서 'am'을 떼어낸 후 다음과 같이 변화시키면 된다.

접속법 미래형

	단수	복수
1인칭	-	-mos
2인칭	-es	
3인칭	-	-em

(예) pôr (puser)

	단수	복수
1인칭	puser	pusermos
2인칭	puseres	
3인칭	puser	puerem

● 접속법 미래형은 불규칙으로 변화하는 동사가 없다.

2. 용법

(1) 접속법 현재와 같지만 주로 사건, 때를 나타내는 접속사와 같이 사용된다.
(se, quando, sempre que, logo que, enquanto etc.)

Se o senhor quiser, dê-me uma olhada para casa.
당신이 원하신다면 집 구경을 시켜 주세요.
Quando (Logo que) chegares em casa, telefona-me.
집에 도착하자마자 나에게 전화해다오.

Ficaremos aqui enquanto eles precisarem de nós.
그들이 우리들을 필요로 하는 한 우리들은 여기에 머무를 것이다.
Sempre que precisares da minha ajuda, telefona-me.
내 도움이 필요할 때마다 나에게 전화해라.

(2) 관계대명사, 관계부사로 인도되는 절에서 사용된다.

O Pedro irá aonde nós mandarmos.
우리들이 명령하는 곳으로 베드로는 갈 것이다.
Aqueles que me ajudarem serão recompensados.
나를 도와주는 사람들은 보상을 받게 될 것이다.
Podes levar o que quiseres.　　　네가 원하면 가져가라.

(3) 가정법 미래

Se você tiver bastante dinheiro, como é que fará?
당신이 충분한 돈이 있다면 어떻게 사용 할 것입니까?
Se o mundo acabar amanhã, o que é que farás hoje?
세상이 내일 끝난다면 너는 무엇을 할 것이냐?

(4) 다음과 같은 관용구에서 사용된다.

seja que for: 누구이든지 간에	seja quando for: 언제이든지 간에
seja como for: 어떠하든지 간에	seja o que for: 무엇이든지 간에
seja onde for: 어디이든지 간에	custe o que custar: 얼마이든지 간에
acontecer o que acontecer: 어떠한 일이 일어나든지 간에	
suceda o que suceder: 무슨 일이 일어나든지 간에	
haja o que houver: 어떠한 것이 있든지 간에	

Quem quiser me visitar, será bem-recebido.
누가 나를 방문하든지 간에 환영을 받을 것이다.

Custe o que custar, eu vou comprar o dicionário.
값이 얼마이든지 간에 나는 이 사전을 살 것이다.

3. 가정법

(1) 가정법 과거: 현재 사실의 반대되는 사실을 표현할 때 사용된다.

> se + 접속법 과거, 직설법 반과거 또는 과거미래

Se eu fosse um pássaro, eu podia(ou poderia) voar para ti agora.
내가 새라면 너에게 지금 날아 갈 수 있을 터인데.
Fosse eu um peixe, eu podia(ou poderia) atravessar o lago a nado.
내가 만약 물고기라면 그 호수를 헤엄쳐서 건너갈 수 있을 터인데.

○ 가정법 문장에서 도치되면 'se'가 생략된다.

(2) 가정법 과거완료: 과거 사실의 반대되는 사실을 표현할 때 사용된다.

> se + 접속법 과거 완료, 직설법 과거완료 또는 과거 미래완료

Se eu tivesse sabido o endereço dela nessa altura, eu tinha(teria) visitado-a.
내가 그 당시 그녀의 주소를 알았더라면 그녀를 방문했었을 터인데.

(3) 가정법 미래: 미래에 대한 추측이나 강한 의혹을 나타낼 때 사용된다.

> se + 접속법 미래, 직설법 미래 또는 직설법 현재

Se você for o Presidente da República, sobretudo que problema resolverá?
당신이 만약 대통령이 된다면 어떤 문제를 먼저 해결할 것입니까?

(4) 그 외 가정법의 표현

① | como se + 접속법 과거: 마치 ~인 것 처럼
  | como se + 접속법 과거 완료: 마치 ~였던 것 처럼

Ela nada bem como se ela fosse um peixe.
그녀는 마치 물고기인 것처럼 헤엄을 잘 친다.
Ela tomava conta de mim como se ela tivesse sido a minha mãe.
그녀는 마치 나의 어머니였던 것처럼 나를 잘 돌보아 주셨었다.

② | Quem me dera + Inf.: 내가 ~라면 얼마나 좋을까!

Quem me dera poder fazer uma viagem pelo mundo inteiro!
내가 세계일주 여행을 할 수 있다면 얼마나 좋을까!

LEITURA

Que fazer nos tempos livres?

No fim da aula de português, vamos encontrar a professora em conversa com quatro dos seus alunos.

(P: professor, A: Alda, B: Berta, C: Carlos, D: Duarte)

P - É claro que o homem não vive só para trabalhar. Adultos e crianças, todos precisamos de férias, de tempo livre, quer para descansarmos, quer para o passarmos naquilo que nos dá prazer.
E olhem que é importante saber aproveitar esse tempo livre.

A - Isso, para mim, não é problema. Fora do liceu, não consigo fazer nem metade das coisas que gostaria de fazer, enquanto certas aulas parecem durar horas...

P - Espero que não sejam as de português, Alda... Pois podem acreditar que há quem chegue ao fim das férias e diga para si próprio: "Afinal, passei uns dias muito aborrecidos, nem me diverti, nem fiz nada de útil! Teria sido melhor continuar a trabalhar..."

B - Bem, mas o que significa "fazer qualquer coisa útil"? Ler livros, aprender a cozinhar...?

P - Ora existem 1001 possibilidades de preencher inteligentemente o nosso tempo livre. Notem que não estou só a pensar nas férias, mas na vida de todos os dias. E é fácil imaginar tantos passatempos e actividades, úteis e agradáveis, para a saúde do corpo e do espírito.

C - Praticar desporto, fazer uns jogos...

D - Se eu pudesse jogar à bola todos os dias, julgo que nunca me aborrecia.

P - Aí está: disso todos se lembram, claro. Bem sei que a maioria dos rapazes gosta de jogar futebol, mas não me diga que não encontras prazer noutras coisas. Por exemplo tu, Carlos, andas a fazer alguma coleção?

C - Eu? Sim, já há anos que ando a juntar selos.

A - O meu pai tem uma coleção de moedas estrangeiras.

P - E quantos selos já arranjaste?

C - Exatamente não sei, mas devem ser mais de três mil.

P - Fazes a coleção por países, por temas ou por...?

C - Tenho de todo o mundo. Vou juntando os que me dão, tiro-os de envelopes peço aos amigos...Mas por princípio, nunca gastei um tostão em selos. Às vezes também se encontra quem esteja interessado em trocar.

P - É um passatempo interssante, sem dúvida. No entanto, parece-me que terias feito melhor em escolher só um aspecto, juntando apenas selos portugueses, ou da Europa, ou com desenhos de pássaros, de flores, sei lá... A propósito de coleções, estou a lembrar-me de um vizinho meu que tem uma enorme coleção de cinzeiros. Vocês haviam de ver: lá em casa há cinzeiros por toda a parte, ele já nem sabe onde os há-de guardar. O curioso é que nem fuma e, como o espaço começa a faltar, ainda há pouco a mulher dele me dizia:" Ora, já estou farta de cinzeiros, qualquer dia vou oferecê-los a algum museu...ou então deito-os todos fora de uma vez!"

A - Por que razão teria começado a juntar cinzeiros?

P - Talvez nem ele próprio saiba. Há gente que se interessa pelas coisas mais variedades: uns, juntam caixas de fósforos; outros, postais ilustrados ainda, andam pelos campos, tentando apanhar borboletas, que, depois de mortas, são tratadas com o maior cuidado... Enfim, cada um passa o seu tempo livre de maneira que lhe dá mais prazer. Não poderemos dizer que todos esses passatempos sejam úteis, mas...

B - Cá por mim, gosto imenso de andar de bicicleta e de fazer corridas de patins no terraço. No entanto, sempre que a minha mãe precisa de mim, vou ajudá-la.

P - Em que, Berta?

B - Arrumo os quartos ou faço limpezas, vou à mercearia, tomo conta do meu irmãozinho...

P - Ouviram? São diversos modos de ajudar, de ser útil. Nunca teríamos imaginado que trabalhasses tanto em casa.

D - Coitadinha! Chega ao fim do dia tão cansada que nem se pode mexer.

P - E tu, Duarte, dás alguma ajuda em casa, ou passas o tempo na brincadeira?

D - Bem, há quem diga que sou um pouco preguiçoso e que já nasci cansado, mas não nos devemos importar com o que dizem as más línguas, pois não?

VOCABULÁRIO

o adulto: 성인, 어른
aborrecer: 지루하다, 짜증내다
a borboleta: 나비
arrumar: 정리하다
o cinzeiro: 재떨이
o espaço: 공간
tomar conta de: 돌보다
a actividade: 활동
o passatempo: 취미
durar horas: 시간이 계속되다
a brincadeira: 농담, 장난
o terraço: 옥상
a caixa de fósforo: 성냥갑
o tema: 주제
a coleção: 수집

PERGUNTAS

1. Qual é o tema da conversa entre a professora e os alunos?
2. Que passatempo tem cada um deles?
3. Para a Alda, certas aulas parecem durar horas. Porque será?
4. Como conseguiu o Carlos arranjar tantos selos?
5. Mesmo uma criança de dez anos pode ajudar a fazer certos trabalhos em casa. Por exemplo?
6. "Não poderemos dizer que todos estes passsatempos sejam úteis, mas..." Complete esta frase.
7. "Por princípios", ele nunca gasta dinheiro em selos.

Achas que faz bem? Porquê?
8. Tens alguma coleção? Ou tinha alguma coleção? De quê?
9. Há quem faça coleções bastante interessantes. És capaz de dar exemplos de algumas?
10. Como passas o teu tempo livre?

TRADUZIR

1. 필요한 것이 있으면 요청하십시오.
2. 어떤 일이 일어나더라도 나는 그녀와 꼭 결혼 할 것이다.
3. 어디이든지 간에 죽기까지 당신을 따르오리다.
4. 살려고 하는 자는 죽을 것이요, 나를 위하여 죽고자 하는 자는 살리라.
5. 그녀를 만나면 내가 그녀에게 안부를 전하더라고 말해 주시오.
6. 질문이 있거나 어떤 특별한 정보를 알기를 원하시면 제가 아는 한 기꺼이 대답해 드리겠습니다.
7. 부자 집에는 초대받으면 가고 가난한 사람의 집에는 초대받지 않아도 가라.
8. 이기기를 원하는 사람은 패배하는 것을 배워라.
9. 우리가 벽난로에 불을 켜면 방이 더 따뜻해 질 것이다.
10. 그들이 원하는 만큼 내가 그들에게 먹을 것과 입을 것을 주겠다.
11. 오른 뺨을 치거든 왼 뺨을 돌려대라.
12. 내가 은행에서 대출을 받을 수 있다면 그 집을 살 수 있을 텐데.
13. 그가 계속해서 지각을 한다면 조만간 해고당할 것이다.
14. 당신이 만약 이번 선거에서 시장으로 당선된다면 당신은 시민들을 위해서 무엇을 하실 것입니까?
15. 비행기로 간다면 시간에 맞게 도착할 것입니다.
16. 그들이 아이스크림을 보았다면 눈 깜짝 할 사이에 먹었을 것입니다.
17. 제가 당신 앞을 지나가도 괜찮을까요?
18. 사람이 만일 천하를 얻고도 제 목숨을 잃으면 무엇이 유익하리요?
19. 만약 장님이 장님을 인도한다면 둘 다 구덩이에 빠지리라.
20. 만약 내가 자리에 없다면 전할 말씀을 남겨 놓으시오.
21. 거기에 주차하면 벌금을 물게 될 것입니다.

22. 내일 시간이 있으면 우리와 함께 점심을 드시는 것이 어떻겠습니까?
23. 네가 오른쪽으로 가면 나는 왼쪽으로 가고 네가 왼쪽으로 가면 나는 오른쪽으로 가겠다.
24. 네가 할 수 있다면 하늘을 보고 뭇 별을 세어 보아라.
25. 여러분들이 포르투갈에 다시 오시게 되면 포르투갈의 투우경기를 꼭 보시기를 바랍니다.
26. 하나님이 원하신다면 내일 만납시다.
27. 만일 소금이 맛을 잃게 되면 아무 소용이 없게 될 것입니다.
28. 내일 세상이 끝난다 할지라도 나는 오늘 해야할 일을 할 것이다.
29. 값이 아무리 비싸도 나는 그 책을 꼭 살 것이다.
30. 한 알의 밀이 땅에 떨어져 죽지 않으면 한 알 그대로 있고 죽으면 많은 열매를 맺느니라.

어휘

죽기까지: até ao ponto de morrer
기꺼이: todo o prazer em
불을 켜다: acender
입을 것: de vestir
해고당하다: ser posto(a) na rua
시장: o prefeito
아이스크림: o sorvete
유익: a vantagem
전할 말씀: o recado
벌금: a multa
냄새맡다: cheirar
사진 찍다: tirar a foto
한 알의 밀: um grão de trigo
눈 깜짝할 사이에: num abrir e fechar dos olhos

특별한 정보: a informação especial
벽난로: a lareira
먹을 것: de comer
대출을 받다: arranjar um empréstimo
조만간: mais tarde ou mais cedo
시간에 맞게: a tempo, a horas
날개: as asas
구덩이: o buraco
주차하다: estacionar
귀: o ouvido, a orelha
맛: o gosto
영원히: para sempre
열매를 맺다: dar fruto

Onde está o filho?

Um governador de uma das possessões inglesas, na África, mandou a um súdito do Reino: *"Seu filho faleceu. Meus pêsames."* Dias depois, recebeu um telegrama do pai infeliz, pedindo que lhe remetesse o corpo do filho, que ele pagaria todas as despesas.

Mês e meio mais tarde, entra, na casa do inglês, um negro colossal que só sabia dizer que o governador o tinha enviado. O inglês manda outro telegrama: *"Recebi um negro, mas não o cadáver do meu filho."*

E obteve esta resposta: *"Está dentro do negro."*

Quem se afoga, até às palhas agarra.
물에 빠진 사람은 지푸라기라도 잡는다.

18 접속법 완료형

1. 접속법 현재완료

(1) 형태

> ter (haver) 접속법 현재 + 과거분사

(2) 용법

① 종속문의 주어의 행위가 과거에 이루어졌다는(졌으리라는) 것을 현재에 부정, 회의, 불확실, 유감 등으로 여길 때 쓰인다.

O Carlos nega que eles tenham feito isso.
까를로스는 그들이 그것을 했다는(했으리라는) 것을 부인한다.
Não cremos que eles tenham visitado o jardim botânico.
나는 그들이 식물원을 방문했다는(했으리라는) 것을 믿지 않았다.
É duvidoso que ele tenha chegado a tempo.
그가 제 시간에 도착했다는(도착했으리라는) 것은 의심스럽다.

➡ ① "~을 했다"는 것은 동작이 완료된 행위로서 단정적인 것이며 "~을 했으리라는 것"은 동작이 "완료됐으리라"는 추측을 하는 것이니 위의 문장들은 두 가지의 의미를 갖는다고 할 수 있겠다. 고로 상황에 따라서 "완료된 행위"를 표현 할 때도 있고 "완료되었으리라"는 추측을 할 때도 있다.

② 종속문의 내용이 실제적으로 이루어진 행위이더라도 주동사가 어떤 반응이나 감정을 표현하는 동사라면 접속법을 써야한다.
É pena que ele ainda não haja chegado.
그가 아직도 도착하지 않았다는 것은 유감이다.
Alegro-me muito que tu hajas voltado a são e salvo.
나는 네가 무사히 도착해서 무척 기쁘다.

2. 접속법 과거완료

(1) 형태

> haver (ter) 접속법 과거 + 과거분사

(2) 용법

① 주문의 주어 행위보다 종속문의 주어의 행위가 먼저 완료되었다는 (완료되었으리라는) 것을 표현할 때 쓰인다.

Não cri que ela houvesse chegado.
나는 그녀가 도착했다는(도착했으리라는) 것을 믿지 않았다.
Eu não pensava que ele houvesse ganho o prêmio.
나는 그가 상을 받았다고(받았으리라고) 생각하지 않았다.
Era necessário que houvéssemos conversado de antemão.
우리들은 사전에 대화할 필요가 있었다.

② 'como se' 다음에 "마치 ~였던 것 처럼"의 의미를 나타낼 때 쓰인다.

Ela cuidava de mim como se eu tivesse sido o seu próprio filho.
그녀는 마치 내가 그녀의 친아들이었던 것처럼 나를 돌보아 주셨었다.

③ 과거사실에 반대되는 가정법 과거완료형에서 쓰인다.

Se eu tivesse tido bastante dinheiro ontem, eu teria comprado o livro.
내가 어제 충분한 돈을 가지고 있었더라면 그 책을 샀었을 텐데.

3. 접속법 미래완료

(1) 형태

> ter (haver) 접속법 미래 + 과거분사

(2) 용법

어떤 행위가 미래의 어느 시점에서 완료되어 있음을 가정할 때 쓰이는 표현이다.

Se eu não tiver ido ao Brasil no mês que vem, eu não irei até ao outono.
만일 내가 다음 달에 브라질에 가지 않는다면 가을까지는 안 갈 것이다.
(가을에 갈 것이다.)
Se não tiver voltado até o Natal, não me esperem mais.
만일 내가 크리스마스 때까지 돌아오지 않으면 더 이상 나를 기다리지 마십시오.

> Quem não se arrisca, não petisca.
> 호랑이를 잡으려면 호랑이 굴에 들어가야 한다.

LEITURA

Visitando um amigo doente

O Rui trabalha já há alguns anos numa companhia de seguros e raramente falta ao emprego. No entanto, esta manhã, sentindo-se doente, não foi ao escritório. Como não tem telefone no apartamento onde mora – é solteiro e vive sozinho – pediu à mulher-a-dias que, da casa de uma vizinha, telefonasse para a companhia, dizendo que não podia ir por estar doente. Quem falou com ela não se lembrou de perguntar o que tinha e, assim, houve logo quem pensasse que devia tratar-se de coisa grave. "O que terá ele? Se fosse outra pessoa, ainda poderíamos imaginar que, sendo hoje segunda-feira. Mas o Rui não, não ia faltar se não lhe tivesse acontecido alguma coisa."

Empregados na mesma companhia, o Tiago e a mulher, mal acabaram de jantar, foram visitar o amigo doente. O apartamento do Rui fico no quinto andar dum prédio antigo e – pouca sorte para o casal – alguém tinha deixado aberta a porta do elevador, de maneira que não puderam utilizá-lo, tendo de subir pelas escadas. Chegaram lá acima cansados, como é natural, e quando o Tiago ia tocar à campainha, a Laura mal teve forças para dizer "Agora só faltava aquele não estivesse em casa..."

Mas estava...O Rui apareceu em pijama e notava-se quase tinha levantado da cama naquele momento. De barba crescida, estava, de facto, com aspecto de doente.

R - Olá, são vocês...Desculpem receber-vos assim, mas realmente não contava. Se tevessem dito que vinham... Enfim, entrem!
T - Então, estás doente ou o quê? Lá no escritório, hoje de manhã, dizendo que, se não ias trabalhar, devias estar a morrer...
R - A doença não é grave, mas acreditem que já há muito não

apanhava uma gripe assim tão forte. Sinto-me sem forças, tenho passado o dia a dormir, nem consigo ler...Se não se importam, levamos esta cadeira para o quarto. É que eu estava deitado... Venham para aqui, por favor.

L - Pois é, o que falta é companhia. Eu bem lhe digo, mas o Rui não se quer casar, com uma mulher em casa...

T - Ora, ora! Se ele já se tivesse casado, ainda estava doente mais vezes. Então como é que arranjaste a gripe?

R - É fácil de explicar. No sábado à noite fui ao futebol. Estupidamente, não levei gabardina nem guarda-chuva. A noite estava mais fria do que eu julgava e, se soubesse que ia chover...

L - E, ao menos, o seu clube ganhou o jogo?

R - Ganhou, sim, mas eu é que cheguei a casa molhado até aos ossos. Tive de pôr a roupa a secar na cozinha, imaginem... Quando me deitei, já não me sentia nada bem. Estava com dores de cabeça e devia ter temperatura alta.

L - Se nessa altura tivesse tomado qualquer coisa... Realmente, está com má cara. O nosso filho também esteve há pouco com uma forte constipação. E anda aí muita gente constipada. Deve ser deste tempo, ora húmido, ora seco. Já chamou o médico?

R - Não é preciso, isto passa. tomei uns medicamentos que a minha vizinha mandou vir a farmácia – é uma sorte ter uma vizinha enfermeira, não acha?

T - Se ela for jovem e bonita, estou a ver que vais continuar doente por mais umas semanas, não?

R - Tanta sorte não tenho, Tiago, e dentro de dois ou três dias espero voltar ao trabalho. Já estou farto de cama. Mas você, Laura, também está com um ar cansado...

L - Se você tivesse subido agora cinco andares a pé...

R - O quê?! Porque não vieram de elevador? Deixaram outra vez a porta aberta, não foi?

T - Não faz mal, como exercício até que é ótimo para a saúde... Olha lá, quem é que te prepara as refeições?

R - Não tenho tido apetite, mas hoje veio a mulher-a-dias limpar a casa e fez-me uma canja com arroz. Além disso, tenho cá latas de conserva, fruta, etc. Estejam descansados, que de fome é que eu não vou morrer...

VOCABULÁRIO

a enfermeira: 간호원
o medicamento: 약
o pijama: 파자마
seco: 건조한
o osso: 뼈
a lata de conserva: 통조림
a força: 힘
grave: 심한
capa de chuva: 비옷(B)

estúpido: 어리석은
a constipação: 감기(P)
a gripe: 독감(B)
húmido: 습기찬
molhar: 젖다
constipado: 감기 걸린
além disso: 그 이외에
a companhia de seguros: 보험회사
o resfriado: 감기(B)

PERGUNTAS

1. Que profissão tem o Rui? Onde mora ele?
2. Como é que, na companhia, souberam que estava doente?
3. Porque pensaram logo que 'devia tratar-se de coisa grave'?
4. Porque é que o Tiago e a mulher tiveram de subir cinco andares a pé?
5. Porque o Rui pediu desculpa ao casal, logo que abriu a porta?
6. Completa esta frase da Laura: "Com uma mulher em casa..."
7. Como é que o Rui apanhou a gripe?
8. Porque não chamou o médico?
9. Quem lhe arranjou os medicamentos?
10. Parece que ele não tem comido muito. Porquê?

TRADUZIR

1. 그는 내가 그에게 한 말에 기분이 상했을지도 모른다.
2. 그가 시험을 잘 보았는지 의심스럽다.
3. 당신이 우리들의 축제에 참석해 주셔서 기쁩니다.
4. 내 말로 인하여 기분 상하지 않으셨기를 바랍니다.
5. 당신들은 나와 마리아가 아무 말 없이 극장에 갔다고 믿으십니까?
6. 그가 사실을 말했기를 바란다.
7. 오늘이 네 생일이라고 말했으면, 너를 위해 생일선물을 준비했을 텐데.
8. 나는 그들이 이미 그 곳에 도착했을 것으로 생각했었다.
9. 이 사람은 태어나지 않았더라면 더 좋았을 것을!
10. 그가 그렇게 행동하지 않았더라면 그녀가 그렇게 기분 상하지 않았을 텐데.
11. 나는 그 당시 그가 그런 짓을 했으리라고는 상상도 못했다.
12. 아버지는 아들이 가까이 오기도 전에 멀리서 그를 알아보았다.
13. 루이가 꾸준히 포르투갈어 공부를 계속하지 않았더라면 올림픽 경기에서 통역을 하지 못했을 것이다.
14. 무슨 일이 일어났든지 간에 나는 학업을 포기하지 않았어야 했는데.
15. 당신들이 여기 왔더라면 더 재미있는 시간을 가졌을 텐데.
16. 내가 시속 120km로 달렸더라면 다른 차보다 먼저 교차로를 통과했을 텐데.
17. 그녀는 마치 물고기처럼 수영을 잘 한다.
18. 네가 장학금을 받을 수 있으면 좋겠다.
19. 내가 만일 다섯살만 더 먹었더라면 그녀와 결혼할 수 있을 텐데.
20. 네가 만일 대통령이 된다면 우선 무슨 문제를 해결하겠느냐?

어휘

기분 상하게 하다: ofender
참석하다: assistir em
힘들다: dar trabalho
행동하다: proceder
포기하다: deixar de

시험을 잘 보다: o exame correr bem
아무 말 없이: sem dizer nada
그 당시: nessa altura
통역하다: interpretar
대학과정: curso universitário

Emprego

Alguém se apresenta, no circo, à procura de emprego. Não tinha vaga, a menos que consentisse em vestir a pele do tigre que morrera e viver na jaula, ocupando o lugar dele.
Quando entrou na jaula, o tigre, na repartição ao lado, lhe perguntou:
   - Quanto é que te pagam?

Quem corre atrás das duas lebres, não apanha nenhuma.
두 마리 토끼를 쫓는 자는 한 마리도 못 잡는다.

19 전치사

1. A

(1) 진행의 의미

Ele está a viajar.   그는 여행중이다.
Ele continua a dormir.   그는 계속해서 자고 있다.

(2) 이동의 의미(짧은 기간)

Vou ao médico.   나는 의사에게 간다.
Fiz uma viagem ao Rio de Janeiro.   나는 리오로 여행을 했다.

(3) 방향

Virou à direita(esquerda).   그는 오른쪽으로(왼쪽으로) 돌았다.

(4) 시간

Vou ao cinema à tarde.   나는 오후에 영화 보러 간다.
Temos aulas às nove.   우리들은 9시에 수업이 있다.

(5) 반복

Vou à igreja aos domingos.   나는 주일마다 교회에 간다.

O que é que come no café da manhã? (B)
O que é que tomas ao pequeno almoço? (P)
너는 아침 식사에 무엇을 먹느냐?

(6) 간접 목적어 (para)

Ele deu um livro à Maria. 그는 마리아에게 책 한 권을 주었다.
Escrevo ao João. 나는 요한에게 편지를 쓴다.

(7) 비율

Nós contra a Itália por dois a um.
우리들은 이태리에 2:1로 이겼다.

(8) 떨어진 시간 및 거리

Tenho o carro a poucos metros. 몇 미터 떨어진 곳에 내 차가 있다.
Daí a pouco ele morreu. 그 후 얼마 후 그는 죽었다.
Daqui a uma hora, nós partimos.
지금부터 1시간 후에 우리들은 출발한다.

(9) 방법, 절차

a sério: 정말로 a salvo e são: 무사히
a brincar: 농담으로 às escondidas: 몰래
pintura a óleo: 유화 andar a cavalo: 말타고 가다
fechar à chave: 잠그다 escrever a lápis: 연필로 쓰다
bordar à mão: 손으로 수놓다 andar a pé : 걸어가다
andar à chuva(ao sol, ao luar): 비 맞으며(햇빛에, 달빛에) 걷다
escrever à mão: 손으로 쓰다

(10) 점진성

Sairam uma a uma.   그들은 한 사람씩 한 사람씩 나왔다.
Passaram dia a dia.   그들은 하루하루를 보냈다.
Faço pouco a pouco.   나는 조금씩 조금씩 한다.
Subiram degrau a degrau.   그들은 한 계단씩 한 계단씩 올라갔다.

(11) 관용적 용법

à pressa: 서둘러서   à beira de: ~가에
ao longo de: ~을 따라서   ao começo de: ~초에
ao meado de: ~중에   ao fim de: ~말에
ao todo: 모두 합해서   igual a: ~와 같은
assistir a(em): ~에 참석하다   cheirar a: ~의 냄새가 나다.
dar a conhecer: ~을 알게되다   faltar a: ~에 빠지다
juntar a: ~에 합치다   referir a: ~에 대해 언급하다
ajudar + D.O. + a + Inf.: D.O.가 ~을 하는 것을 돕다
preferir A a B: B보다 A를 더 좋아하다
a meu ver (na minha opinião): 내 견해로는
a todo custo: 어떤 희생을 치르더라도
à espera de: ~를 기다리는 중이다
à procura de: ~을 찾고 있는 중이다
televisão(filme) a cores: 컬러 텔레비젼(필름)
televisão(filme) a branco e preto: 흑백 텔레비젼(필름)

A meu ver, você tem razão.   내 견해로는 네가 옳다.
Prefiro o inverno ao verão.   나는 여름보다 겨울을 더 좋아한다.
Os peixes eram cento e cinquenta e três ao todo.
물고기가 모두 합해서 153마리였다.
Dizem que é mais caro o filme a branco e preto do que o filme a cores.   흑백 필름이 컬러 필름보다 더 비싸다고 한다.
Ela ajuda a mãe a lavar as roupas.
그녀는 어머니께서 빨래하시는 것을 도와드린다.

2. DE

(1) 기원

Sou de Seul. 나는 서울 출신이다.
Ele é filho do Pedro. 그는 페드로의 아들이다.

(2) 소유, 소속

Este carro é da Maria. 이 자동차는 마리아의 것이다.
Sou de primeiro ano da universidade. (P)
Estou no primeiro ano da universidade. (B)
나는 대학교 1학년이다.

(3) 분리, 출발

Saí de casa de manhã cedo. 나는 아침 일찍 나갔다.
Vim do Brasil. 나는 브라질에서 왔다.

(4) 시간

Estamos no dia 25 de abril de 1999.
오늘은 1999년 4월 25일이다.
Amanhã de manhã parto para Portugal.
나는 내일 아침 포르투갈로 떠난다.

(5) 기간

Ela fez uma viagem de seis meses.
그녀는 6개월 동안 여행했다.
É um curso de quatro semanas.
그것은 4주 과정이다.

(6) 재료

    um brinquedo de plástico   플라스틱으로 만들어진 장난감
    uma mesa de madeira   나무로 만들어진 식탁

(7) 용도

    um copo de água   물 컵
    um maço de cigarro   담배 갑

(8) 기능

    máquina de escrever(lavar)   타자(세탁)기
    barco de pesca   어선

(9) 가격

    um bilhete de 100 escudos   100 에스쿠도 짜리 표
    um carro de 10.000 dólares   만불 짜리 자동차

(10) 분량

    dois litros de vinho   2 리터의 포도주
    um quilo de uvas   포도 1kg

(11) 단위

    três metros de comprimento(largura, altura)
    3m의 길이(너비, 높이)
    um quilo de peso   1kg의 무게

(12) 교통수단

Ele desce de escada rolante.   그는 에스커레이터로 내려간다.
Ela sobe de elevador.   그녀는 엘리베이터로 올라간다.
Ele vai à escola de bicicleta.   그는 자전거 타고 학교에 간다.

(13) 방법

Conheço de vista.   얼굴로 안다.

(14) 부분

alguns de vocês   너희들 중에 몇 명

(15) 원인

De que morreu ele?   그는 왜 죽었느냐?
Ele morreu de fome.   그는 기아로 죽었다.

(16) 동격

Cidade de Lisboa   리스본 시
Rio de Han   한 강

(17) 형상, 의상

moço de cabelos louros   금발 머리의 소년
mulher de vestido preto   검은 옷을 입은 부인

(18) 강조

Coitado do Rui   불쌍한 루이여!
Pobre da Ana   가련한 아나여!

(19) 관용적 용법

de dia em dia: 매일매일
de porta a porta: 이집 저집으로
de repente(súbito): 갑자기
arrepender-se de: ~을 후회하다
depender de: ~에 달려 있다
estar de saúde: 건강하다
estar de(em) pé: 서 있다
gostar de: ~을 좋아하다
ir de mal a pior: 악화되다
pôr-se joelhos: 무릎을 꿇다
ser diferente de: ~와 다르다
tratar-se de: ~을 취급하다
valer a pena de: ~할 가치가 있다

de leve: 가볍게, 민첩하게
rir de: ~를 비웃다
acabar de: 방금~하다
deixar de: 그만 두다
esquecer-se de: ~을 잊어버리다
estar de cama: 아파서 누워 있다
estar de luto: 상 중이다
queixar-se de: ~을 불평하다
zombar(troçar) de: ~을 조롱하다
ser capaz de: ~을 할 수 있다
sofrer de: 고통받다, 고난받다
ter medo de: ~을 두려워하다

de hoje(agora) em diante: 오늘(지금) 이후로는
dum fechar e abrir dos olhos: 눈 깜짝할 사이에
de bom (mau) grado: 기꺼이(마지못해서)
recordar-se de (lembrar-se de): ~을 기억하다
estar de bom (mau) humor: 기분이 좋은(나쁜)
mudar de ideia(casa, roupa, assunto,): 생각(집, 옷, 주제)을 바꾸다
não poder deixar de: ~하지 않을 수 없다
tomar conta de(cuidar de): ~을 돌보다

Meus pais estão de saúde.
저희 부모님은 건강하십니다.
A Bíblia Sagrada vale a pena de ler repetidas vezes.
성경은 여러 번 읽을 만한 가치가 있다.
Não pude deixar de rir ao ver o espetáculo.
나는 그 광경을 보자 웃지 않을 수 없었다.
Esqueci-me de trazer o despertador.
나는 괘종시계 가져오는 것을 깜박 잊어 버렸다.

Os homens que cuidavam do meu gado brigaram com os que tomavam conta de seu gado.
나의 가축을 돌보던 사람들과 너의 가축을 돌보던 사람들이 싸웠다.

3. EM

(1) 위치

Estamos na sala de aula.　　　　우리들은 교실에 있다.
A Coréia fica na Ásia.　　　　　한국은 아시아에 위치해 있다.

(2) 시간

Nasci em 1980.　　　　　　　　나는 1980년에 태어났다.
Vou a Paris na semana que vem.　나는 다음 주에 파리에 간다.
No inverno faz muito frio na Coréia.
한국에서 겨울은 매우 춥다.

(3) 기간

Deus criou tudo em seis dias.
하나님은 6일만에 모든 것을 창조 하셨다.
Volto em cinco minutos.
나는 5분 안에 돌아온다.

(4) 교통수단

Vim no comboio da noite.
나는 야간 열차를 타고 왔다.
Fizemos uma viagem no carro do Pedro.
우리들은 베드로 차로 여행을 했다.

(5) 방법

Cantamos em voz alta.   우리들은 큰 소리로 노래를 부른다.
Estamos em silêncio.   우리들은 침묵하고 있다.

(6) 분배

Dividiu em partes iguais.   그는 똑같은 크기로 나누었다.
Cambiou dólares em escudos.   그는 달러를 에스꾸도로 바꾸었다.

(7) 관용구

em geral(geralmente): 일반적으로   na verdade (de facto): 사실은
em segunda mão: 중고품   em todo o caso: 어쨌든
no entanto: 하지만   pensar em: ~을 생각하다
acreditar(crer) em: ~을 믿다   notar(reparar) em: ~을 주시하다
bater em: 두드리다   pôr na rua: 해고시키다
ter dificuldade em: ~하는데 어려움이 있다

Acredito em Deus.
나는 하나님을 믿는다.
Vou comprar um carro (usado) em segunda mão.
나는 중고차를 사려고 한다.
O patrão pô-lo na rua por causa de ser desonesto.
그 사장님은 그가 부정직하다는 이유로 그를 해고시켰다.
Em todo o caso temos de partir agora mesmo.
어쨌든 우리들은 지금 당장 떠나야 한다.
Em geral tomamos três refeições por dia.
일반적으로 사람들은 하루에 세 차례 식사를 한다.

4. PARA

(1) 이동의 의미(긴 기간)

Vou para Portugal.	나는 포르투갈로 간다.
Voltamos para casa.	우리들은 집으로 돌아간다.

(2) 목적

Vim aqui para trabalhar.	나는 일하기 위하여 여기에 왔다.
Este dinheiro é para fazer compras.	이 돈은 쇼핑하기 위한 것이다.

(3) 간접 목적격

Entreguei a revista para o pai.	나는 잡지를 아버지께 드렸다.
Dou bilhetes para os irmãos.	나는 동생들에게 표를 주었다.

(4) 분배

Há comida para todos.	모든 사람을 위한 음식이 있다.
Tenho bilhetes para três pessoas.	나는 세 사람을 위한 표가 있다.

(5) 자격, 적용

Ele tem capacidade para ser um bom advogado.
그는 훌륭한 변호사가 될 능력을 갖추고 있다.
É indicado para dor de cabeça.
이것은 머리 아플 때 먹는 것이다.

(6) 비율

Dois está para quatro assim como três está para seis.
2:4=3:6 이다.

(7) 막~하려고 한다

Ele estava para sair quando eu cheguei à sua casa.
내가 그의 집에 도착했을 때 그는 막 나가려고 하는 중이었다.

(8) 관용적 용법

    para a idade: 나이에 비하여   para o preço: 값에 비하여
    esforçar-se para: 노력하다   dirigir-se para: ~을 향해 가다
    dar para: ~에 재질이 있다, ~를 향해 있다

    Ela é muito alta para a idade.   그녀는 나이에 비해 무척 크다.
    Ela dá para música.   그녀는 음악에 재질이 있다.
    O hotel dá para o mar.   그 호텔은 바다를 향하여 있다.
    Ele dá para cantor.   그는 타고난 가수다.
    Ao voltar da escola, meu filho dirigiu-se para mim.
    내 아들은 학교에서 오자마자 나에게로 왔다.
    A comida é muito boa quer em qualidade quer em quantidade para o preço.
    그 음식은 질적으로나 양적으로나 가격에 비하여 매우 좋다.

5. POR

(1) 주위(장소), ~경에(시간)

Dou uma volta pelo parque.   나는 공원을 산책한다.
Ele voltou pelas três da tarde.   그는 오후 3시경에 돌아왔다.

(2) 수동태

O poema foi escrito por Camões.   그 시는 까몽이스에 의해 쓰여졌다.
O quadro foi pintado por Picasso.   그 그림은 피카소에 의해 그려졌다.

(3) 원인

Ela está doente por não comer.
그녀는 먹지 못하여 병이 났다.
Aquela equipe ganhou por estar bem treinado.
그 팀은 잘 훈련되었기 때문에 승리했다.

(4) ~을 통해서

O ladrão entrou pela janela.   도둑이 창문을 통하여 들어왔다.
Enviou pelo barco(avião, correio).   배편(항공, 우편)으로 보냈다.
Soube pela revista.   나는 잡지를 통하여 알았다.

(5) 단위

mil rotações por minuto   분당 천 번 회전
cem quilômetros por hora   시속 100km
Quanto custa as uvas por quilo?   포도가 kg당 얼마예요?

(6) 가격

Comprei o livro por 10 dólares.　　나는 그 책을 10달러에 샀다.
Vendeu o carro por 500 contos.　　나는 500꼰뚜에 자동차를 팔았다.

(7) ~대신에

Faço o trabalho por ti.　　너 대신에 내가 그 일을 한다.

(8) ~을 위하여

Lutemos pela liberdade.　　자유를 위하여 싸웁시다.
　◐ *Lutemos contra comunismo.*　공산주의에 대항하여 싸웁시다.

Votei por A.　　나는 A에 찬성 투표를 했다.

(9) 미완성

A porta está por pintar.　　그 문은 아직 칠해지지 않았다.
A carta está por escrever.　　그 편지는 아직 쓰여지지 않았다.

(10) 동안

Por muito tempo ele era reitor da universdade.
그는 오랫동안 그 대학의 총장으로 있었다.

(11) 관용적 용법

por exemplo: 예를 들면　　　　por vezes: 가끔
por volta de: ~경에, ~ 위에　　por causa de: ~때문에
parabéns por: ~을 축하하다　　passar por: ~을 통과하다
viajar por: ~을 여행하다　　　descuplar por: ~에 대해 미안하다
obrigado(agradecer) por: ~에 대하여 감사하다

pela primeira(última) vez: 처음(마지막)으로
dar um passeio(uma volta) por: ~을 산책하다

Desculpe-me pelo descuido.　　저의 부주의를 용서해 주시오.
Parabéns pela sua promoção.　　당신의 승진을 축하합니다.
Ele partiu pela primeira vez e chegou pela última vez.
그는 첫번째로 출발하여 마지막으로 도착했다.
Por causa do dinheiro não posso viajar pelo Brasil.
나는 돈 때문에 브라질로 여행을 갈 수 없다.
Toda a família estava sentada por volta do (aquecedor) fogão.
온 가족들이 난로 주위에 앉아 있었다.

6. COM

(1) estar com + 명사 (ter + 명사)

estar com apetite (ter apetite): 밥맛이 있다
estar com vontade(ter vontade): ~을 하고 싶다
estar com sede(ter sede): 목마르다
estar com fome(ter fome): 배고프다
estar com dor(ter dor): 아프다
estar com pressa(ter pressa): 급하다
estar com sono(ter sono): 졸리다
estar com certeza(ter certeza): 확신하다
estar com inveja(ter inveja): 질투하다
estar com mêdo(ter mêdo): ~을 무서워하다

Não tenho vontade de comer nada.
아무 것도 먹고 싶지 않다.
Estava com muita sede.　　매우 목말랐었다.

(2) 관용적 용법

com a idade: 나이를 먹어감에 따라
com toda a alegria: 매우 기쁘게
com dificuldade: 어렵게
contar com: ~을 의지하다
ser parecido(a) com: ~를 닮다
ter cuidado com: ~에 주의하다
com correr do tempo: 세월이 흘러감에 따라

com certeza: 틀림없이
sonhar com: ~을 꿈꾸다
com facilidade: 쉽게
preocupar-se com: ~을 염려하다
zangar-se com: ~에게 화내다
com toda a clareza: 분명하게

Com quem é ela parecida?
그녀는 누구를 닮았느냐?
Ela é parecida com a mãe.
그녀는 어머니를 닮았다.
Com o passar do tempo, a gente tem cada vez mais saudade da sua terra natal.
세월이 흘러감에 따라 사람들은 점점 더 고향을 그리워한다.
Com certeza, você tem que terminar ainda hoje.
너는 그 일을 틀림없이 오늘 중으로 끝내야 한다.
Você tem que tomar atitude com toda a clareza.
너는 태도를 분명하게 해야 된다.
Ela resolveu o problema difícil com facilidade.
그는 어려운 문제를 쉽게 풀었다.

LEITURA

A D. Emília vai às compras

Sábado é o dia de compras para a D.Emilia. No relógio da sala ela vê que já são dez menos um quarto e sabe que não pode perder tempo. São horas de ir ao supermercado, que é só a uns trezentos metros do largo onde mora. Antes de sair de casa, ela pega num saco e põe dentro as garrafas vazias; são garrafas de vinho, de cerveja, de laranjada e de água mineral.

Já no supermercado, a D.Emília dá estas garrafas vazias na entrada e então pega num carrinho. Ela sabe o que quer comprar. Para o almoço vai fazer 'carne de porco à alentejana', um prato de que toda a família gosta. Mas ela não compra só carne de porco, também leva peixe, legumes, ovos, queijo e outras coisas.

O carrinho já vai cheio e a D.Emília não sabe se traz dinheiro bastante para pagar as compras. "Gasta-se tanto dinheiro, os preços estão sempre a subir", diz ela à empregada da caixa. Mas esta não ouve a D.Emília e, como uma máquina, põe as compras em sacos. Já está outra senhora atrás da D.Emília e não há tempo a perder... Depois de pagar, aí vai a esposa do Sr. Ribeiro para casa, dentro em pouco é hora de almoçar.

Toda a família está em casa. É uma hora da tarde, o almoço pode começar...

(pai)   _ Que sopa tão boa, meninas!
(Alice) - De que é, pai?

(pai)	- É de legumes, como vocês gostam.
(Susana)	- 'Vocês', não, eu não gosto da sopa.
(mãe)	- Mas tens de comer, Susana.
(Susana)	- Quero só um pouco, mãe. O que temos depois?
(Rosa)	- A mãe diz que é uma coisa de que todos gostamos... Hum! Então não é peixe.
(Susana)	- É carne... de porco?
(mãe)	- De quê?
(Rosa)	- É carne de porco à alentejana.
(mãe)	- É, sim, filha.
(todos)	- Que bom!!!

VOCABULÁRIO

o dia de compras: 시장 보는 날
perder tempo: 시간을 허비하다
pegar em: ~을 집다
a laranjada: 오렌지 쥬스
o carrinho: 쇼핑카
a batata frita: 튀긴 감자요리
como uma máquina: 기계처럼
a uns trezentos metros: 300미터 쯤 떨어진
a carne de porco à alentejana: 알렌떼주식 돼지고기 요리

o relógio: 시계
o supermercado: 수퍼마켓
a garrafa vazia: 빈 병
a água mineral: 생수
dentro em pouco: 곧, 얼마 안 되어
a empregada de caixa: 돈 받는 여 종업원
a entrada: 입구

PERGUNTAS

1. Com quem é casada a D.Emília?
2. Em que dia vai ela às compras?
3. O que leva ela no saco?
4. A que horas sai de casa?
5. Onde vai fazer as compras?
6. O que faz a D.Emília à entrada do supermercado?
7. O que põe ela no carrinho?
8. Depois de fazer as compras, a quem fala?
9. Quem está atrás da D.Emília?
10. O que faz ela ainda antes de sair do supermercado?
11. A que horas começa a família Ribeiro a almoçar?
12. Quais são os nomes das filhas do Sr. Ribeiro?
13. Com que começa a refeição?
14. Quem não gosta da sopa de legumes?
15. O que há para almoço?

TRADUZIR

1. 그는 그녀의 발 앞에 무릎을 꿇고 간청했다
2. 나는 복직한 이후로 이리저리 늘 분주하게 뛰어 다녀야만 했다.
3. 그 법률안은 만장일치로 통과되었다.
4. 나는 그의 이야기를 들은 후 그를 용서하지 않을 수 없었다.
5. 자동차는 떼쥬강변을 따라 달려가고 있었다.
6. 티끌 모아 태산.
7. 나는 오늘 이후로는 담배를 피우지 않기로 결심했다.
8. 앞자리를 좋아하십니까? 아니면 뒷자리를 좋아하십니까?
9. 그 후 얼마 안되어 그들은 결혼했다.
10. 노동자들이 파업에 돌입했다.
11. 요즈음 생계비가 매일매일 오른다.

12. 많은 외국인들은 그 영화를 이해하는데 어려움이 있었다.
13. 그 도둑이 경찰차를 타고 도망갔다.
14. 딸기를 보자마자 군침이 돌았다.
15. 나는 수리센터로 전화를 할 것이다.
16. 그 영화는 다시 한 번 더 볼만한 가치가 있다.
17. 그는 직장을 찾고 있는 중이다.
18. 그 거지는 이집 저집으로 문전 걸식한다.
19. 어쨌든 인생은 살아볼 가치가 있다.
20. 너는 농담으로 말하는 것이냐? 아니면 진담으로 말하는 것이냐?

간청하다: rogar
만장일치로: por unanimidade
결심하다: decidir-se a
파업: a greve
경찰차: o carro da polícia
군침이 돌다: a água cresce na boca

복직하다: voltar ao emprego
용서하다: perdoar
한 알씩 한 알씩: de grão em grão
생계비: o custo da vida
인생: o ser
앞(뒷)자리: o lugar de frente(atrás)

Anedota

Na firma onde trabalhei, tinha um colega que era vendedor.
Um dia, o chefe perguntou-lhe:
 - Já foi visitar o cliente tal?
 - Não, senhor, vou amanhã – respondeu o meu colega.
 - Oh, homem, quando lhe pergunto qualquer coisa, você diz sempre que vai amanhã! – queixou-se o chefe.
 - Pois, o senhor perguntou-me sempre na véspera!

20 화법

1. 종류

화법(Discurso)에는 직접화법(Discurso Directo)과 간접화법(Discurso Indirecto)이 있다.

(1) 직접화법: 말한 내용 뿐 아니라 가능하면 악센트와 억양까지도 동일하게 전하는 것을 칭한다.
(2) 간접화법: 말한 내용만 전하는 방법이다.

2. 직접화법과 간접화법

직접화법 ⇒ 간접화법

(1) 시제일치

주절의 동사가 전과거일 때 종속절의 동사는 다음과 같이 변화한다.

① 종속절의 동사 현재 ⇒ 반과거

Ele disse-me, "Eu sei jogar tênis."
Ele disse-me que ele sabia jogar tênis.
그는 "나는 테니스를 칠 줄 안다."고 나에게 말했다.

② 종속절의 동사 전과거, 반과거, 현재완료 ⇒ 과거완료

Ela disse-me,"Como tem passado?"
Ela perguntou-me como eu tinha passado.
그녀는 "어떻게 지내고 있습니까?"고 나에게 물었다.

③ 종속절의 동사 미래 ⇒ 과거미래

Eles disseram-nos, "Partiremos para Portugal amanhã."
Eles disseram-nos que eles partiriam para Portugal no dia seguinte.
그들은 "우리들은 내일 떠날 것입니다."라고 우리들에게 말했다.

➡ 다음과 같은 경우에는 시제일치에 적용을 받지 않는다.
① 진리인 경우에는 항상 현재만 사용한다.
   Ele explicou-nos, "O sol nasce no leste e põe-se no oeste."
   Ele explicou-nos que o sol nasce no leste e que põe-se no oeste.
   그는 우리들에게 "해는 동쪽에서 떠서 서쪽으로 진다."고 설명했다.
② 역사적 사실일 경우 항상 전과거만 사용된다.
   Ela ensinou-nos, "O Brasil foi descoberto por Cabral em 1500."
   Ela ensinou-nos que o Brasil foi descoberto por Cabral em 1500.
   그녀는 "브라질은 1500년에 까브랄에 의해서 발견되었다."고 우리들에게 가르쳐 주셨다.
③ 가정법 시제의 경우에는 가정법 시제를 그대로 사용한다.
   Ela disse-me, "Se tu fosses eu, como é tu farias neste caso?"
   Ela perguntou-me que se eu fosse ela, como é que eu faria nesse caso.
   그녀는 나에게 "만약 네가 나라면 이런 경우에 어떻게 하겠느냐?"고 물었다.

(2) 접속사

① 서술문: "que + 직설법 동사"

Ele disse-me, "O tempo é dinheiro."
Ele disse-me que o tempo é dinheiro.
그는 나에게 "시간은 돈이다." 라고 말했다.

② 의문문:

   ⓐ 의문사가 있는 의문문 ⇒ 의문사

     Ela disse-me, "Quem fez papel do Zezé no cinema?"
     Ela perguntou-me quem tinha feito papel do Zezé no cinema.
     "그 영화에서 누가 제제의 역을 맡았느냐?"고 나에게 물었다.

   ⓑ 의문사가 없는 의문문 ⇒ se + 직설법 동사

     Ela disse-me, "Sabe tocar piano?"
     Ela perguntou-me se eu sabia tocar piano.
     그녀는 나에게 "피아노를 칠 줄 아세요?"라고 물었다.

③ 명령문: "que + 접속법 동사"

     Ela disse-me, "Ajude-me, por favor."
     Ela pediu-me que eu a ajudasse.
     그녀는 나에게 "저를 도와주세요."고 말했다.

(3) 인칭 대명사 (주격, 소유격, 목적격, 소유대명사 등)는 논리에 맞게 변화시킨다.

     Ela disse-me, "Conheces o meu marido?"
     Ela perguntou-me se eu conhecia o seu marido.
     그녀는 내게 "나의 남편을 아세요?"라고 물었다.

(4) 지시 대명사와 장소 부사 및 시간 부사는 다음과 같이 변화시킨다.

    hoje ⇒ nesse dia   ontem ⇒ no dia anterior
    amanhã ⇒ no dia seguinte este ⇒ esse
    aqui(cá) ⇒ aí   agora ⇒ nessa altura, nesse momento

próximo ⇒ seguinte　　　passado ⇒ anterior
isto ⇒ isso

(5) 주절의 동사가 'dizer' 일 경우 다음과 같이 변화시킨다.

① 서술문: dizer ⇒ dizer

Ela disse,"Não tenho febre, mas tusso e meu nariz está escorrendo."
Ela disse que ela não tinha febre mas que ela tossia e que seu nariz estava escorrendo.
그녀는 "나는 열은 없어요, 그러나 기침이 나고 콧물이 흘러요." 라고 말했다.

② 의문문: dizer ⇒ perguntar

Ele disse-me, "Tem algum restaurante em mente?"
Ele perguntou-me se eu tinha algum restaurante em mente.
그는 나에게 "마음에 두고 있는 식당이 있느냐?"고 물었다.

③ 명령문: dizer　⇒ ⓐ pedir (요청할 경우)

Ela disse-me, "Feche a janela, por favor."
Ela pediu-me que eu fechasse a janela.
그녀는 "창문을 닫아 주세요."라고 나에게 말했다.

　　　　⇒ ⓑ mandar(명령할 경우)

Ele disse ao menino, "Vem cá."
Ele mandou ao menino que ele viesse aí.
그는 아이에게 "이리 오라."고 말했다.

➡ 주절의 동사가 'dizer'가 아닌 다른 동사의 경우에는 그 동사를 그대로 사용한다.

LEITURA

Português, a língua difícil

Chegámos à última lição deste curso. É evidente que ninguém poderá afirmar:"Domino perfeitamente a língua portuguesa; compreendo tudo o que ouço ou leio e falo sem quaisquer dificuldades." Nenumha língua pode ser aprendida "perfeitamente" em tão pouco tempo e o português não é, como certeza, uma das mais fáceis.

Suponhamos que um estrangeiro tem jeito para línguas e mostra real interesse por aprender esta língua, estudando profundamente os diversos aspectos e pormenores que a gramática apresenta, tentando falar sem sotaque e esforçando-se por ter um vocabulário cada vez maior.

Ao fim de alguns anos de contacto com uma língua, ele será capaz de falar e escrever correctamente, talvez já nem precise de utilizar o dicionário ao ler qualquer texto. No entanto, quem o ouvir com atenção notará, mais tarde ou mais cedo, que está presença de um estrangeiro: um pequeno erro na construção da frase, a pronúncia menos "pura" de qualquer som, o facto de não compreender imediatamente o segundo sentido ou significado de uma determinada palavra...

Contudo, esta dificuldade não deve fazer perder a vontade e o gosto de aprender português. Só nos dá verdadeiro prazer aquilo que é difícil de alcançar. Ora, a língua portuguesa não é fácil, e pobre também não é. Lembramo-nos, por exemplo, dos diferentes tempos e modos dos verbos, que temos estudado ao longo desta lição... "temos estudado" não é exactamente o mesmo que "estudámos", "estudar" não significa o mesmo que "aprender".

A propósito de verbos, que trabalho dá, pelo menos a princípio, 'separar' certas formas parecidas: vamos, vemos, vimos, viemos! E como havemos de meter na cabeça tantas formas irregulares do mesmo verbo: faço, fiz, farei, fizesse, e feito, etc. !? Mais difícil ainda é a terrível questão do uso do 'perfeito' e do 'imperfeito': "Nessa tarde choveu muito" ou "Nessa tarde chovia muito"?

Na verdade, a prática, o contacto diário que se pode e deve manter com pessoas que falam a língua são da maior importância para vencer estas dificuldades. Depois de certo treino, a forma correcta 'sai-nos' da boca, mesmo sem pensarmos...

Se fosse possível aprender a língua apenas 'de ouvido', sem ter de estudar a gramática!... E se os portugueses falassem mais devagar e de um modo mais claro, separando melhor as palavras!...Na verdade, não se ouve dizer "Ele vai para a Alemanha", mas qualquer coisa como "El' vai pralmanha" "Comem" tantas palavras que, por vezes, é difícil compreender alguém mais por causa da pronúncia do que por falta de vocabulário.

Estamos a chegar ao fim deste livro, são horas de nos despedirmos. Em cada lição foram apresentadas 25-30 palavras novas, o que já não é pouco, e, contudo, ainda falta aprender tanto vocabulário! Até se alcançar um bom domínio da língua, é necessário muito trabalho e força de vontade. O caminho é longo, evidentemente, mas não deve meter medo a ninguém.

VOCABULÁRIO

o texto: 본문
despedir-se de: 작별하다
a presença: 존재
a gramática: 문법
supor: 상상하다

o contacto: 접촉
o dicionário: 사전
manter: 유지하다
o domínio: 정복, 통달
o significado: 의미

a importância: 중요성
o pormenor: 상세함
o sotaque: 방언
seperar: 분리하다
irregular: 불규칙적인

afirmar: 단언하다
a pronúncia: 발음
evidente: 분명한
o som: 소리
verdadeiro: 진실된

PERGUNTAS

1. Para que serve um dicionário?
2. Que devemos fazer, se temos interesse em aprender depressa e bem uma língua estrangeira?
3. Achas que o portugus é difícil?
4. Quais são, para ti, as maiores dificuldades que a língua apresenta?
5. Mesmo conhecendo bem a língua, nem sempre é fácil compreender o que os portugueses dizem. Porquê?
6. Conjuguem um verbo 'falar' em todos os modos, tempos, pessoas.
7. Parece-te difícil que o uso do 'perfeito' e do 'imperfeito'? Porquê?
8. Que significa "falar sem sotaque"?
9. Por que razão ninguém deverás afirmar que domina uma língua 'perfeitamente'?
10. Repara na última frase da lição: "O caminho é longo, evidentemente, mas não deve meter medo a ninguém." Qual é o teu estado de espírito neste momento? Sente-te com 'coragem' para continuar a aprender português?

TRADUZIR

1. "지구는 자전한다"고 선생님께서 우리들에게 설명해 주셨다.
2. "오늘밤 저와 함께 춤추기를 원하십니까?"라고 그녀가 나에게 물었다.
3. "이 쓰레기를 치워라"라고 형이 나에게 말했다.

4. "제가 차로 오후 5시경에 사무실로 모시러 가겠습니다."라고 그가 나에게 말했다.
5. "전할 말씀이 있으십니까?"라고 그녀는 나에게 물었다.
6. "그 질문을 주의깊게 읽고 한 번에 하나씩 질문에 답하십시오."라고 그는 나에게 말했다.
7. "방송국이 어디에 있습니까?"라고 그는 나에게 물었다.
8. "이 옷이 당신에게 잘 어울리네요."라고 가게 주인이 나에게 말했다.
9. "만약 내가 늦게되면 너에게 전화 할께."라고 그녀는 나에게 말했다.
10. "아직 저는 포르투갈어로 저 자신을 충분히 표현할 수 없습니다."라고 그 여학생이 나에게 말했다.
11. "어떤 치수를 원하세요?"라고 양화점 점원이 나에게 물었다.
12. 선생님께서 "인내는 쓰다. 그러나 그 열매는 달다."라고 우리들에게 가르쳐 주셨다.
13. "나는 어떤 희생을 치르더라도 이 일을 꼭 달성하겠다."고 그는 말했다.
14. "내 대신 네가 이 일을 해 줄 수 있습니까?"라고 그녀가 나에게 물었다.
15. "만약 내일 이 세상이 끝난다면 너는 오늘 무슨 일을 하겠느냐고?"고 그는 나에게 물었다.
16. "마젤란이 최초로 세계 일주를 했다."고 선생님께서 우리들에게 가르쳐 주셨다.
17. "나를 좀 쉬게 내버려 두라."고 그는 우리들에게 부탁했다.
18. "저를 잊지 마세요."라고 그녀는 나에게 말했다.
19. "우리들의 새로운 사업을 위해 건배할 것을 제안합니다."라고 그는 잔을 들면서 크게 말했다.
20. 그는 "나에게 지난 주말에 무엇을 했느냐?"고 물었다.
21. "이 기차는 지금부터 30분 후에 출발할 것입니다."라고 역장이 말했습니다.
22. "내일 아침 일찍 전화로 저를 깨워 주세요."라고 그는 나에게 부탁했다.
23. "운전할 때는 아무리 조심해도 지나치지 않다."고 그는 나에게 말했다.
24. "이 과를 읽은 후 어떤 제목을 붙이겠느냐?"고 그녀는 나에게 물었다.
25. "베란다 바깥쪽에 이 간판을 달아주세요."라고 나는 종업원에게 말했다.
26. 아나운서는 "어제 밤에 브라질 남부에 지진이 일어났다."라고 말했다.
27. "당신의 아드님은 장래가 촉망됩니다."라고 그는 나에게 말했다.
28. "Os Lusíadas는 Camões에 의해서 쓰여진 책이다."라고 선생님이 설명해 주셨습니다.
29. 그는 "우리들에게 2주에 한 번씩 잔디를 깎아라"고 말했다.
30. "어젯밤 너에게 전화를 했었는데 계속 통화중이었다."라고 친구가 나에게 말했다

어휘

모시러가다: apanhar
사무실: o escritório
버리다: deitar fora, jogar fora
한 번에 하나씩: um(uma) de cada vez
어울리다: ficar bem com
치수: o tamanho
양화점: a sapataria
인내: a paciência
열매: o fruto
~대신: em vez de
세계 일주: viajar pelo mundo inteiro
큰 소리로: em voz alta
건배: o brinde
깨우다: acordar
베란다: a varanda
바깥 쪽: no lado de fora
주말: o fim de semana
제목: o título
지진: o terramoto
장래가 촉망된다: ser capaz de ir longe
2주에 한 번씩: de duas em duas semanas
통화중이다: a linha está ocupada
아무리 조심해도 지나치지 않다: todo o cuidado é pouco

5시경에: pelas cinco horas
쓰레기: o lixo
전할 말씀: o recado
주의 깊게: com atenção
자신을 표현하다: expressar-se
가게 주인: o(a)lojista
어떤 희생을 치르다: todo o custo
쓰다: amargo
달다: doce
마젤란: Magalhães
최초로: pela primeira vez
잔을 들다: levantar um copo
제안하다: propor
지금부터: daqui a
간판: a tabuleta
방송국: a estação emissora
운전하다: conduzir, guiar
아나운서: o locutor
잔디: a relva

Não pode comer pepinos quem semeia tomates.
콩 심은데 콩나고 팥 심은데 팥 난다.

Parabéns p'ra você

Parabéns p'ra você
Nesta data querida
Muitas felicidades
Muitos anos de vida

Hoje é dia de festa
Cantam as nossas almas
Para o(a) menino(a) João (Inês)
Uma salva de palamas

부록

부록에서는
여러분들이 포르투갈어를 공부하는데
꼭 외워두어야 할 동사변화를
불규칙 변화하는 동사를 중심으로 수록하였다.

<규칙 동사>

법	직설법					
	현재	전과거	반과거	단순대과거	미래	과거미래
falar (말하다)	falo falas fala falamos falam	falei falaste falou falámos falaram	falava falavas falava falávamos falavam	falara falaras falara faláramos falaram	falarei falarás falará falaremos falarão	falaria falarias falaria falaríamos falariam
beber (마시다)	bebo bebes bebe bebemos bebem	bebi bebeste bebeu bebemos beberam	bebia bebias bebia bebíamos bebiam	bebera beberas bebera bebéramos beberam	beberei beberás beberá beberemos beberão	beberia beberias beberia beberíamos beberiam
partir (떠나다)	parto partes parte partimos partem	parti partiste partiu partimos partiram	partia partias partia partíamos partiam	partira partiras partira partíramos partiram	partirei partirás partirá partiremos partirão	partiria partirias partiria partiríamos partiriam

접 속 법			명 령 법	부 정 법	
현재	과거	미래	명령법	인칭부정사	과거분사
fale	falasse	falar	(fales)	falar	
fales	falasses	falares	fala	falares	
fale	falasse	falar	fale	falar	falado
falemos	falássemos	falarmos	falemos	falarmos	
falem	falassem	falarem	falem	falarem	
beba	bebesse	beber	(bebas)	beber	
bebas	bebesses	beberes	bebe	beberes	
beba	bebesse	beber	beba	beber	bebido
bebamos	bebéssemos	bebermos	bebamos	bebermos	
bebam	bebessem	beberem	bebam	beberem	
parta	partisse	partir	(partas)	partir	
partas	partisses	partires	parte	partires	
parta	partisse	partir	parta	partir	partido
partamos	partíssemos	partirmos	partamos	partirmos	
partam	partissem	partirem	partam	partirem	

◐ 명령형 1인칭 단수 난에는 부정문에서 사용하는 직설법 2인칭 단수를 기입했음.

<불규칙 동사>

법	직 설 법					
	현재	전과거	반과거	단순대과거	미래	과거미래
acudir (구조하다)	acudo acodes acode acudimos acodem	acudi acudiste acudiu acudimos acudiram	acudia acudias acudia acudíamos acudiam	acudira acudiras acudira acudíramos acudiram	acudirei acudirás acudirá acudiremos acudirão	acudiria acudirias acudiria acudiríamos acudiriam
agredir (공격하다)	agrido agredes agrede agredimos agredem	agredi agrediste agrediu agredimos agrediram	agredia agredias agredia agredíamos agrediam	agredira agrediras agredira agrdíramos agrdiram	agredirei agredirás agredirá agrediremos agredirão	agrediria agredirias agrediria agrediríamos agrediriam
atrair (매혹하다)	atraio atrais atrai atraímos atraem	atraí atraíste atraíu atraímos atraíram	atraía atraías atraía atraíamos atraíam	atraíra atraíras atraíra atraíramos atraíram	atrairei atrairás atrairá atrairemos atrairão	atrairia atrairias atrairia atrairíamos atrsiriam
caber (포함하다)	caibo cabes cabe cabemos cabem	coube coubeste coube coubemos couberam	cabia cabias cabia cabíamos cabiam	coubera couberas coubera coubéramos couberam	caberei caberás caberá caberemos caberão	caberia caberias caberia caberíamos caberiam
cair (떨어지다)	caio cais cai caímos caem	caí caíste caíu caímos caíram	caía caías caía caíamos caíam	caíra caíras caíra caíramos caíram	cairei cairás cairá cairemos cairão	cairia cairias cairia cairíamos cairiam
cobrir (덮다)	cubro cobres cobre cobrimos cobrem	cobri cobriste cobriu cobrimos cobriram	cobria cobrias cobria cobríamos cobriam	cobrira cobriras cobrira cobríramos cobriram	cobrirei cobrirás cobrirá cobriremos cobrirão	cobriria cobririas cobriria cobriríamos cobririam

	접 속 법			명령법	부정법	
현 재	과 거	미 래	명 령 법	인칭부정사	과거분사
acuda acudas acuda acudamos acudam	acudisse acudisses acudisse acudíssemos acudissem	acudir acudires acudir acudirmos acudirem	(acudas) acode acuda acudamos acudam	acudir acudires acudir acudirmos acudirem	acudido
agrida agridas agrida agridamos agridam	agredisse agredisses agredisse agredíssemos agredissem	agredir agredires agredir agredirmos agredirem	(agridas) agrede agrida agridamos agridam	agredir agredires agredir agredirmos agredirem	agredido
atraia atraias atraia atraiamos atraiam	atraísse atraísses atraísse atraíssemos atraíssem	atrair atraires atrair atrairmos atrairem	(atraias) atrai atraia atraiamos atraiam	atrair atraires atrair atrairmos atrairem	atraído
caiba caibas caiba caibamos caibam	coubesse coubesses coubesse coubéssemos coubessem	couber couberes couber coubermos couberem	(caibas) cabe caiba caibamos caibam	caber caberes caber cabermos caberem	cabido
caia caias caia caiamos caiam	caísse caísses caísse caíssemos caíssem	cair caires cair cairmos cairem	(caias) cai caia caiamos caiam	cair caires cair cairmos cairem	caído
cubra cubras cubra cubramos cubram	cobrisse cobrisses cobrisse cobríssemos cobrissem	cobrir cobrires cobrir cobrirmos cobrirem	(cubras) cobre cubra cubramos cubram	cobrir cobrires cobrir cobrirmos cobrirem	coberto

○ 명령형 1인칭 단수 난에는 부정문에서 사용하는 직설법 2인칭 단수를 기입했음.

법	직설법					
	현재	전과거	반과거	단순대과거	미래	과거미래
conseguir (달성하다)	consigo consegues consegue conseguimos conseguem	consegui conseguiste conseguiu conseguimos conseguiram	conseguia conseguias conseguia conseguíamos conseguiam	conseguira conseguiras conseguira conseguíramos conseguiram	conseguirei conseguirás conseguirá conseguiremos conseguirão	conseguiria conseguirias conseguiria conseguiríamos conseguiriam
consentir (동의하다)	consinto consentes consente consentimos consentem	consenti consentiste consentiu consentimos consentiram	consentia consentias consentia consentíamos consentiam	consentira consentiras consentira consentíramos consentiram	consentirei consentirás consentirá consentíremos consentirão	consentiria consentirias consentiria consentiríamos consentiriam
crer (믿다)	creio crês crê cremos crêem	cri creste creu cremos creram	cria crias cria críamos criam	crera creras crera créramos creram	crerei crerás crerá creremos crerão	creria crerias creria creríamos creriam
dar (주다)	dou dás dá damos dão	dei deste deu demos deram	dava davas dava dávamos davam	dera deras dera déramos deram	darei darás dará daremos darão	daria darias daria daríamos dariam
descobrir (발견하다)	descubro descobres descobre descobrimos descobrem	descobri descobriste descobriu descobrimos descobriram	descobria descobrias descobria descobríamos descobriam	descobrira descobriras descobrira descobríramos descobriram	descobrirei descobrirás descobrirá descobriremos descobrirão	descobriria descobririas descobriria descobriríamos descobririam
despir (벗다)	dispo despes despe despimos despem	despi despiste despiu despimos despiram	despia despias despia despíamos despiam	despira despiras despira despíramos despiram	despirei despirás despirá despiremos despirão	despiria despirias despiria despiríamos despiriam

	접속법			명령법	부정법	
현재	과거	미래	명령법	인칭부정사	과거분사
consiga consigas consiga consigamos consigam	conseguisse conseguisses conseguisse conseguíssemos conseguissem	conseguir conseguires conseguir conseguirmos conseguirem	(consigas) consegue consiga consigamos consigam	conseguir conseguires conseguir conseguirmos conseguirem	conseguido
consinta consintas consinta consintamos consintam	consentisse consentisses consentisse consentíssemos consentissem	consentir consentires consentir consentirmos consentirem	(consintas) consente consinta consintamos consintam	consentir consentires consentir consentirmos consentirem	consentido
creia creias creia creiamos creiam	cresse cresses cresse créssemos cressem	crer creres crer crermos crerem	(creias) crê creia creiamos creiam	crer creres crer crermos crerem	crido
dê dês dê demos dêem	desse desses desse déssemos dessem	der deres der dermos derem	(dês) dá dê demos dêem	dar dares dar darmos darem	dado
descubra descubras descubra descubramos descubram	descobrisse descobrisses descobrisse descobríssemos descobrissem	descobrir descobrires descobrir descobrirmos descobrirem	(descubras) descobre descubra descubramos descubram	descobrir decobrires descobrir decobrirmos descobrirem	descoberto
dispa dispas dispa dispamos dispam	despisse despisses despisse despíssemos despissem	despir despires despir despirmos despirem	(dispas) despe dispa dispamos dispam	despir despires despir despirmos despirem	despido

● 명령형 1인칭 단수 난에는 부정문에서 사용하는 직설법 2인칭 단수를 기입했음.

법	직 설 법					
	현재	전과거	반과거	단순대과거	미래	과거미래
dispor (준비하다)	disponho dispões dispõe dispomos dispõem	dispus dispuseste dispôs dispusemos dispuseram	dispunha dispunhas dispunha dispúnhamos dispunham	dispusera dispuseras dispusera dispuséramos dispuseram	disporei disporás disporá disporemos disporão	disporia disporias disporia disporíamos disporiam
divertir (즐기다)	divirto divertes diverte divertimos divertem	diverti divertiste divertiu divertimos divertiram	divertia divertias divertia divertíamos divertiam	divertira divertiras divertira divertíramos divertiram	divertirei divertirás divertirá divertiremos divertirão	divertiria divertirias divertiria divertiríamos divertiriam
dizer (말하다)	digo dizes diz dizemos dizem	disse disseste disse dissemos disseram	dizia dizias dizia dizíamos diziam	dissera disseras dissera disséramos disseram	direi dirás dirá diremos dirão	diria dirias diria diríamos diriam
dormir (자다)	durmo dormes dorme dormimos dormem	dormi dormiste dormiu dormimos dormiram	dormia dormias dormia dormíamos dormiam	dormira dormiras dormira dormíramos dormiram	dormirei dormirás dormirá dormiremos dormirão	dormiria dormirias dormiria dormiríamos dormiriam
estar (~있다)	estou estás está estamos estão	estive estiveste esteve estivemos estiveram	estava estavas estava estávamos estavam	estivera estiveras estivera estivéramos estiveram	estarei estarás estará estaremos estarão	estaria estarias estaria estaríamos estariam
fazer (만들다)	faço fazes faz fazemos fazem	fiz fizeste fez fizemos fizeram	fazia fazias fazia fazíamos faziam	fizera fizeras fizera fizéramos fizeram	farei farás fará faremos farão	faria farias faria faríamos fariam

	접 속 법		명 령 법	부 정 법	
현재	과거	미래	명령법	인칭부정사	과거분사
disponha disponhas disponha disponhamos disponham	dispusesse dispusesses dispusesse dispuséssemos dispusessem	dispuser dispuseres dispuser dispusermos dispuserem	(disponhas) dispõe disponha disponhamos disponham	dispor dispores dispor dispormos disporem	disposto
divirta divirtas divirta divirtamos divirtam	divertisse divertisses divertisse divertíssemos divertissem	divertir divertires divertir divertirmos divertirem	(divirtas) diverte divirta divirtamos divirtam	divertir divertires divertir divertirmos divertirem	divertido
diga digas diga digamos digam	dissesse dissesses dissesse disséssemos dissessem	disser disseres disser dissermos disserem	(digas) dize(diz) diga digamos digam	dizer dizeres dizer dizermos dizerem	dito
durma durmas durma durmamos durmam	dormisse dormisses dormisse dormíssemos dormissem	dormir dormires dormir dormirmos dormirem	(durmas) dorme durma durmamos durmam	dormir dormires dormir dormirmos dormirem	dormido
esteja estejas esteja estejamos estejam	estivesse estivesses estivesse estivéssemos estivessem	estiver estiveres estiver estivermos estiverem	(estejas) está esteja estejamos estejam	estar estares estar estarmos estarem	estado
faça faças faça façamos façam	fizesse fizesses fizesse fizéssemos fizessem	fizer fizeres fizer fizermos fizerem	(faças) faze(faz) faça façamos façam	fazer fazeres fazer fazermos fazerem	feito

○ ① 명령형 1인칭 단수 난에는 부정문에서 사용하는 직설법 2인칭 단수를 기입했음.
② "dizer, fazer" 동사의 2인칭 명령형은 "dize, faze"(B)와, "diz,faz"(P)를 사용한다.

법	직 설 법					
	현재	전과거	반과거	단순대과거	미래	과거미래
haver (~있다)	hei hás há havemos hão	houve houveste houve houvemos houveram	havia havias havia havíamos haviam	houvera houveras houvera houvéramos houveram	haverei haverás haverá haveremos haverão	haveria haverias haveria haveríamos haveriam
ir (가다)	vou vais vai vamos vão	fui foste foi fomos foram	ia ias ia íamos iam	fôra foras fôra fôramos foram	irei irás irá iremos irão	iria irias iria iríamos iriam
ler (읽다)	leio lês lê lemos lêem	li leste leu lemos leram	lia lias lia líamos liam	lera leras lera léramos leram	lerei lerás lerá leremos lerão	leria lerias leria leríamos leriam
medir (측량하다)	meço medes mede medimos medem	medi mediste mediu medimos mediram	media medias media medíamos mediam	medira mediras medira medíramos mediram	medirei medirás medirá mediremos medirão	mediria medirias mediria mediríamos mediriam
mentir (거짓말하다)	minto mentes mente mentimos mentem	menti mentiste mentiu mentimos mentiram	mentia mentias mentia mentíamos mentiam	mentira mentiras mentira mentíramos mentiram	mentirei mentirás mentirá mentiremos mentirão	mentiria mentirias mentiria mentiríamos mentiriam
ouvir (듣다)	ouço(oiço) ouves ouve ouvimos ouvem	ouvi ouviste ouviu ouvimos ouviram	ouvia ouvias ouvia ouvíamos ouviam	ouvira ouviras ouvira ouvíramos ouviram	ouvirei ouvirás ouvirá ouviremos ouvirão	ouviria ouvirias ouviria ouviríamos ouviriam

○ "ouvir" 동사의 직설법 현재형은 ouço(B)와, oiço(P)를 사용한다.

	접 속 법			명령법	부정법	
현재	과거	미래	명령법	인칭부정사	과거분사
haja	houvesse	houver	(hajas)	haver	
hajas	houvesses	houveres	há	haveres	
haja	houvesse	houver	haja	haver	havido
hajamos	houvéssemos	houvermos	hajamos	havermos	
hajam	houvessem	houverem	hajam	haverem	
vá	fôsse	for	(vás)	ir	
vás	fôsses	fores	vai	ires	
vá	fôsse	for	vá	ir	ido
vamos	fôssemos	formos	vamos	irmos	
vão	fôssem	forem	vão	irem	
leia	lesse	ler	(leias)	ler	
leias	lesses	leres	lê	leres	
leia	lesse	ler	leia	ler	lido
leiamos	lêssemos	lermos	leiamos	lermos	
leiam	lessem	lerem	leiam	lerem	
meça	medisse	medir	(meças)	medir	
meças	medisses	medires	mede	medires	
meça	medisse	medir	meça	medir	medido
meçamos	medíssemos	medirmos	meçamos	medirmos	
meçam	medissem	medirem	meçam	medirem	
minta	mentisse	mentir	(mintas)	mentir	
mintas	mentisses	mentires	mente	mentires	
minta	mentisse	mentir	minta	mentir	mentido
mintamos	mentíssemos	mentirmos	mintamos	mentirmos	
minta	mentissem	mentirem	mintam	mentirem	
ouça(oiça)	ouvisse	ouvir	(ouças)	ouvir	
ouças	ouvisses	ouvires	ouve	ouvires	
ouça	ouvisse	ouvir	ouça	ouvir	ouvido
ouçamos	ouvíssemos	ouvirmos	ouçamos	ouvirmos	
ouçam	ouvissem	ouvirem	ouçam	ouvirem	

○ ① 명령형 1인칭 단수 난에는 부정문에서 사용하는 직설법 2인칭 단수를 기입했음.
　② "ouvir" 동사의 접속법 현재형은 "ouça, ouças, ouça, ouçamos, ouçam"(B)와, "oiça, oiças, oiça, oiçamos, oiçam"(P)를 사용한다.

법	직 설 법					
	현재	전과거	반과거	단순대과거	미래	과거미래
pedir (요구하다)	peço pedes pede pedimos pedem	pedi pediste pediu pedimos pediram	pedia pedias pedia pedíamos pediam	pedira pediras pedira pedíramos pediram	pedirei pedirás pedirá pediremos pedirão	pediria pedirias pediria pediríamos pediriam
perder (잃다)	perco perdes perde perdemos perdem	perdi perdeste perdeu perdemos perderam	perdia perdias perdia perdíamos perdiam	perdera perderas perdera perdéramos perderam	perderei perderás perderá perderemos perderão	perderia perderias perderia perderíamos perderiam
poder (할수있다)	posso podes pode podemos podem	pude pudeste pôde pudemos puderam	podia podias podia podíamos podiam	pudera puderas pudera pudéramos puderam	poderei poderás poderá poderemos poderão	poderia poderias poderia poderíamos poderiam
pôr (놓다)	ponho pões põe pomos põem	pus puseste pôs pusemos puseram	punha punhas punha púnhamos punham	pusera puseras pusera puséramos puseram	porei porás porá poremos porão	poria porias poria poríamos poriam
preferir (~을 더 좋아하다)	prefiro preferes perfere preferimos preferem	preferi perferiste preferiu preferimos perferiram	perferia preferias preferia preferíamos preferiam	preferira preferiras preferira preferíramos preferiram	preferirei preferirás preferirá preferiremos preferirão	preferiria preferirias preferiria preferiríamos preferiram
propor (제안하다)	proponho propões propõe propomos propõem	propus propuseste propôs propusemos propuseram	propunha propunhas propunha propúnhamos propunham	propusera propuseras propusera propuséramos propuseram	proporei proporás proporá proporemos proporão	proporia proporias proporia proporíamos proporiam

접속법			명령법	부정법	
현재	과거	미래	명령법	인칭부정사	과거분사
peça peças peça peçamos peçam	pedisse pedisses pedisse pedíssemos pedissem	pedir pedires pedir pedirmos pedirem	(peças) pede peça peçamos peçam	pedir pedires pedir pedirmos pedirem	pedido
perca percas perca percamos percam	perdesse perdesses perdesse perdéssemos perdessem	perder perderes perder perdermos perderem	(percas) perde perca percamos percam	perder perderes perder perdermos perderem	perdido
possa possas possa possamos possam	pudesse pudesses pudesse pudéssemos pudessem	puder puderes puder pudermos puderem	(possas) pode possa possamos possam	poder poderes poder podermos poderem	podido
ponha ponhas ponha ponhamos ponham	pusesse pusesses pusesse puséssemos pusessem	puser puseres puser pusermos puserem	(ponhas) põe ponha ponhamos ponham	pôr pores pôr pormos porem	posto
prefira prefiras prefira prefiramos prefiram	preferisse preferisses preferisse preferíssemos preferissem	preferir preferires preferir preferirmos preferirem	(prefiras) prefere prefira prefiramos prefiram	preferir preferires preferir preferirmos preferirem	preferido
proponha proponhas proponha proponhamos proponham	propusesse propusesses propusesse propuséssemos propusessem	propuser propuseres propuser propusermos propuserem	(proponhas) propõe proponha proponhamos proponham	propor propores propor propormos proporem	proposto

◯ 명령형 1인칭 단수 난에는 부정문에서 사용하는 직설법 2인칭 단수를 기입했음.

법	직 설 법					
	현 재	전 과 거	반 과 거	단순대과거	미 래	과거미래
querer (원하다)	quero queres quer queremos querem	quis quiseste quis quisemos quiseram	queria querias queria queríamos queriam	quisera quiseras quisera quiséramos quiseram	quererei quererás quererá quereremos quererão	quereria quererias quereria quereríamos quereriam
rir (웃다)	rio ris ri rimos riem	ri riste riu rimos riram	ria rias ria ríamos riam	rira riras rira ríramos riram	rirei rirás rirá riremos rirão	riria ririas riria riríamos ririam
saber (알다)	sei sabes sabe sabemos sabem	soube soubeste soube soubemos souberam	sabia sabias sabia sabíamos sabiam	soubera souberas soubera soubéramos souberam	saberei saberás saberá saberemos saberão	saberia saberias saberia saberíamos saberiam
sacudir (흔들다)	sacudo sacodes sacode sacudimos sacodem	sacudi sacudiste sacudiu sacudimos sacudiram	sacudia sacudias sacudia sacudíamos sacudiam	sacudira sacudiras sacudira sacudíramos sacudiram	sacudirei sacudirás sacudirá sacudiremos sacudirão	sacudiria sacudirias sacudiria sacudiríamos sacudiriam
sair (나가다)	saio sais sai saímos saem	saí saíste saíu saímos saíram	saía saías saía saíamos saíam	saira sairas saira saíramos sairam	sairei sairás sairá sairemos sairão	sairia sairias sairia sairíamos sairíam
seguir (따르다)	sigo segues segue seguimos seguem	segui seguiste seguiu seguimos seguiram	seguia seguias seguia seguíamos seguiam	seguira seguiras seguira seguíramos seguiram	seguirei seguirás seguirá seguiremos seguirão	seguiria seguirias seguiria seguiríamos seguiriam

접속법			명령법	부정법	
현재	과거	미래	명령법	인칭부정사	과거분사
queira queiras queira queiramos queiram	quisesse quisesses quisesse quiséssemos quisessem	quiser quiseres quiser quisermos quiserem	(queiras) quer(e) queira queiramos queiram	querer quereres querer querermos quererem	querido
ria rias ria riamos riam	risse risses risse ríssemos rissem	rir rires rir rirmos rirem	(rias) ri ria riamos riam	rir rires rir rirmos rirem	rido
saiba saibas saiba saibamos saibam	soubesse soubesses soubesse soubéssemos soubessem	souber souberes souber soubermos souberem	(saibas) sabe saiba saibamos saibam	saber saberes saber sabermos saberem	sabido
sacuda sacudas sacuda sacudamos sacudam	sacudisse sacudisses sucudisse sacudíssemos sacudissem	sacudir sacudires sacudir sacudirmos sacudirem	(sacudas) sacode sacuda sacudamos sacudam	sacudir sacudires sacudir sacudirmos sacudirem	sacudido
saia saias saia saiamos saiam	saísse saísses saísse saíssemos saíssem	sair saires sair sairmos sairem	(saias) sai saia saiamos saiam	sair saires sair sairmos sairem	saído
siga sigas siga sigamos sigam	seguisse seguisses seguisse seguíssemos seguissem	seguir seguires seguir seguirmos seguirem	(sigas) segue siga sigamos sigam	seguir seguires seguir seguirmos seguirem	seguido

○ ① 명령형 1인칭 단수 난에는 부정문에서 사용하는 직설법 2인칭 단수를 기입했음.
② querer동사의 2인칭 단수 명령형은 quere(B)와, quer(P)를 사용한다.

법	직 설 법					
	현재	전과거	반과거	단순대과거	미래	과거미래
sentir (느끼다)	sinto sentes sente sentimos sentem	senti sentiste sentiu sentimos sentiram	sentia sentias sentia sentíamos sentiam	sentira sentiras sentira sentíramos sentiram	sentirei sentirás sentirá sentiremos sentirão	sentiria sentirias sentiria sentiríamos sentiriam
ser (~이다)	sou és é somos são	fui foste foi fomos foram	era eras era éramos eram	fôra foras fôra fôramos foram	serei serás será seremos serão	seria serias seria seríamos seriam
servir (봉사하다)	sirvo serves serve servimos servem	servi serviste serviu servimos serviram	servia servias servia servíamos serviam	servira serviras servira servíramos serviram	servirei servirás servirá serviremos servirão	serviria servirias serviria serviríamos serviriam
sorrir (미소짓다)	sorrio sorris sorri sorrimos sorriem	sorri sorriste sorriu sorrimos sorriram	sorria sorrias sorria sorríamos sorriam	sorrira sorriras sorrira sorríramos sorriram	sorrirei sorrirás sorrirá sorriremos sorirão	sorriria sorririas sorriria sorriríamos sorririam
subir (오르다)	subo sobes sobe subimos sobem	subi subiste subiu subimos subiram	subia subias subia subíamos subiam	subira subiras subira subíramos subiram	subirei subirás subirá subiremos subirão	subiria subirias subiria subiríamos subiriam
ter (가지다)	tenho tens tem temos têm	tive tiveste teve tivemos tiveram	tinha tinhas tinha tínhamos tinham	tivera tiveras tivera tivéramos tiveram	terei terás terá teremos terão	teria terias teria teríamos teriam

접 속 법			명령법	부정법	
현재	과거	미래	명령법	인칭부정사	과거분사
sinta sintas sinta sintamos sintam	sentisse sentisses sentisse sentíssemos sentissem	sentir sentires sentir sentirmos sentirem	(sintas) sente sinta sintamos sintam	sentir sentires sentir sentirmos sentirem	sentido
seja sejas seja sejamos sejam	fôsse fôsses fôsse fôssemos fôssem	for fores for formos forem	(sejas) sê seja sejamos sejam	ser seres ser sermos serem	sido
sirva sirvas sirva sirvamos sirvam	servisse servisses servisse servíssemos servissem	servir servires servir servirmos servirem	(sirvas) serve sirva sirvamos sirvam	servir servires servir servirmos servirem	servido
sorria sorrias sorria sorriamos sorriam	sorrisse sorrisses sorrisse sorríssemos sorrissem	sorrir sorrires sorrir sorrirmos sorrirem	(sorrias) sorri sorria sorriamos sorriam	sorrir sorrires sorrir sorrirmos sorrirem	sorrido
suba subas suba subamos subam	subisse subisses subisse subíssemos subissem	subir subires subir subirmos subirem	(subas) sobe suba subamos subam	subir subires subir subirmos subirem	subido
tenha tenhas tenha tenhamos tenham	tivesse tivesses tivesse tivéssemos tivessem	tiver tiveres tiver tivermos tiverem	(tenhas) tem tenha tenhamos tenham	ter teres ter termos terem	tido

○ 명령형 1인칭 단수 난에는 부정문에서 사용하는 직설법 2인칭 단수를 기입했음.

법	직설법					
	현재	전과거	반과거	단순대과거	미래	과거미래
tossir (기침하다)	tusso tosses tosse tossimos tossem	tossi tossiste tossiu tossimos tossiram	tossia tossias tossia tossíamos tossiam	tossira tossiras tossira tossíramos tossiram	tossirei tossirás tossirá tossiremos tossirão	tossiria tossirias tossiria tossiríamos tossiriam
trazer (가져오다)	trago trazes traz trazemos trazem	trouxe trouxeste trouxe trouxemos trouxeram	trazia trazias trazia trazíamos traziam	trouxera trouxeras trouxera trouxéramos trouxeram	trarei trarás trará traremos trarão	traria trarias traria traríamos trariam
valer (가치있다)	valho vales vale valemos valem	vali valeste valeu valemos valeram	valia valias valia valíamos valiam	valera valeras valera valéramos valeram	valerei valerás valerá valeremos valerão	valeria valerias valeria valeríamos valeriam
ver (보다)	vejo vês vê vemos vêem	vi viste viu vimos viram	via vias via víamos viam	vira viras vira víramos vira	verei verás verá veremos verão	veria verias veria veríamos veriam
vestir (옷을입다)	visto vestes veste vestimos vestem	vesti vestiste vestiu vestimos vestiram	vestia vestias vestia vestíamos vestiam	vestira vestiras vestira vestíramos vestiram	vestirei vestirás vestirá vestiremos vestirão	vestiria vestirias vestiria vestiríamos vestiriam
vir (오다)	venho vens vem vimos vêm	vim vieste veio viemos vieram	vinha vinhas vinha vínhamos vinham	viera vieras viera viéramos vieram	virei virás virá viremos virão	viria virias viria viríamos viriam

접 속 법			명령법	부정법	
현 재	과 거	미 래	명 령 법	인칭부정사	과거분사
tussa tussas tussa tussamos tussam	tossisse tossisses tossisse tossssemos tossissem	tossir tossires tossir tossirmos tossirem	(tussas) tosse tussa tussamos tussam	tossir tossires tossir tossirmos tossirem	tossido
traga tragas traga tragamos tragam	trouxesse trouxesses trouxesse trouxéssemos trouxessem	trouxer trouxeres trouxer trouxermos trouxerem	(tragas) traz(e) traga tragamos tragam	trazer trazeres trazer trazermos trazerem	trazido
valha valhas valha valhamos valham	valesse valesses valesse valéssemos valessem	valer valeres valer valermos valerem	(valhas) vale valha valhamos valham	valer valeres valer valermos valerem	valido
veja vejas veja vejamos vejam	visse visses visse víssemos vissem	vir vires vir virmos virem	(vejas) vê veja vejamos vejam	ver veres ver vermos verem	visto
vista vistas vista vistamos vistam	vestisse vestisses vestisse vestíssemos vestissem	vestir vestires vestir vestirmos vestirem	(vistas) veste vista vistamos vistam	vestir vestires vestir vestirmos vestirem	vestido
venha venhas venha venhamos venham	viesse viesses viesse viéssemos viessem	vier vieres vier viermos vierem	(venhas) vem venha venhamos venham	vir vires vir virmos virem	vindo

○ ① 명령형 1인칭 단수 난에는 부정문에서 사용하는 직설법 2인칭 단수를 기입했음.
② trazer동사의 2인칭 단수 명령형은 traze(B)와, traz(P)를 사용한다.

해답편

독학하시는 독자를 위하여 해답편을 만들어
포르투갈어를 전공하는 사람은 물론,
포르투갈어에 관심있는 사람이면
누구라도 쉽게 접근할 수 있도록 꾸몄다.

제1과 알파벳

<EXERCÍCIOS>

1. 다음 단어를 음절 분해하시오.

   (1) ca/be/ça   (2) pe/ú/gas   (3) ou/tro   (4) bai/le
   (5) não   (6) com/boi/o   (7) na/vi/o   (8) ru/im
   (9) im/po/s sí/vel   (10) mui/to   (11) tou/ro   (12) im/por/tan/te
   (13) á/gu/a   (14) ci/ga/rra   (15) coi/sa   (16) pa/ci/en/te
   (17) ba/nho   (18) in/tei/ro   (19) hi/e/na   (20) a/lho

2. 다음 단어들의 악센트를 위치를 말하시오.

   (1) senh**o**r   (2) espanh**o**l   (3) j**o**vem   (4) dom**i**ngo
   (5) cumpr**i**r   (6) cig**a**rra   (7) port**e**iro   (8) n**o**iva
   (9) gu**e**rra   (10) p**e**ixe   (11) xadr**e**z   (12) jard**i**m
   (13) s**í**mbolo   (14) r**a**inha   (15) vaz**i**o   (16) aqu**i**
   (17) verm**e**lho   (18) m**a**rrom   (19) dif**í**cil   (20) pesc**a**r

제2과 인사말

<TRADUZIR>

1. Como vai a senhora?
2. Vou bem, obrigada, e o senhor?
3. Mais ou menos. Obrigado(a).
4. Até logo.
5. Até amanhã.
6. Muito prazer em vê-lo(la) novamente.
7. Muito prazer em conhecê-lo(la).
8. Às melhoras.
9. Meus pêsames.

10. Boa viagem.
11. Desculpe-me. Fale mais uma vez.
12. Há muito tempo que não o(a) vejo.
13. Vamos encontrar em Lisboa. Até a vista.
14. Quer mais? Não, obrigado.
15. Boa noite.

- ① 6, 7번의 경우 'o'는 상대방이 남자인 경우에 사용되고, 'a'는 여자인 경우에 사용된다.
  ② 12번의 경우 'o'는 상대방이 남자인 경우에 사용되고, 'a'는 여자인 경우에 사용된다.

제 3 과 명사

<EXERCÍCIOS>

1. 다음 단어들에 맞는 정관사를 붙이시오.

   (1) (o) menino   (2) (o) leão   (3) (a) mão
   (4) (a) águia   (5) (o) farol   (6) (a) canção
   (7) (o) pente   (8) (a) luz   (9) (o) lápis
   (10) (a) foto   (11) (a) flor   (12) (o) clima

2. 다음 단어들의 복수형을 쓰시오.

   (1) dicionários   (2) luzes   (3) mulheres
   (4) cidades   (5) jovens   (6) estações
   (7) gizes   (8) países   (9) animais
   (10) espanhóis   (11) capitães   (12) anéis

제4과 인칭대명사와 지시대명사

<EXERCÍCIOS>

1. 다음 문장을 보기와 같이 빈칸에 알맞은 소유격 대명사를 넣고 우리말로 옮기시오.

    (1) <u>As tuas</u> peúgas são esssas. 너의 양말들은 그것들이다.
    (2) <u>As minhas</u> pastas estão aí. 나의 가방들은 거기에 있다.
    (3) <u>O</u> carro <u>dele</u> está ao lado da porta. 그의 자동차는 문 옆에 있다.
    (4) Onde está <u>o meu</u> lápis? 내 연필은 어디에 있습니까?
    (5) Qual é <u>o seu</u> nome? 당신의 성함은 무엇입니까?
    (6) <u>A</u> casa <u>delas</u> não fica aqui. 그녀들의 집은 여기에 있지 않다.
    (7) <u>A nossa</u> professora é de Guimarães?
        우리들의 여선생님은 기마랑이스 출신입니까?
    (8) <u>A</u> carteira <u>dela</u> não é esta? 그녀의 책상은 이것이 아니다.
    (9) <u>As nossas</u> pastas estão debaixo da mesa.
        우리들의 가방은 탁자 아래 있다.
    (10) Quais são <u>as suas</u> camisolas? 당신의 잠옷은 어느 것입니까?
    (11) <u>A sua</u> esposa também está na sala? 당신의 부인도 거실에 계십니까?
    (12) <u>Os seus vestidos</u> são estes vermelhos?
        당신의 옷들은 이 빨강색 옷입니까?
    (13) <u>O meu</u> relógio não está em cima da carteira. 내 시계는 책상 위에 없다.
    (14) <u>As</u> camisas <u>delas</u> são amarelas. 그녀들의 와이셔츠는 노랑 색입니다.
    (15) <u>Os nossos</u> professores não estão em Coimbra.
        우리들의 선생님들은 꼬임브라에 계시지 않다.
    (16) Onde estão <u>os vossos</u> livros de português?
        당신들의 포르투갈어 책은 어디에 있습니까?
    (17) De que marca é <u>o teu</u> carro? 네 자동차의 상표는 무엇이냐?
    (18) <u>A sua</u> chave é esta, não é? 당신의 열쇠는 이것이지요, 그렇지 않아요?
    (19) <u>O nosso</u> armário está ali. 우리들의 옷장은 저기에 있습니다.
    (20) De que cor são <u>as suas</u> meias? 당신의 스타킹은 무슨 색 입니까?

2. 다음 문장을 보기와 같이 빈칸에 알맞은 지시 대명사를 넣고 우리말로 옮기시오.

    (1) <u>Esses</u> lápis são teus. 그 연필들은 너의 것이다.

(2) <u>Aquela</u> camisola é sua? 저 잠옷은 당신의 것입니까?
(3) <u>Estas</u> meninas também estão de pé. 이 소녀들도 서 있다.
(4) De quem é <u>aquele</u> carro vermelho? 저 빨강 자동차는 누구의 것입니까?
(5) <u>Esta</u> borracha não é minha. 이 지우개는 나의 것이 아닙니다.
(6) <u>Essas</u> chaves são suas? 그 열쇠들은 당신의 것입니까?
(7) <u>Esta</u> senhora em pé é a Sra. Inês. 여기 서 있는 부인은 이네스 부인입니다.
(8) <u>Aqueles</u> vestidos são dela. 저 옷들은 그녀의 것입니다.
(9) <u>Esses</u> sapatos castanhos são do Rui. 그 밤색 구두는 루이의 것입니다.
(10) <u>Aquele</u> senhor sentado é meu tio.
 저기 앉아 계신 분은 나의 삼촌이다.
(11) Quem são <u>estas</u> alunas? 이 여학생들은 누구입니까?
(12) <u>Essa</u> saia é dela. 그 치마는 그녀의 것입니다.
(13) <u>Aquelas</u> senhoras são portuguesas. 저 부인들은 포르투갈 사람들입니다.
(14) <u>Essa</u> parede também é branca. 그 벽도 흰 색이다.
(15) <u>Estes</u> fatos são do Sr. Tiago. 이 양복들은 야고보의 것입니다.

제5과 직설법 현재

<LEITURA>

나의 가족

우리 집에는 7식구가 살고 있습니다; 할머니, 아버지, 어머니, 형, 누나 두분 그리고 나입니다. 내 이름은 야고보입니다. 나의 아버지의 형은 브라질 사람과 결혼했습니다. 그들은 네 자녀가 있습니다; 딸 하나와 아들이 셋입니다. 그 딸은 17살입니다. 아들들의 나이는 열 살, 열 두 살, 열 다섯 살입니다. 어머니의 연세는 얼마입니까? 어머니는 40세이고 아버지보다 두 살 적습니다. 우리 집에는 전화가 있습니다. 전화번호는 760-1432 입니다.

<PERGUNTAS>

1. São sete pessoas.
2. São a avó, o pai, a mãe, o irmão, duas irmãs e o Tiago.
3. Ele tem quarenta e dois anos.
4. É sete, meia, zero, um, quatro, três, dois.

5. Ele é casado com a senhora brasileira.
6. Ele tem um irmão e duas irmãs.
7. Eles têm dezessete(dezassete), quinze, doze, e dez anos.
8. É nove, meia, um, quatro, sete, oito, dois.
9. São quatro pessoas.
10. São a esposa, dois filhos e eu.

<EXERCÍCIOS>

1. ( )의 동사를 문장에 맞도록 직설법 현재형으로 변화시키시오.

   (1) Agora nós <u>comemos</u> chocolates.
   (2) Tu não <u>compreendes</u> bem.
   (3) A Maria <u>vive</u> na casa do seu tio.
   (4) O Sr. Rui <u>parte</u> para a Europa.
   (5) Eu <u>escrevo</u> duas cartas por mês aos meus pais.
   (6) Eles <u>aprendem</u> a história da Coréia.
   (7) Sempre ela <u>bebe</u> muito.
   (8) A Ana e o Rui <u>tomam</u> o trem para Pusan.
   (9) Você e eu <u>recebemos</u> os presentes de Natal.
   (10) A professora <u>abre</u> a janela.

2. 'SER' 와 'ESTAR' 동사 중 적당한 동사를 주어에 맞도록 변화시키시오.

   (1) Onde <u>estão</u> eles agora?
   (2) O Rui e eu <u>somos</u> de Portugal.
   (3) Esta carta <u>é</u> para o meu pai.
   (4) A água <u>está</u> muito fria.
   (5) Este vinho <u>é</u> da França.
   (6) A neve <u>é</u> branca.
   (7) A Maria <u>está</u> cansada agora e deseja dormir.
   (8) A Anita <u>está</u> pronta para sair a fazer as compras.
   (9) As janelas <u>estão</u> abertas.
   (10) <u>É</u> boa idéia.

3. 다음 문장에 맞는 의문사를 괄호 안에 넣으시오.

   (1) (Quando) vem ela? Ela vem amanhã.
   (2) (Quem) fala? Aqui fala o Rui, amiga da Maria.
   (3) (Onde) compras o livro? Compro-o numa livraia.
   (4) Desde (quando) mora você aqui?
   (5) (Quem) fala português tão bem?
   (6) (Quantas) alunas vêm? Vêm seis ao todo.
   (7) (Como) está o Tiago? Está bem.
   (8) (Quem) aprende as línguas estrangeiras? O Tiago e a Ana aprendem.
   (9) (Como) está o tempo hoje? Está agradável.
   (10) (O que) estudas? Estudo português?

<TRADUZIR>

1. A que horas começam e terminam as aulas?
   As aulas começam às nove e meia da manhã e terminam às cinco da tarde.
2. Em que ano está? Eu estou no primeiro ano.
3. Quantos anos tem? Eu tenho dezenove(dezanove) anos.
4. Onde está o professor? Ele está de pé diante da lousa.
5. Qual é o seu passatempo? É jogar tênis.
6. De que cor é o arco-íris?
   É vermelho, alaranjado, amarelo, verde, azul, anil e violeta.
7. Que língua se fala no Brasil? Fala-se o português.
8. Como faz o tempo da Coréia?
   É agradável na primavera, calor no verão, fresco no outono e frio no inverno.
9. Onde estuda depois das aulas? Eu estudo na biblioteca.
10. Quero cantar o fado com meus colegas da escola.
11. Você sabe nadar? Sei nadar bem como um peixe.
12. Que horas são agora? São quatro menos um quarto pelo meu relógio.
    O seu relógio está um pouco adiantado.
13. A que horas almoça? Almoço mais ou menos ao meio-dia e meia.
14. Quanto custa a maçã por quilo? Custa cinquenta escudos.
15. Estou com muita sede.
16. Quantas vezes escreve para os seus pais por mês?
    Escrevo-lhes de duas em duas semanas. (P)
    Escrevo-lhos uma uez a cada duas semanas. (B)

17. Há quanto tempo que aprendem português?
    Aprendemos há dois meses.
18. Qual é o número do seu celular?
    É zero, um, zero, meia, sete, oito, cinco, dois, sete, meia, zero.
19. O português é parecido com o espanhol.
20. Onde fica o Brasil? Fica na América do Sul.
21. Tempo e maré não esperam por ninguém.
22. Cada um colhe segundo (conforme) semeia.
23. A tarefa bem começada é meio acabada.
24. Não há fogo sem fumo (tumaça).
25. Todos os caminhos levam para Roma.

제6과 형용사와 부사

<LEITURA>

당신은 몇 살입니까?

이사벨은 현재 10살입니다. 그녀는 두 오빠가 있습니다: 죠르지는 12살이고, 페르난두는 15살입니다. 이사벨은 12월 27일에 11살이 됩니다. 오빠들의 생일은 12월이 아닙니다. 조르지는 5월에 생일이 있고, 큰오빠는 8월에 생일이 있습니다.

너는 몇 살이냐? 생일은 언제이냐? 너의 아버지께서는 연세가 얼마이시냐?
너의 어머니께서는 연세가 얼마이시냐? 너의 부모님의 생신은 언제이냐?

열 살인 이사벨은 키가 거의 1m 40cm이다. 죠르지도 꽤 크다. 그러나 세 사람 중에서 페르난두가 가장 크다. 그는 거의 아버지만큼 크다. 너의 키는 얼마이냐? 너의 부모님께서는 키가 크시니 혹은 작으시니?

저 책장은 높이가 2m 5cm이고, 폭이 1m 70cm이다. 그것은 폭보다 더 높다.
이것은 높이는 똑같으나, 폭은 저것보다 좁으며 겨우 1m 50cm이다. 침대의 길이는 얼마이냐? 침대는 꽤 길어 거의 2m쯤 되지만, 높이는 40cm밖에 되지 않는다.

옷장은 문만큼 높다. 서랍장은 침대만큼 넓지 않다. 이 그림들은 다른 그림들만큼 크다. 저 의자들은 이 의자들만큼 아름답다.

죠르지는 형만큼 공부를 하지 않는다. 그는 지리만큼 역사도 좋아한다. 교실은 길가처럼 덥다. 우리 반은 여학생과 남학생의 수가 같다. 토요일은 금요일만큼 수업이 많지 않다.

하늘색 잠바는 밤색 잠바 보다 덜 예쁘다. 이 브라우스는 저 브라우스보다 더 넓다. 이레느는 긴 옷을 좋아한다. 낡은 바지는 새 바지 보다 길이가 훨씬 더 짧다.

<PERGUNTAS>

1. Eu tenho vinte anos.
2. Ela faz anos no dia trinta de agosto.
3. Ela tem quarenta e dois anos.
4. Ele tem quarenta e cinco anos.
5. Tenho um irmão mais novo. Ele tem dezessete anos.
6. Ele tem vinte e dois anos.
7. Há dezoito alunos. Há vinte e duas alunas.
8. Eu tenho 1m 70cm de altura.
9. É meu pai.
10. Ela tem 70cm de largura e 1m 80cm de comprimento.

<EXERCÍCIOS>

1. (   )의 형용사를 명사의 성·수에 맞게 쓰시오.

   (1) Ela é uma grande mulher.
   (2) Neste mundo há muitos homens felizes.
   (3) Algum dia eu quero ir à China.
   (4) O Rio de Janeiro é uma cidade muito bonita.
   (5) O Tiago é um jovem muito alto.
   (6) A ponte é muito comprida.
   (7) Eles preparam a festa com todo o cuidado.
   (8) Sempre tu bebes água fria.
   (9) Os alunos espanhóis são agradáveis.
   (10) Os estudantes chineses são muito simpáticos.

<TRADUZIR>

1. É mais feliz dar do que receber.
2. Ela sabe nadar.
3. De que estação gosta mais?
   Eu gosto mais do inverno porque gosto da neve.
4. Quem é o mais alto na turma? É a Ana.
5. Mais vale um passáro na mão do que dois voando.
6. Quanto mais têm, (tanto) mais querem ter.
7. A catarata de Iguaçu é uma das cataratas mais famosas no mundo.
8. O Rio é um dos portos mais bonitos no mundo.
9. Eu prefiro calças à saia, porque as calças são mais conveniente e práticas.
10. Não é fácil entender e falar uma língua estrangeira.
11. Há quantos habitantes nesta cidade? Há mais de três milhões.
12. Você fica cada vez mais parecido com seu pai com a idade(com o passar dos anos).
13. Dois olhos vêem melhor do que um.
14. Quanto mais sabem, (tanto) mais ignoram.
15. Muito sabe o rato mas sabe mais o gato.
16. Os carros ficam cada vez mais e as pessoas gostam de andar cada vez menos.
17. As boas maneiras são a melhor carta de recomendação.
18. Qual é a maior cidade no Brasil? É São Paulo.
19. O Miguel é tão responsável como o seu pai.
20. É mais difícil aprender português (do) que o espanhol porque o português tem mais verbos irregulares (do) que o espanhol.

제7과 직설법 과거

<LEITURA>

피크닉

어머니: 일주일 내내 많은 비가 내리더니 오늘은 화창한 날씨이다. 하늘에 구름 한 점 없구나. 우리들 모두 바닷가에 가면 어떨까? 아나,

아　나: 좋은 생각이어요, 어머니. 바닷물은 수영하기에 너무 차지는 않을 거예요.

루 이: 제가 어버지께 가기를 원하시는지 여쭈어 볼까요? 이렇게 화창한 토요일에 집에서 빈둥대거나 텔레비젼을 보면서 보낼 수는 없잖아요.
어머니: 어버지께서는 일어나셔서 이미 아침 식사를 드셨다. 지금 베란다에 계실 것이다. 아! 저기 들어오신다.
루 이: 안녕하세요? 아버지. 우리들은 나들이 나가는 것에 대하여 이야기하고 있었어요. 날씨도 이렇게 좋잖아요.
아버지: 좋아, 어제도 아침에는 날씨가 좋았다가 오후에는 날씨가 매우 흐렸었지. 일주일 내내 날씨가 정말로 좋지 못했어.
아 나: 그런데 오늘은 7월이나 8월처럼 날씨가 더워요. 바람도 별로 없어요. 매우 좋아요.
아버지: 너희들은 어디에 가려고 생각하느냐? 산이냐? 혹은 바다냐?
아 나: 저는 바닷가로 가는 것이 좋아요. 수영복도 가져갈 수 있어요.
어머니: 바다에서 수영하기는 아직 조금 이르지 않은지 잘 모르겠구나.
아버지: 지난번 나들이에도 우리들은 바닷가에서 보냈다. 오늘은 산에서 하루를 보내는 것이 좋겠다. 나들이 나가서 점심식사하기 위하여 무엇을 사야되지 않을까? 루이야, 말해 보렴.
어머니: 점심은 걱정하지 마세요. 당신과 루이는 가능한 한 빨리 준비하세요. 우리들은 빨리 떠나고 싶으니까요.
루 이: 어느 방향으로 가세요, 아버지?
아버지: Leiria 소나무 숲으로 가자. 우리들은 아직 그곳에 가보지 못했어. 그곳은 우리 나라에서 가장 아름다운 곳 중의 하나이지.

(두 시간 후)

루 이: 저는 무척 배가 고파요. 우리들 점심은 몇 시에 먹을 거예요?
어머니: 야외의 공기가 밥맛을 돋아 주지.
아버지: 너는 조금 참아야 한다. 왜냐하면 1시 30분전에 우리들은 그곳에 도착해야 한다. 그러면 밥맛은 더욱 좋아지고, 점심은 더욱 맛있을 것이다.
루 이: 아버지께서는 늘 야외에서는 밥맛이 좋다고 말씀하셨지요. 그래서 맛있게 드시고 오후 내내 나무 그늘 아래서 주무셨잖아요.
어머니: 아버지처럼 일하시는 사람에게는 주말에 야외에 나오셔서 일상 일을 생각하지 않으시는 것이 좋단다. 어저께 마리아 부인도 토요일마다 야외에 나올 수 있다면 참 좋겠다고 말씀하셨단다. 조심하세요, 루이스. 저기 짐승들이 길을 건너가고 있어요.
아버지: 나도 보았어요. 그런데 이상하다. 차에 무슨 이상이 있는 것 같은데. 타이어에 이상이 있음에 틀림없다. 차를 멈추어야겠다.
아 나: 무슨 일이 있어요?
아버지: 오른 쪽 뒤 타이어가 펑크났다.
루 이: 이제 어떻게 하지요?
아버지: 이제? 이제 밥맛이 더욱 좋아지겠지.

<PERGUNTAS>

1. A mãe tem.
2. Ela queria nadar na praia.
3. Estava cheio de sol.
4. Ela pensava que a água do mar ainda estava fria para tomar banho.
5. A família queria ir almoçar no pinhal de Leiria.
6. Porque o ar dos campos lhe abria mais o apetite.
7. Esperavam chegar ao pinhal à uma e meia.
8. Ele dormia toda a tarde debaixo duma árvore.
9. Porque o carro tinha um furo no pneu de trás, do lado direito.
10. Porque eles esperavam mais por causa do furo no pneu.

<TRADUZIR>

1. Quando é que você nasceu? Nasci no dia dezessete de julho de mil novecentos e oitenta e dois.
2. O que é que fez no fim da semana passada?
   Eu fiz campismo com meus amigos. Foi muito divertido.
3. Ela saiu para fazer as compras há pouco.
4. A mulher-a-dias partiu o espelho de casa de banho com querer(de propósito).
5. Você estudou muito nas férias? Nunca toquei no livro.
6. Eu levantei-me tarde esta manhã e estive atrasado na aula.
7. A equipe de Santos empatou a de Benfica por dois a dois.
8. Quando é que se formou da Universidade de Lisboa?
9. O que é que tomou ao jantar de ontem?
   Eu tomei a bacalhoada à portuguesa.
10. Quem ganhou a medalha de ouro na maratona nos Jogos Olímpicos de 1992?
11. Você já visitou a foz(as cataratas) de Iguaçu?
12. Era uma tarde nevando. Um cachorro corria de um lado para o outro.
13. Quando ele andava no jardim infantil, o pai dele morreu.
14. O pai fazia a árvore de Natal quando era menino como nós.
15. Antes de se deitar, o meu irmão escrevia o diário.
16. Era uma vez a Branca de Neve e sete anães numa cabana de mata.
17. A irmã lavava as roupas enquanto eu fazia as limpezas os quartos.
18. Sempre que ela se encontrava comigo, ela sorria.
19. Ouvi dizer que o português teve a origem no latim.

20. Ele não se dava bem com a vida do Brasil nessa altura.
21. Quando eu andava no colegio, eu gostava de tirar as fotos.
22. Ele deixou cair a colher no prato de sopa sem querer.
23. Ontem ela apanhou frio e faltou às aulas.
24. Você já ouviu sobre a Revolução de Cravo? Nunca ouvi sobre isso.
25. Ontem vi o filme "O vento levou." até o fim da noite.

제8과 직설법 미래와 과거미래

<LEITURA>

알가르브(Algarve)에 가는 길

잠시 후 뻬리스 가족은 알가르브를 향하여 출발할 것입니다. 그들은 그들이 원했던 것보다는 좀 늦게 출발하게 될 것입니다. 그들은 늦게 일어났고 지금은 매우 서두르는 모습입니다. 부엌에서 페르난두와 요한은 선 채로 아침 식사를 하고 있습니다. 어머니께서는 이부자리를 정돈하시고 아버지께서는 가방을 차에 싣고 계십니다.

자! 출발하자. 뻬레스씨가 큰 소리로 말씀하셨습니다. "무슨 짐이 이렇게 많으냐? 우리들 이사 가는 것 아니잖아." "만약 회의에 늦으면 기사(技師)들이 무엇이라고 말할까"하고 그는 생각했습니다. 몇 분 늦는다면 괜찮겠지만… 그들이 뭐라고 하면 내가 적당한 구실을 댈 수 있겠지만… 드디어 모든 준비가 끝났습니다. 봄 날씨에 여행하기는 더우 좋았습니다.

쎄뚜발(Sétubal)을 지난 후부터는 교통량이 복잡하지 않았습니다. 빠른 속도로 알레떼쥬(Alentejo)에 들어갔습니다. 아이들이 너무 크게 말하고 노래를 부르기 때문에 부모님들은 라디오에서 나오는 뉴스를 들을 수가 없었습니다. 알까쎄르 두 쌀(Alcacer do Sal)를 지나서 기름을 넣어야만 해야만 했기 때문에 주유소에서 차를 멈추었습니다.

- 무연 휘발유로 할까요 혹은 유연 휘발유로 할까요?
- 무연 휘발유로 해 주세요. 가득 채워주세요. 그리고 타이어 압력을 점검해 주면 감사하겠어요. 이 뒤 타이어의 압력이 조금 낮은 것 같아요.
- 오일과 물도 점검해 드릴까요?
- 아니오, 그럴 필요 없습니다. 감사합니다. 이곳에서 알가르브까지 도로 상태가 어떠한지 말 해 주실 수 있어요?
- 보수 공사를 하고 있어요. 도로에 패인 곳을 조심해서 운전하도록 하세요. 과속으로 달리지 않으신다면…

- 타이어의 압력이 얼마이지요?
- 모두 23이에요.. 기름은 30 *l* 가 넘게 들어갔어요.

한편 두 오누이는 자동차가 달려온 평균 속도를 계산하였습니다. 그들의 생각으로는 자동차의 평균 속도가 빠르지는 않았습니다. 시속 65km는 느리다고 생각했습니다. 사실 아버지는 운전을 빠르게 하지 않으십니다.

자동차는 계속해서 알레떼쥬(Alentejo)를 통과했습니다. 태양은 뜨거웠습니다. 점심 식사할 시간이 되었습니다. 어머니께서 나무 아래에 점심식사를 위하여 식탁보를 폈습니다. 부족한 것이 없었습니다: 샌드위치, 소고기, 대구요리, 삶은 달걀, 과자와 바나나가 있었습니다. 음료수로는 포도주, 오렌지 쥬스, 커피가 있었습니다. 최고의 음식이라고 페르난두가 말했습니다. 그는 밥맛이 좋다고 말했습니다.

점심으로 식사와 음료를 잘 드신 삐리스(Pires)씨는 졸음이 밀려 왔습니다. 졸지 않으려 해도 눈이 계속 감기었습니다. 그래서 그는 운전 중에 졸을 것이 걱정이 되어 다시 차를 멈추었습니다. 차에서 내려서 길가를 걸으면서 팔과 다리 운동을 하였습니다.

뽀르띠망(Portimão)에 도착하여, 로샤 해변가(Praia da Rocha)에 숙소를 정하기로 결정했습니다. 이제 3km 만 더 가면 해변가에 도착하게 된다고 지도를 보면서 부인이 말했습니다. 일 년 중에 지금은 호텔이나 여관에서 빈방을 구하는데 별로 어렵지 않을 것이라고 그녀는 생각했습니다. "20분 후면 당신 일을 하실 수 있어요. 아직 늦지 않았어요."라고 그녀는 말했습니다.

드디어, '바다다!' 라고 아이들이 기쁨에 차서 소리쳤습니다. 그때는 아이들이 자동차를 오래 탄 것에 무척 지루해 있었습니다.

- 저기 있는 호텔을 알아보면 어떨까요? 전망이 좋아 보이는데요. 별 세 개 짜리예요.

아이들과 함께 삐리스씨는 호텔로 들어가서 카운터에 있는 종업원에게 물어보았습니다.

- 빈방이 있습니까?
- 몇 분이십니까?
- 우리들은 부부용 방 하나와 이 아이들을 위하여 침대가 두 개있는 방이 필요합니다.
- 예 곧 준비해 드리겠습니다. 몇 일 동안 계실 것입니까?
- 2일 동안 머무를 것입니다. 잠을 자고 아침 식사만 할 것입니다. 가능하다면 창문이 해변가 쪽으로 향한 방을 주세요.
- 좋습니다. 408호와 409호입니다. 여기 열쇠가 있습니다. 짐을 운반해 드리겠습니다.

<PERGUNTAS>

1. Isso quer dizer que eles têm muitas bagagens.
2. Ele pediu encher gasolina no seu carro e pediu que vissem a pressão dos pneus.

3. A gasolina 'sem fumo' é a melhor qualidade do que a gasolina 'com fumo'.
4. Sou da mesma ideia.
5. Eles almoçaram debaixo duma árvore em Alentejo.
6. É sanduíche, bifinhos, pastéis de bacalhau, ovos cozidos, bolos, e bananas, vinho, laranjada e café.
7. Geralmente, as pessoas sentem muito sono depois de comer e beber bem.
8. Porque eles já estavam fartos de viajar de carro e ao ver o mar eles sabem que quase chegam.
9. Geralmente as pessoas gostam que os quartos tenham bons aspectos.
10. No quarto andar.

<TRADUZIR>

1. O meu pai não me perdoará por causa disso.
2. Ninguém obterá nada sem esforços.
3. Daí a um ano eles ficariam noivos.
4. No princípio, até os pais não acreditariam nisso.
5. Que altura terá a torre? Terá mais ou menos 15 metros.
6. A livraria estará aberta a esta hora?
7. Nós faremos uma viagem pela América Central e do Sul nestas férias do verão.
8. Segundo a previsão do tempo ontem à noite choveria a cântaros hoje.
9. A companhia de seguros pagará todas as despesas.
10. Eu farei o possível para acabar o trabalho até a data marcada.
11. O princípe realmente se casará com a atriz famosa?
12. Quem mandaria estes presentes aos orfãos?
13. As crianças pagarão o meio-bilhete.
14. Você há-de mandar esta carta registrada.
15. Daqui a dez anos como é que nos modificaremos?
16. No princípio do mês que vem, nós partiremos a Portugal para fazer uma reportagem sobre o fado de Portugal.
17. O navio terá 133m de comprimento, 22m de largura, e 13m de altura.
18. Quando eu saí de casa hoje de manhã, seria quatro e meia da madrugada.
19. O que é que fará depois das aulas hoje à tarde?
    Eu nadarei numa piscina.
20. Eu nunca me esquecerei da palavra dela.
21. Quando é que você devolverá o livro que eu lhe emprestei uns dias atrás?
    Devolverei mais tarde ou mais cedo.

22. Os toureiros realmente matarão o touro em frente do público.
23. Não levantarás o falso testemunho.
24. Ela ganhará sem falta a medalha de ouro nos Jogos Olímpicos para os deficientes.
25. O banco abrirá as agências nas cidades importantes de todo o país.

제9과 대명사

<LEITURA>

외국인 여행자

A - 미안하지만, 여기에서 가장 가까운 곳에 우체국이 어디에 있는지 말씀해 주시겠습니까?
B - 가장 가까운 우체국은 레스따우라도리스(Restauradores) 우체국입니다. 이 길로 가다가 첫 번째, 두 번째, 세 번째 사거리에서 좌측으로 가다 가 … 아니, 설명하기가 조금 어렵군요. 제가 당신과 함께 갈 수 있어요.
A - 매우 친절하시군요. 감사합니다.
B - 천만예요. 저도 그 쪽 방향으로 가는 길입니다.
A - 이 도시는 굉장히 크고 저는 이곳의 지리를 아직 잘 모릅니다.
B - 당신은 동양인 같은데요…
A - 예, 저는 동양인입니다. 저는 한국사람입니다.
B - 아, 그래요! 요즈음은 동양인 관광객들도 많이 찾아와요. 그런데 당신은 포르투갈어를 잘 하십니다. 어디에서 배우셨습니까? 이곳에 사신지 오래 되었습니까?
A - 아니요, 이번에 두 번째 포르투갈에 왔습니다. 내가 지난번에 왔을 때는 미뉴(Minho), 도오루(Douro), 베이라(Beira) 지방만 방문했었습니다. 나는 포르투갈어를 무척 배우고 싶습니다. 그러나 매우 어렵습니다.
B - 물론 쉽지는 않겠지요. 그러나 당신은 틀리지 않고…
A - 아직도 더 많은 어휘를 배워야합니다. 나는 사람들과 이야기하기를 좋아합니다. 그렇게 해야 더 빨리(mais rápido) 배울 수 있거든요.
B - 그 경우에는 'mais depressa' 라는 어휘가 적합합니다. 당신은 이곳 리스본에서 많은 것을 보았습니까?
A - 예, 나는 목요일 아침에 비행기로 이곳에 도착했습니다. 공항에서 택시를 타고 호텔까지 갔습니다. 그 날 오후에 쌍・죠르지(o Castelo de São Jorge) 성과, 교회와 성당을 방문했습니다.

B - 쌍・죠르지 성이 좋았습니까?
A - 예, 좋았습니다.
B - 조심하십시오. 지금은 길을 건널 수가 없습니다. 신호등이 빨간 불입니다. 알파마(Alfama) 지역을 가보셨습니까?
A - 아직 못 가보았습니다. 어저께는 관광버스로 시내 관광을 하였습니다. 우리들은 제로니무스(Jéronimos) 벨렝 탑(Torre de Bélem), 그외 이름을 기억 하지 못하는 몇몇 유적지를 방문하였습니다. 그 뒤에 에스토릴(Estoril)과 까스까이스(Cascais)를 방문하였으며 그 곳의 한 식당에서 점심식사를 한 후 신뜨라(Sintra)까지 관광하였습니다.
B - 뻬나 궁전(Palácio de Pena)도 갔습니까?
A - 예, 물론이지요. 참 멋있는 여행이었습니다.
B - 그러면 앞으로 얼마동안 포르투갈에 더 체류하실 예정이십니까?
A - 방학은 이 달 말에 끝납니다. 알가르브(Algarve)에 살고 있는 친구들이 있습니다. 그래서 그들을 방문하려고 합니다. 그곳은 참 아름다운 곳이라고 들었습니다. 내 친구들이 그곳에 농장을 가지고 있습니다. 그들은 3,4년 전에 그 농장을 샀습니다.
B - 자, 이제 나는 오른 쪽으로 가야됩니다. 당신은 앞으로 계속가시면 됩니다. 200m 쯤 가셔서 오른 쪽 방향으로 돌아서 광장이 나올 때까지 계속 가시면 됩니다. 광장에서 오른쪽 방향으로 가면 거기가 레스타우도리스입니다.
A - 매우 감사합니다. 당신을 사귀게 되어서 매우 반갑습니다. 당신은 매우 친절하십니다. 고맙습니다.
B - 천만에요. 오히려 제가 더 기뻤습니다. 안녕히 가십시오.

<PERGUNTAS>

1. Sim, ele está.
2. Porque ele aprendeu português no seu país.
3. Aprende-se mais 'rápido' em vez de 'depressa'.
4. Ele veio de avião.
5. Não, ele está no hotel.
6. Ele deu um passeio num autocarro de turismo pelos arredores.
7. Não, ele já visitou o Minho, a Douro e a Beira.
8. Fica em Sintra.
9. Ele tem amigos que vivem no Algrave e ele quer visitá-los.
10. Não, ele não vai até aos Restauradores.

<EXERCÍCIOS>

1. Substituir por pronome a parte sublinhada.

    (1) Ele atravessou-o de barco. 그는 배로 강을 건넜다.
    (2) Encontraste-os no areoporto? 너는 공항에서 브라질 여행객들을 만났느냐?
    (3) Passa-lo a trabalhar! 너는 공휴일을 일하면서 보내고 있구나!
    (4) Os estrangeiros viram-nos. 외국인들은 시내 유적지를 돌아 보았다.
    (5) O Sr.Tiago já a comprou. 야고보는 싼따 아마로(Santa Amaro) 농장을 샀다.
    (6) Nós apanhámo-la. 우리들은 9시 15분 시외 버스를 탔다.
    (7) Eu é que o paguei. 내가 택시 값을 지불했다.
    (8) Podes levá-los, Ana? 이 필름을 가져갈 수 있어요?
    (9) O Sr.Pedro só os ouviu ontem. 베드로는 어제 음반만 들었다.
    (10) O irmão dela trá-las. 그녀의 남동생이 오렌지 쥬스를 가져왔다.
    (11) Eles querem-nos. 그는 약간 덜 구워진 쇠고기 요리를 원한다.
    (12) Os homens põem-na no escritório. 사람들은 사무실용 책상을 사무실에 놓는다.
    (13) Quando é que você as perdeu? 당신은 언제 열쇠를 잃어버렸습니까?
    (14) Eu apaguei-a. 나는 지하실의 불을 껐다.
    (15) Dou-lhos? 내가 너의 누이에게 신문을 줄까?
    (16) As meninas deixaram-no muito sujo. 소녀들은 방을 매우 지저분하게 했다.
    (17) Ela fá-los prque não estuda. 그녀는 공부를 하지 않아서 틀리게 답한다.
    (18) A criada também os lavou. 그 가정부가 컵도 닦았다.
    (19) Vou vestí-la. 나는 양모로 된 잠옷을 입으려 한다.
    (20) Onde o serviram? 어디에 점심이 준비 되었습니까?

2. 다음 (   )안에 인칭대대명사 전치사격을 넣으시오.

    (1) Você quer ir ao concerto comigo?
        당신은 저와 함께 음악회에 가기를 원하십니까?
    (2) Depois de ti, eu entro no salão.
        당신 뒤따라 제가 강당에 들어가겠어요.
    (3) Para mim não é fácil dominar o português num ano.
        나에게 있어서는 일년에 포르투갈어를 통달하기는 쉽지 않습니다.
    (4) O professor quer ir ao ar livre conosco?
        선생님은 우리들과 함께 야외에 나가기를 원하십니까?
    (5) A mãe dela sempre se preocupa com ela.
        그녀의 어머니는 항상 그녀에 대해 걱정하신다.

<TRADUZIR>

1. Eu gosto das frutas tropicais, tais como as mangas, os melões, os abacaxis e as laranjas.
2. Você vai conhecê-la hoje à noite.
3. Quanto tempo demora daqui a sua casa?
4. As muitas pessoas podem tomar o metrô.
5. Ele gasta mais de beber do que de comer.
6. Apresento-lhe o Miguel, meu amigo velho,
7. Eu penso em ti todas as noites.
8. Ele vem correndo a toda pressa.
9. Aquele trem corre a uma velocidade de 90km por hora.
10. A Montanha de Hanra fica situada ao sul da Península Coreana.

제10과 직설법 완료형

<LEITURA>

젊은 변호사

이 일화는 오래 전부터 전해 내려오는 이야기이다. 그러나 매우 재미있고, 혹시 여러분은 아직 들어보지 못했을 수 있기 때문에 소개하고자 한다. Pavão 이라는 이름을 가진 젊은 변호사에 관한 이야기이다. Pavão 씨는 얼마전 법과대학을 졸업했다. 그리고 변호사를 개업하려고 사무실을 열고 첫날 고객을 받고자 준비하고 있었다.

당연히 그는 행복했고 흥분되었다. 사무실을 장식하느라고 꽤 많은 돈을 들였다. 사무실은 온화하고 현대적인 분위기였다. 그와 그의 동료가 새 건물의 2층에 사무실을 얻었다. 임대료도 싸지는 않았다. 그러나 고객들에게 좋은 인상을 줄 것이다. 카페트, 커텐, 소파, 가죽의자, 사무실 책상과 그위에는 청색 전화기가 놓여 있었다.(청색 전화기는 더 비싸며, 다른 분위기를 줄 것으로 기대했다.) 이런 모든 것을 준비하느라고 꽤 많은 돈이 소비되었다. 그러나 이제부터 벌기 시작하면 된다. 베란다 바깥쪽에는 이미 'Pavão 변호사 사무실'이라는 간판을 달도록 하였다. 사무실 바로 앞에 버스 정거장이 있었기 때문에 더욱 좋았다. 사람들이 그 이름을 자주 보게 될 것이고, 따라서 점점 더 알려지게 될 것이다.

두 권의 책을 펴서 책상 위에 올려놓았고, 그 옆에 몇 장의 서류를 놓아 마치 할 일이 많은 사람인 것처럼 보이게 했다. 그러나 가만히 앉아 있을 수가 없어서 사무실 안에서 이리저리

왔다 갔다 했다. 창문 너머로 내다보면서 첫 번째 고객이 누구일까 하고 생각하고 있을 때 초인종 울리는 소리가 났다. 가슴이 막 뛰기 시작했다. 그는 흥분된 채로 문을 열었다. 우체부였다. 등기 편지를 전달해 주었다. 편지 안에는 엽서와 청색 종이로 된 서류가 들어 있었다. 건물 주인이 서명할 문서를 보내왔다.

얼마 후 누가 문을 노크하는 소리가 들렸다. Pavão 변호사는 얼른 자리에 가서 앉은 후 두 번째로 문을 두드리는 소리가 들리자 큰 소리로 "들어오십시오."라고 말했다. 파출부였다. 그녀는 청소를 다 했다고 말하면서 더 시킬 일이 있느냐고 물었다. "아니오, 마리아, 됐어요. 내일 만나요"라고 말했다.

그는 다시 일어나서 창가로 갔다. "초등학교 4년, 중·고등학교 7년, 대학교 5년…" 드디어 많은 노력 끝에 변호사의 생활이 시작되는 순간이다. "처음에는 아마도 좀 힘들겠지만 점점 알려지면…" 뜨링 뜨링 뜨링! 드디어 첫 번째 손님이다. 그가 직접 문을 열어 주는 것은 좋은 인상을 주는 것이 아니라고 생각했다. 비서는 다음날부터 오기로 되어있었다. 그는 앉아서 "들어오십시오"라고 말했다.

- 'Estrela' 가게에서 전등 때문에 왔습니다. Pavão 변호사 이름으로 된 계산서가 여기 있습니다.
- 내가 Pavão입니다. 전등 하나에 1100 꾸두입니까? 값이 싸다고 말할 수는 없군요. 여기 1000… 2000… 2200 에스꾸두 있습니다.
- 고맙습니다. 좋은 아침 되십시오.
- 좋은 아침, 아니오 나쁜 아침입니다. 시작부터 운이 따르지 않는 것 같습니다. 벌써 11시가 다 되었습니다.

그 순간에 초인종이 다시 울렸다. 그는 급히 자리에 앉아서 책상 위의 전화기를 잡았다. 초인종이 다시 울렸을 때 "들어오십시오. 잠깐만 기다려 주십시오." 라고 말했다. 사무실 안에 작업복을 입고 공구 상자를 손에 든 한 사람이 나타났다. Pavão 변호사는 전화기에 대고 말하기 시작했습니다.

- 예, 물론이지요. 장관님께서 이미 그 일에 관하여 개인적으로 부탁하셨습니다. 국장님께서 아시는 바와 같이 이번 소송에는 수백만 에스꾸두가 소용됩니다. 사실을 말씀드리자면 제가 요즘 무척 바쁩니다. 모레는 스위스에 가야만 됩니다. 은행 문제는 제가 잘 처리하겠습니다. 뭐라고요? 저에게 감사할 것이 무엇 있습니까? 친구가 다 이런 때 필요한 것 아닙니까? 그러면 국장님, 안녕히 계십시오. 전화해주셔서 감사합니다.

Pavão 변호사는 이 세상에서 가장 행복한 표정으로 공구 상자를 들고 계속 문 입구에 서있는 그 사람에게 매우 친절하게 물었습니다.

- 무엇을 도와 드릴까요?
- 저는 전화국에서 전화선을 연결해주려고 왔습니다.

‹PERGUNTAS›

1. Ele é um advogado. Ele tinha mais ou menos vinte e quatro anos.
2. Ele tinha andado por dezesseis anos.
3. Porque naquele dia foi o primeiro dia que ele começou a trabalhar como advogado.
4. Ficava em frente da paragem de autocarro.
5. Foi o carteiro.
6. Foi o dono do prédio que ficava o escritório do Dr. Pavão e para mandar os papéis que o Dr. Pavão devia assinar.
7. Era a mulher-a-dias que fez as limpezas as salas.
8. Porque ele pensava que não dava boa impressão ir receber os clientes.
9. Não. Porque ele não podia falar ao telefone sem ligar linhas.
10. Não, ele não era uma pessoa modesta, mas vaidosa.
    Porque ele não era verdadeiro e gostava de fingir-se.

‹TRADUZIR›

1. Ele tem estado doente de cama do fim da semana passada.
2. Ele terá feito isso com querer.
3. Ela tem colecionado as moedas estrangeiros desde o colégio.
   (o tempo do liceu.)
4. Ele quebrou o brinquedo que o seu irmão tinha feito.
5. Eu tinha tido uma pergunta para você, mas ao vê-lo, esqueci-me disso (de repente).
6. Quando chegámos na praça de touro, a tourada já tinha começado.
7. Quando ele se acordou, a sua família já tinha tomado o café da manhã.
   (o pequeno almoço.)
8. Quando o telegrama dele chegou, eu já tinha mandado-lhe a encomenda dele.
9. Ele tem aprendido francês há três anos.
10. Eu tenho pensado no meu futuro há muito tempo.
11. Quando chegámos na estação, o trem para Busan já tinha partido.
12. Ele deixou de fumar de acordo com o médico tinha mandado.
13. Ela gosta da música e tem colecionado os discos desde o tempo da universidade.
14. Dizem que hoje em dia a taxa de desemprego tem ficado cada vez mais alta.
15. Quando ele ouviu a notícia, ele tinha arrependido-se disso.

16. O menino apagou a lume de velas do bolo dos anos que os pais tinham acendido.
17. Não se preocupe. Porque o avião para o Brasil ainda não terá partido.
18. Eles terão chegado até amanhã (a)o meio-dia.
19. Daqui a cinco horas, o maré alto terá subido até a altura do quebra-mar.
20. Daqui a dez anos como é que nos teremos modificado?

제11과 태

<LEITURA>

야고보 부부의 방문

베드로 가족은 그의 새 집에서 첫 번째 방문객을 받는다. 기사(技師)인 야고보와 그의 아내이다. 그들은 고등학교 시절부터 오랜 친구이다. 야고보의 부부가 현관 입구에 도착했다.
(T - Eng. Tiago: R - D. Rute Tiago: P - Dr.Pedro: A - D.Ana Pedro)

T/R - 안녕하십니까?
P - 이게 누구야? 그래 잘 들 지냈어? 들어와, 어서 들어와.
A - 룻, 너를 못 본지 한 달이 넘는구나. 그래 야고보도 잘 지냈어?
T - 고마워. 알다시피 우리들은 오늘 오후에 영화를 보려고 했었어. 그런데 표를 구하지 못했어. 그래서 너희들을 방문할 생각을 했지. 새집이 어때? 궁전 같구나! 거실도 아름답고, 새 소파도…
P - 너희들에게 다 낯익은 것들이야. 소파는 새 것이 맞다. 어저께 새로 샀다. 다른 가구들은 전에 살 던 집에서 쓰던 물건들이야.
R - 이것은 너의 새 부엌에 필요한 거야. 네가 좋아 할 것이라고 생각했어. 그리고 이것은 아나 너를 위한 것이야.
A - 선물까지 준비해왔어? 그렇게 하지 않아도 되는데…
R - 빠울라는 집에 없니? 그녀와 이야기를 하고 싶었는데.
A - 내 딸, 그녀는 조금 전에 친구의 집에서 파티가 있다고 나갔어. 말도 마. 그 아이는 얼마나 자주 초대를 받는지, 주말에는 항상 집밖에서 보내고 있어.
T - 너희들에게 전화를 하려고 했었지. 그런데 전화 번호가 옛날 것과 같은지 알 수가 있어야지.
P - 아직 우리 집에는 전화가 없어. 꽤 오래 전에 신청했는데 아직도 설치를 해주지 않았어.

내가 마실 것을 가져 올께. 룻, 무엇을 마실래?
R - 지금은 아무 것도 마시고 싶지 않아, 고마워. 우리들이 점심을 먹은 것이 2시 반이었어.
P - 야고보, 너를 위한 특별한 포도주가 있어.
T - 전에는 커피를 많이 마셨었지. 그러나 내 심장에 아주 좋지 않대. 그러나 하루에 2~3 잔 이야 괜찮겠지.
R - 어떻게 피아노를 위층까지 운반해왔니?
P - 알려고 하지 말라! 베란다 뒤쪽으로 들여왔어. 4~5명의 일꾼이 있었지만 나도 도와주어야만 했어. 아직까지도 등이 아프단다. 그 다음 날은 꼼짝도 할 수 없었단다. 나는 무척 피곤했었어.
R - 계단으로 옮겼더라면…
A - 그렇게 할 수가 없었어. 계단으로도 안되고 엘리베이터로도 안되고, 다만 베란다로만 들여올 수 있었어. 다행히도 거실 문이 커서 들여올 수 있었지. 커피를 타오도록 할께.
P - 우리들은 이 아파트에 아주 만족해하고 있다. 그리 크지는 않지만 우리 가족에게는 충분해. 이사한다는 것은 대단한 노동이야.
T - 이제 가까운 시일에는 이사할 계획이 없겠지?
P - 결코 다시는 이사를 하지 않을 거야. 나에게 있어서는 마지막이야.

<PERGUNTAS>

1. Eles conheceraram-se no liceu.
2. Porque eles não arranjaram os bilhetes para o cinema.
3. Não, eles conheciam quase todos os móveis menos os sofás.
4. Ela deu um presente para a cozinha nova.
5. Ela estava a passar a tarde na casa do amigo dela.
6. Ela não queria beber.
7. Foi Tiago. Porque não é muito bom para o coração dele.
8. Foi puxado na varanda de trás.
9. Ela saiu da sala para fazer café.
10. Porque mudar de casa deu muito trabalho para ele.

<EXERCÍCIOS>

다음 보기와 같이 우리말로 옮긴 후 태를 바꾸시오.

1. A D.Paula abriu as cartas.
   빠울라 여사는 편지를 뜯었습니다.
   As cartas foram abertas pela D.Paula.

2. Os vizinhos quase nunca a vêem.
  이웃 사람들은 그녀를 거의 보지 못합니다.
  Ela quase nunca é vista pelos vizinhos.
3. Trouxeste os bilhtes?
  너는 표를 가져왔니?
  Os bilhetes foram trazidos por ti?
4. Todos os planos são feitos por mim?
  모든 계획은 나에 의해서 수립됩니다.
  Eu faço todos os planos.
5. Onde põem as flores?
  꽃들은 어디에 놓았습니까?
  Onde são as flores postas?
6. Nós vimo-la no parque de campismo.
  우리들은 야영장에서 그녀를 보았습니다.
  Ela foi vista por nós no parque de campismo.
7. Quando eu cheguei lá, o caçador já tinha matado um tigre.
  내가 거기에 도착했을 때에는 사냥꾼은 이미 호랑이를 죽였었습니다.
  Quando eu chguei lá, um tigre já tinha sido morto pelo caçador.
8. Ele tem juntado os selos de vários países desde o tempo do colégio.
  그는 고등학교 때부터 여러 나라의 우표를 수집해오고 있습니다.
  Os selos de vários países têm sido juntos por ele desde os tempos do colégio.
9. Encontram esta revista em qualquer lugar.
  이 잡지는 어디에서나 볼 수 있습니다.
  Esta revista é encontrada em qualquer lugar.
10. Recebem-na às seis da tarde.
  오후 6시에 그녀를 영접합니다.
  Ela é recebida às seis da tarde.
11. O patrão pôs o empregado na rua.
  주인은 그 종업원을 해고시켰습니다.
  O empregado foi posto na rua pelo patrão.
12. A polícia avisara toda a gente.
  경찰이 모든 사람들에게 통보했었습니다.
  Toda a gente fôra avisada pela polícia.
13. Cortamos a relva de quinze em quinze dias.
  우리들은 15일에 한 번씩 잔디를 자릅니다.
  A relva é cortada por nós de quinze em quinze dias.

14. As encomendas foram entregues pelo carteiro.
    주문품은 우체부에 의해서 배달되었습니다.
    O carteiro entregou as encomendas.
15. Aquele marinheiro salvou dois passageiros.
    저 선원이 두 승객을 구했습니다.
    Dois passageiros foram salvos por aquele marinheiro.
16. Marquei o primeiro golo.
    내가 첫 번째 골을 넣었습니다.
    O primeiro golo foi marcado por mim.
17. Arrumaste as gavetas da secretária?
    책상 서랍들을 네가 정리하였느냐?
    As gavetas da secretária foram arrumadas por ti?
18. Quem abriu estas latas de conserva?
    누가 이 통조림통을 열었습니까?
    Por quem foram estas latas de conserva abertas?
19. Ele está acendendo as velas de bolos dos anos.
    그가 생일 케이크의 촛불에 불을 붙이고 있습니다.
    As velas de bolos dos anos estão sendo acesas por ele.
20. Organizas a festa?
    네가 파티를 준비하니?
    A festa é organizada por ti?
21. Também temos construído alguns prédios nessa zona.
    우리들도 역시 그 지역에 몇 동의 건물을 지어오고 있습니다.
    Alguns prédios também têm sido construídos por nós nessa zona.
22. O convite não podia ser aceite pelo engeneiro.
    그 초대는 그 기사에 의해 수락될 수 없었습니다.
    O engenheiro não podia aceitar o convite.
23. As equipes eram formados por nadadores de grande classe.
    그 팀은 높은 수준의 수영선수들로 구성되었습니다.
    Nadadores de grande classe formavam as equipes.
24. Tu fazes o resto do trabalho?
    네가 그 나머지 일을 할 것이니?
    O resto do trabalho é feito por ti?
25. Repetem o programa no domingo que vem.
    오는 일요일에 그 프로그램은 다시 방영됩니다.
    O programa é repetido no domingo que vem.

26. O Magalhães fez uma viagem pelo mundo inteiro pela primeira vez.
    마젤란이 최초로 세계일주를 하였습니다.
    Uma viagem pelo mundo inteiro foi feito pelo Magalhães pela primeira vez.
27. Eles têm a reunião no terceiro sábado de cada mês.
    그들은 매월 3번째 토요일마다 모임을 갖습니다.
    A reunião é tida por eles no terceiro sábado de cada mês.
28. O Cabral descobriu o Brasil em mil e quinhentos.
    까브랄이 1500년에 브라질을 발견했습니다.
    O Brasil foi descoberto pelo Cabral em mil e quinhentos.
29. O Luís de Camões escreveu 'os Lusíadas'.
    루이스 데 까몽이스가 '우즈 루지아다스'를 썼습니다.
    'Os Lusíadas' foi escrito pelo Luís de Camões.
30. O homem gordo e de barbas está lendo as revistas.
    뚱뚱하고 수염이 난 사람이 잡지를 읽고 있습니다.
    As revistas estão sendo lidas pelo homem gordo e de barbas.

<TRADUZIR>

1. A mulher-a-dias partiu o espelho de casa de banho sem querer.
   O espelho de casa de banho foi partido pela mulher-a-dias sem querer.
2. Roma e Pavia não se fizeram num dia.
3. A cima da montanha está coberta de neve branca todo o ano.
4. Que língua falam no Canadá? Falam inglês e francês no Canadá.
   Que língua se fala no Canadá? Falam-se inglês e francês no Canadá.
5. Ele corta os cabelos de dois em dois meses.
   Os cabelos são cortados por ele de dois em dois meses.
6. Quem inventou o telefone?
   Por quem foi inventado o telefone?
7. Encontraram a bicicleta num pinhal mais tarde.
   A bicicleta foi encontrada num pinhal mais tarde.
8. Quando eu o visitei, ele estava fazendo o seu dever de casa.
   Quando eu o visitei, o seu dever de casa estava sendo feito por ele.
9. Em quantos países falam português? Falam português em sete países.
   Em quantos países se fala português? Fala-se português em sete países.
10. Arrumaste o armário da roupa?
    O armário da roupa foi arrumado por ti?

11. Quem tirou as fotos de espetáculo magnífico? Eu é que tirei as fotos.
    Por quem foram as fotos de espetáculo magnífico tiradas?
    As fotos foram tiradas por mim.
12. Ela tomava conta dos orfãos.
    Os orfãos eram tomados conta de por ela.
13. Ele deu o livro para o amigo como o presente dos anos.
    O livro foi dado para o amigo por ele como o presente dos anos.
14. Quando eu cheguei em casa, ela estava pronta para sair.
15. A maior parte das pessoas lê os jornais da manhã.
    Os jornais da manhã são lidas pela maior parte das pessoas.
16. Ele quebrou o brinquedo que o seu irmão tinha feito.
    O brinquedo que tinha sido feito por seu irmão foi quebrado por ele.
17. Onde guardam as minha luvas?
    Onde as minhas luvas são guardadas?
18. Ela mandará o pacote e a carta para você.
    O pacote e a carta serão mandados para você por ela.
19. O pai estava lendo os jornais enquanto a mãe estava lavando as roupas.
    Os jornais estavam sendo lidos pelo pai enquanto as roupas estavam sendo lavadas pela mãe.
20. O ônibus está cheio de gente.

제12과 접속법 현재

<LEITURA>

라틴어에서 포르투갈어까지

- 아버지, 이 세상에는 몇 개의 언어가 있어요?
- 약 3000개쯤 된다고 말한다. 그러나 많은 언어들은 아주 적은 그룹에 의해서만 말해진단다.
- 그렇게 많아요? 그러면 중요한 언어는 몇 개이어요?
- 적어도 50만 이상의 사람들에 의해서 말해지는 언어는 약 70개쯤 된단다.
- 영어가 세계에서 가장 많이 말해지는 언어이지요, 그렇지 않아요?
- 아니란다. 첫번째는 중국어란다. 영어, 스페인어, 러시아어, 독일어 등 많이 알려진 언어들보다 훨씬 많은 사람들에 의해서 말해진단다.

- 포르투갈어도 중요한 언어에 포함되면 좋겠어요.
- 포르투갈어도 물론 많이 사용되는 10개 언어 중에 속한단다. 브라질에만 해도 1억 이상의 인구가 포르투갈어를 말하고 있다는 것을 주목해라.
- 포르투갈어는 기원이 라틴어라고 들었어요. 어떻게 해서 그렇게 되었지요?
- 라틴어는 로마인들이 말했던 언어라는 것을 알아야 한다. 로마인들은 오늘날 이탈리아의 수도인 로마에서 나온 말이다. 로마인들은 기원 전 3세기에 이베리아 반도에 들어오기 시작했단다. 그들은 이 반도에서 약 600년 동안 살았단다.
- 그것 아주 재미있네요. 라틴어를 말하던 로마인들이 이곳에서 살던 사람들과 어떻게 의사 소통이 가능했지요?
- 그 시대에 대해서는 거의 알려지지 않았단다. 라틴어는 조금씩 조금씩 변해서 포르투갈어의 기원이 되었다는 것은 사실이란다. 너 불어로 '발(pé)'이라는 단어를 어떻게 말하는지 기억하니?
- 'pied.' 요.
- 맞다. 스페인어로는 'pie' 이고, 이탈리아어로는 'piede' 란다.
- 'piede', 'pied', 'pie', 'pé'… 그것 매우 재미있네요.
- 포르투갈어는 배우기 어렵지요. 그렇게 생각하지 않으세요, 아버지?
- 외국 사람들은 쉽지 않다고 말한단다. 내가 잘 알고 있는 영국 분 한 사람은 이곳에서 15년 이상이나 살고 있는데도 불구하고 계속해서 똑같은 것을 틀리게 말한단다. 예를 들면 'abra' 대신에 "Quer que eu 'abro' a janela?" 라고 말한단다. 또 'chegue' 라고 말해야 되는데 "A minha mulher que eu 'chego' tão tarde a casa." 라고 말한단다.
- 물론 우리들은 틀리는지 맞는지 생각할 필요없이 정확하게 말합니다.
- 그것은 우리들은 아주 어려서부터 배워왔기 때문이란다. 매순간 우리들은 포르투갈어로 말하고, 쓰고, 듣고, 읽으면서 살고 있지. 포르투갈어는 우리들의 모국어(língua materna)이다. '어머니의(materna)' 라는 말은 '어머니(mãe)' 라는 말에서 나왔다. 즉 누구나 그의 생애 처음부터 배워오기 시작했다는 말이다.

<PERGUNTAS>

1. É o chinês.
2. Sim. Porque o português está realmente entre as dez línguas mais faladas.
3. No Brasil, em Angola, em Moçambique, em Cabo Verde, em Guiné-Bissau, em São Tomé e Princípe e em Portugal.
4. É o latim.
5. Até no século III.
6. O italiano, o francês, o espanhol, o romeno e o português.
7. Acho que sim.
8. Sim.

9. Parece-me que é mais difícil de aprender os verbos irregulares.
10. Falam cem milhões de pessoas.

<EXERCÍCIOS>

1. 다음 동사의 접속법 현재를 변화시키시오.

(1) agrida	(2) caiba	(3) consiga	(4) consinta
agridas	caibas	consigas	consintas
agrida	caiba	consiga	consinta
agridamos	caibamos	consigamos	consintamos
agridam	caibam	consigam	consintam
(5) cubra	(6) creia	(7) dispa	(8) diga
cubras	creias	dispas	digas
cubra	creia	dispa	diga
cubramos	creiamos	dispamos	digamos
cubram	creiam	dispam	digam
(9) divirta-me	(10) durma	(11) faça	(12) vá
divirtas-te	durmas	faças	vás
divirta-se	durma	faça	vá
divirtamo-nos	durmamos	façamos	vamos
divirtam-se	durmam	façam	vão
(13) leia	(14) meça	(15) minta	(16) ouça
leias	meças	mintas	ouças
leia	meça	minta	ouça
leiamos	meçamos	mintamos	ouçamos
leiam	meçam	mintam	ouçam
(17) peça	(18) perca	(19) possa	(20) ponha
peças	percas	possas	ponhas
peça	perca	possa	ponha
peçamos	percamos	possamos	ponhamos
peçam	percam	possam	ponham

(21) queira
    queiras
    queira
    queiramos
    queiram

(22) sacuda
    sacudas
    sacuda
    sacudamos
    sacudam

(23) siga
    sigas
    siga
    sigamos
    sigam

(24) sinta
    sintas
    sinta
    sintamos
    sintam

(25) sorria
    sorrias
    sorria
    sorriamos
    sorriam

(26) tenha
    tenhas
    tenha
    tenhamos
    tenham

(27) tussa
    tussas
    tussa
    tussamos
    tussam

(28) traga
    tragas
    traga
    tragamos
    tragam

(29) valha
    valhas
    valha
    valhamos
    valham

(30) veja
    vejas
    veja
    vejamos
    vejam

(31) vista
    vistas
    vista
    vistamos
    vistam

(32) venha
    venhas
    venha
    venhamos
    venham

2. ( )안에 ( )의 동사를 맞도록 변화시키시오.

   (1) Esperamos que não (chova) amanhã.
      우리들은 내일 비가 오지 않기를 바란다.
   (2) Aconselha-me que (estude) um pouco mais.
      그는 나에게 좀 더 열심히 공부하도록 충고했다.
   (3) Espero que a Paula se (modifique) com a idade.
      나는 빠울라가 나이를 먹어감에 따라 변화되기를 바란다.
   (4) Eu não permito que os menores (fumem).
      나는 미성년자가 담배 피우는 것을 허락하지 않는다.
   (5) Meus pais dizem-me que não (volte) tarde a casa na noite.
      부모님께서는 내가 밤에 늦게 돌아오지 말라고 말씀하셨다.
   (6) Tire este talão e espere até quando o (chamem).
      이 번호표를 가지고 당신 이름을 부를 때까지 기다리시오.
   (7) Desejo que não (haja) problema.
      나는 당신에게 큰 문제가 없기를 바란다.
   (8) Deixem que as crianças (venham) a mim.
      어린아이들이 내게로 오도록 내버려 두라.

(9) É provável que eles (percam) o comboio das sete para Coimbra.
아마도 그들은 꼬임브라로 가는 기차를 놓쳤을지도 모른다.

(10) Sinto muito que tu (estejas) doente de cama.
네가 아파서 누워있다니 안되었구나.

<TRADUZIR>

1. Façam aos outros o que querem que eles façam a vocês.
2. Os pais preocupam-se com que nós percam coragens por causa disso.
3. Eu nunca vou dizer que não o conheço, mesmo que seja preciso morrer com o senhor.
4. É muito natural que tenhamos orgulho como o povo hospedeiro dos Jogos Olímpicos.
5. Por mais que peça, eu não vou fazer isso.
6. É pena que não possas ver a segunda parte do programa.
7. Que tenha a boa sorte!
8. Não compre o que não precisa, por mais barato que seja.
9. Ainda que o galo não cante, a manhã sempre rompe.
10. Antes que entre, pense na saída.
11. É proibido que os menores assistam a este filme.(vejam este filme.)
12. É bom que chegue a horas, senão não o vou dar uma boleia.
13. Mesmo que diga a verdade, não acredito em você.
14. Espero que vocês ouçam com atenção o que eu vou dizer.
15. Ora ela passe, ora não no exame de condução. o pai dela dar-lhe-á um carro.
16. Espero que o computador não tenha o problema sério.
17. Escolha só uma, o que quer que você deseje.
18. Os pais não querem que eu namore até que eu tenha 16 anos.
19. Receio que o Paulo não goste do emprego novo.
20. A Isabel lamenta que seu marido chegue em casa tão tarde.
21. Bem-vindo quando quer que venha.
22. Quer o agricultor esteja acordado, quer esteja dormindo, a semente brote e cresce sem saber ele.
23. Talvez sinta inveja de quem vive neste canto da Europa.
24. Farei que os seus descendentes sejam tão numerosos como as estrelas do céu ou os grãos de areia da praia do mar.
25. Qualquer que seja a sua resposta, farei à minha vontade.
26. Ando à procura de uma casa que fique perto da universidade.

27. Não há bem que não possa melhorar, nem mal que não possa piorar.
28. Nenhum de vocês pode viver alguns anos mais, por mais que se preocupem com isso.
29. Por mais que o asno queira se fazer cavalo, sempre há-de ficar ser asno.
30. Vou ao Centro(Baixa) para procurar um vestido para que se sirva.

제13과 명령법

<LEITURA>

생일 파티

루이는 토요일이 생일이었기 때문에 그의 친구들과 동료들을 집으로 초대했다. 그의 여동생 루시아를 포함하여 모두 12명이었다.

파티는 오후 3시 반경에 시작되었다. 도착하는 사람마다 루이에게 생일을 축하해 주었고 루이는 그들이 가져온 선물에 대해서 감사함을 표시했다. 지하실에 있는 큰 홀에서 카드놀이를 하며 서로 대화를 나누었다. 루이 어머니께서 음식이 준비되었다고 루이를 부른 것은 5시였다.

어머니 - 루이야, 가서 네 친구들에게 음식을 먹으러 오라고 말하여라. 루시야, 너는 부엌의 식탁 위에 있는 음료수를 가져오너라. 그리고 오렌지 쥬스는 냉장고에 넣도록 해라.
루 이 - 예, 어머니, 곧 부르러 갈께요. 루시아야, 이 음반들을 아래층으로 가져다 줄래?
루시아 - 지금은 안돼. 나는 거실에 내프킨을 놓아야 돼.
루 이 - 야고보, 위로 올라 와. 친구들에게도 음식을 먹을 시간이라고 말해줘. 식사 후에 카드놀이는 계속하여라.

거실의 식탁에는 케이크, 과자, 파이, 샌드위치를 담은 접시로 가득히 있었다. 중앙에는 커다란 생일 케이크가 있었다. 옆에는 작은 탁자가 있었다. 그 위에는 음료수, 접시, 컵, 순가락, 포크, 나이프 등이 있었다. 그들은 음식을 먹기 시작했다.

야고보 - 야! 이렇게 많은 음식을 누가 다 먹지?! 음식을 너무 많이 차리신 것 같아. 빠울루, 접시와 포크를 줄래.
빠울루 - 잠깐만 기다려라. 접시 여기 있다. 쥬안나가 너에게 포크를 줄 거야.
쥬안나 - 야고보, 무엇이 필요하니? 포오크? 여기 있다. 쥬스 한잔을 내게 따라 줄래?
야고보 - 물론이지, 너같이 예쁜 아가씨에게는 무엇이라도 다 들어줄 수 있지. 제야, 나에게 그 병을 줄래. 쥬스 잔 받아라.

쥬안나 - 고마워. 되었어. 그만, 그만!!! 컵이 비어있는 아나에게도 따라 주렴. 그리고 이레느
    도 역시 아직 아무 것도 마시지 않았어. 그녀는 목마른데 참고 있는 거야.
야고보 - 내가 아가씨들의 종이야, 뭐야? 그녀들은 자기가 따라서 마시지 못해?
루 이 - 빅또르, 먹고 마셔라. 안에 음식이 많이 있어. 이리 와서 많이 들어. 나의 어머니께서
    파이와 과자를 많이 준비하셨어. 계속 서있지 말고, 거기 앉아라. 다른 것 마시고 싶
    으면 말해라. 우리 집에 맥주와 포도주도 있단다.
빠울루 - 디오구, 너는 점심을 안 먹은 것 같아. 너는 말 한마디 하지 않고 계속 먹기만 하고
    있구나!
디오구 - 먹을 때는 말이 필요 없는 거야, 안 그래? 이 닭고기를 넣어서 만든 샌드위치는 굉
    장히 맛있다.

<PERGUNTAS>

1. Ele convidou dez amigos.
2. Eles fizeram jogos e conversaram uns com os outros.
3. Ela devia trazer as bebidas.
4. Porque ela devia trazer as bebidas e pôr as laranjadas no frigorífico.
5. Havia bolos, doces, pastéis, e sanduíche para comer e para beber havia as bebidas, sumo, laranjada, vinho e cerveja.
6. Estava no meio da mesa.
7. O Tiago pediu-os.
8. Ela queria beber um copo de sumo.
9. Porque a Joana pediu que o Tiago deitasse as bebidas para a Ana e a Irene.
10. Ele pensa que "Quando se come, não se deve falar."

<EXERCÍCIOS>

1. **trazer as bebidas.** 음료수를 가져오다

	긍정	부정
tu	Traze-as.	Não as tragas.
você	Traga-as.	Não as traga.
nós	Tragamo-las.	Não as tragamos.
vocês	Tragam-nas.	Não as tragam.

2. **dizer os nome.** 이름을 말하다.

	긍정	부정
tu	Dize-o.	Não o digas.
você	Diga-o.	Não o diga.
nós	Digamo-lo.	Não o digamos.
vocês	Digam-no.	Não o digam.

3. **dar as aulas.** 가르치다

	긍정	부정
tu	Dá-as.	Não as dês.
você	Dê-as.	Não as dê.
nós	Demo-las.	Não as demos.
vocês	Dêem-nas.	Não as dêem.

4. **ver os monumentos.** 기념비를 보다.

	긍정	부정
tu	Vê-os.	Não os vejas.
você	Veja-os.	Não os veja.
nós	Vejamo-los.	Não os vejamos.
vocês	Vejam-nos.	Não os vejam.

5. **pedir a ementa.** 차림표를 요청하다.

	긍정	부정
tu	Pede-a.	Não a peças.
você	Peça-a.	Não a peça.
nós	Peçamo-la.	Não a peçamos.
vocês	Peçam-na.	Não a peçam.

6. **ser romano em Roma.** 로마에서는 로마 사람이되다.

	긍정	부정
tu	Sê romano em Roma.	Não sejas romano em Roma.
você	Seja romano em Roma.	Não seja romano em Roma.
nós	Sejamos romanos em Roma.	Não sejamos romanos em Roma.
vocês	Sejam romanos em Roma.	Não sejam romanos em Roma.

7. **apagar as luzes.** 불을 끄다.

	긍정	부정
tu	Apaga-as.	Não as apagues.
você	Apague-as.	Não as apague.
nós	Apaguemo-las.	Não as apaguemos.
vocês	Apaguem-nas.	Não as apaguem.

8. **ouvir o que ele diz.** 그가 말하는 것을 듣다.

	긍정	부정
tu	Ouve-o.	Não o ouças.
você	Ouça-o.	Não o ouça.
nós	Ouçamo-lo.	Não o ouçamos.
vocês	Ouçam-no.	Não o ouçam.

9. **esquecer-se disso.** 그것을 잊어버리다.

	긍정	부정
tu	esquece-te disso.	Não te esqueças disso.
você	esqueça-se disso.	Não se esqueça disso.
nós	esqueçamo-nos disso.	Não nos esqueçamos disso.
vocês	esqueçam-se disso.	Não se esqueçam disso.

10. ler o programa 프로그램을 읽다.

	긍정	부정
tu	Lê-o.	Não o leias.
você	Leia-o.	Não o leia.
nós	Leiamo-lo.	Não o leiamos.
vocês	Leiam-no.	Não o leiam.

11. vir quanto antes 될 수 있는대로 빨리오다.

	긍정	부정
tu	Vem quanto antes.	Não venhas quanto antes.
você	Venha quanto antes.	Não venha quanto antes.
nós	Venhamos quanto antes.	Não venhamos quanto antes.
vocês	Venham quanto antes.	Não venham quanto antes.

12. pôr a mesa 상을 차리다

	긍정	부정
tu	Põe-na.	Não a ponhas.
você	Ponha -a.	Não a ponha.
nós	Ponhamo-la.	Não a ponhamos.
vocês	Ponham-na.	Não a ponham.

13. cumprimentar o professor 선생님께 인사를 하다

	긍정	부정
tu	Cumprimeta-o.	Não o cumprimentes.
você	Cumprimente-o.	Não o cumprimente.
nós	Cumprimentemo-lo.	Não o cumprimentemos.
vocês	Cumprimentem-no.	Não o cumprimentem.

14. **vestir o sobretudo** 오바 코트를 입다

	긍정	부정
tu	Veste-o.	Não o vistas.
você	Vista-o.	Não o vista.
nós	Vistamo-lo.	Não o vistamos.
vocês	vistam-no.	Não o vistam.

15. **telefonar ao amigo.** 친구에게 전화를 걸다

	긍정	부정
tu	Telefona-lhe.	Não lhe telefones.
você	Telefone-lhe.	Não lhe telefone.
nós	Telefonemos-lhe.	Não lhe telefonemos.
vocês	telefonem-lhe.	Não lhe telefonem.

16. **ver-se ao espelho** 거울에 자신을 비춰보다

	긍정	부정
tu	Vê-te ao espelho.	Não te vejas ao espelho.
você	Veja-se ao espelho.	Não se veja ao espelho.
nós	Vejamo-nos ao espelho.	Não nos vejamos ao espelho.
vocês	Vejam-se ao espelho.	Não se vejam ao espelho.

17. **pedir-lhe dinheiro.** 그에게 돈을 요청하다

	긍정	부정
tu	Pede-lho.	Não lho peças.
você	Peça-lho.	Não lho peça.
nós	Peçamos-lho.	Não lho peçamos.
vocês	Peçam-lho.	Não lho peçam.

18. ser amável para ele 그에게 친절하다

	긍정	부정
tu	Sê-lhe amável.	Não lhe sejas amável
você	Seja-lhe amável.	Não lhe seja amável.
nós	Sejamos-lhe amáveis.	Não lhe sejamos amáveis.
vocês	Sejam-lhe amáveis.	Não lhe sejam amáveis.

19. tocar piano 피아노를 치다

	긍정	부정
tu	Toca-o.	Não o toques.
você	Toque-o.	Não o toque.
nós	Toquemo-lo.	Não o toquemos.
vocês	Toquem-no.	Não o toquem.

20. vir a pé 걸어 오다

	긍정	부정
tu	Vem a pé.	Não venhas a pé.
você	Venha a pé.	Não venha a pé.
nós	Venhamos a pé.	Não venhamos a pé.
vocês	Venham a pé.	Não venham a pé.

21. agradecer ao Tiago 야고보에게 감사하다

	긍정	부정
tu	Agradece-lhe.	Não lhe agradeças.
você	Agradeça-lhe.	Não lhe agradeça.
nós	Agradeçamos-lhe.	Não lhe agradeçamos.
vocês	Agradeçam-lhe.	Não lhe agradeçam.

22. dormir neste quarto 이 방에서 자다.

	긍정	부정
tu	Dorme neste quarto.	Não durmas neste quarto.
você	Durma neste quarto.	Não durma neste quarto.
nós	Durmamos neste quarto.	Não durmamos neste quarto.
vocês	Durmam neste quarto.	Não durmam neste quarto.

23. perder-se na cidade 시내에서 길을 잃다

	긍정	부정
tu	Perde-te na cidade.	Não te percas a cidade.
você	Perca-se na cidade.	Não se perca na cidade.
nós	Percamo-nos na cidade.	Não nos percamos na cidade.
vocês	Percam-se na cidade.	Não se percam na cidade.

24. fazer a sopa 수프를 만들다

	긍정	부정
tu	Faze-a.	Não a faças.
você	Faça-a.	Não a faça.
nós	Façamo-la.	Não a façamos.
vocês	Façam-na.	Não a façam.

25. perguntar ao médico 의사에게 물어보다

	긍정	부정
tu	Pergunta-lhe.	Não lhe perguntes.
você	Pergunte-lhe.	Não lhe pergunte.
nós	Perguntemos-lhe.	Não lhe perguntemos.
vocês	Perguntem-lhe.	Não lhe perguntem.

26. convidá-los para jantar 저녁 식사에 그들을 초대하다

	긍정	부정
tu	Convida-os para jantar.	Não os convides para jantar.
você	Convide-os para jantar.	Não os convide para jantar.
nós	Convidemo-los para jantar.	Não os convidemos para jantar.
vocês	Convidem-no para jantar.	Não os convidem para jantar.

27. brincar com os meninos. 어린이들과 장난치다.

	긍정	부정
tu	Brinca com eles.	Não brinques com eles.
você	Brinque com eles.	Não brinque com eles.
nós	Brinquemos com eles.	Não brinquemos com eles.
vocês	Brinquem com eles.	Não brinquem com eles.

28. voltar-se para trás 뒤로 돌다

	긍정	부정
tu	Volta-te para trás.	Não te voltes para trás.
você	Volte-se para trás.	Não se volte para trás.
nós	Voltemo-nos para trás.	Não nos voltemos para trás.
vocês	Voltem-se para trás.	Não se voltem para trás.

29. responder-lhe já 그에게 곧 대답하다.

	긍정	부정
tu	Responde-lhe já.	Não lhe respondas já.
você	Responda-lhe já.	Não lhe responda já.
nós	Respondamos-lhe já.	Não lhe pespondamos já.
vocês	Respomdam-lhe já.	Não lhe respondam já.

30. pôr o pão no frgorífico. 냉장고에 빵을 넣다

	긍정	부정
tu	Põe-no no frigorífico.	Não o ponhas no frigorífico.
você	Ponha-o no frigorífico.	Não o ponha no frigorífico.
nós	Ponhamo-lo no frigorífico.	Não o ponhamos no frigorífico.
vocês	Ponham-no no frigorífico.	Não o ponham no frigorífico.

<TRADUZIR>

1. Não se preocupam com o dia de amanhã.
2. Não faça cerimônia.
3. Entrem pela porta estreita.
4. Olhem para as aves do céu. Olhem como crescem os lírios do campo.
5. Peçam e receberão; procurem e acharão; batam à porta e ela se abrirá.
6. Não faças caretas.
7. Se alguém lhe der uma tapa na cara direita, vire a outra para ele bater também.
8. Amem os seus vizinhos, como a si mesmos.
9. Respeite o seu pai e a sua mãe.
10. Pague adiantado, por favor.
11. Não julgues as pessoas pela aparência.
12. Quem não quer trabalhar , não coma.
13. Aquele de vocês que nunca pecou, atire-lhe a primeira pedra.
14. Não te abaixes por pobreza nem te levantes por riqueza.
15. Antes de atravessar a rua, olha para a direita e a esquerda.
16. Não entrem no relvado.(Não pisem as relvas.)
17. Pode manter como esta temperatura e humidade para saúde.
18. Pensa duas vezes antes de falares uma.
19. Cova um poço antes de teres sede.
20. Sê o primeiro a ouvir e o último a falar.
21. Não julgues os cabos pelos começos.
22. Pode ligar a rádio mas põe alto de mais.(põe um pouco baixo.)
23. Vou pagar. Não, vamos dividir as despesas.(Vamos quebrar.)
24. Lembrar-se do bem e esquecer-se do mal.
25. Preencha os espaços com o seu nome e endereço, por favor.

26. Vamos cantar o hino nacional juntos em voz alta.
27. Não te queixes do que ele te fez mal.
28. Faça o favor de embrulhar este presente em papel dourado.
29. Deixem-me descansar.
30. Em rio sem peixe, não deites a rede.

제14과 부정사

<LEITURA>

아침식사 중의 대화

어제 밤에 죠르지와 끌라라는 텔레비젼 영화를 보기 원했었기 때문에 밤늦게 잠자리에 들어갔다. 그 영화는 거의 1시가 되어서 끝났다. 문제는 오늘 아침이었다. 그도 그의 여동생도 자명종이 울리는 소리를 듣지 못하였다. 조르지가 어머니께 "지금 몇 시 되었어요?"라고 물었을 때 어머니께서 7시 15분이 넘었다고 말씀하셨다. "너희들은 오늘 아침 너무 늦게 일어나서, 학교에 지각하겠다."고 말씀하셨다. 조르지는 곧 일어나서 화장실로 가서 세수하고 신속하게 옷을 입었다. 그러나 모든 것을 항상 느리게 하는 끌라라는 나중에 아침식탁에 앉았다.

끌라라 - 아버지께서는 이미 일어나셨어요?

어머니 - 오늘 아침 아버지께서는 일찍 일어나셨단다. 아라이올라로 다른 분들과 회사 일로 출장을 가시기 때문에 이미 출근하셨단다. 그들은 마르께스 광장에서 만나기로 하셨단다. 아버지께서는 오늘 돌아오실지 내일까지 그곳에 계셔야 할지 아직 확실치 않으시단다.

끌라라 - 아라이올라가 어디에 있지요? 여기서 먼가요?

어머니 - 그렇게 멀지는 않단다. 그러나 왕복 280km 쯤 된단다.

조르지 - 아버지 차로는 그곳에 가지 못할텐데요. 아버지께서는 새차는 언제 사신데요? 우리 차는 너무 오래되었어요.

어머니 - 5,6년 되어서 더 사용할 수 없다는 말이지? 말하기는 쉽단다. 그러나 자동차 값이 싸지는 않단다. 그리고 기름 값도 계속 오르고 있지 않니?

죠르지 - 신형 자동차는 기름이 많이 소비되지 않아요. 우리 차는 100km 당 12 l 이상 소비될 것예요.

어머니 - 아버지께서 새 차를 사지 않으시는 것은 사실 형편이 못되기 때문이야. 몇 일 전에 신문을 읽으시다가 "지난 주말에 얼마나 많은 사고가 났는지 모르겠군"이라고 말씀하셨어.

끌라라 - 맞아요. 길은 좁고 나쁜데 사람들은 빨리 달리려고 하잖아요.
죠르지 - 어제께 알았는데요. 아버지 친구인, 텔레비젼 방송국에서 일하시는 빌레스씨가 지난 주말에 씬뜨라 근처에서 자동차 사고를 냈대요. 자동차가 길을 벗어나서 집 벽에 부딪쳤대요.
끌라라 - 그래서 어떻게 되었대?
죠르지 - 나도 자세히는 모르겠어. 그러나 빌레스씨에게는 좋은 교훈이 되었겠지. 얼마 동안은 자동차 없이 지내셔야 될 터이니까.
어머니 - 다치지는 않으셨대?
죠르지 - 다행히도 다치시지는 않으시고 자동차만 부숴졌대요.
어머니 - 이제 학교 갈 시간이다. 네 가방에 체육복은 넣었니, 죠르지?
죠르지 - 예, 넣었어요. 오늘 아침은 모든 것을 서둘러서 했어요. 세수하고 아침 식사하는데 30분도 안 걸렸어요. 더 빨리 할 수 없을 만큼 신속하게 했어요. 네가 늦게 일어나지 않았을 때도 그렇게 하려무나. 너는 늦지는 않겠다. 네가 어떻게 그렇게 빨리 세수를 했는지 나는 모르겠다.
죠르지, 끌라라 - 어머니, 학교 다녀오겠습니다.

<PERGUNTAS>

1. Porque eles viram filme da televisão.
2. Foi Jorge.
3. Foi no Marquês.
4. São mais ou menos 140km.
5. Porque ele não pode comprar o carro novo.
6. Tem cinco ou seis anos.
7. Ele soube isso pelo jornal.
8. Por sorte ele não ficou mal, mas o carro ficou pior.
9. Foi perto de Sintra.
10. Levou menos de meia-hora.

<TRADUZIR>

1. O bom falar é prata e o bom calar é ouro.
2. Quem espera, sempre alcança.(Querer é poder.)
3. Saber é uma coisa e ensinar é a outra.
4. Nunca podemos nos esquecer das recordações bonitas do tempo do colégio.
5. Não pude deixar de rir ao ver a comédia.
6. Não podemos dar os bons frutos sem esforçar-nos.

7. Dizem que é difícil arranjar um emprego cada vez mais hoje em dia.
8. Pode assistir na reunião na sexta-feira à tarde?
   Não sei ao certo. Deixe-me ver minha agenda.
9. Desculpe-me por eu ter aborrecido-o.
10. Ainda é muito difícil expressar-me em português.
11. Será melhor pedir-lhes para acordarmo-nos às seis da manhã.
12. Não deites fogo à casa para matares os ratos.
13. Mandei a mulher-a-dias limpar os vidros da janela do escritório.
14. Ele deixou de fumar com muito sacrifício.
15. Este livro vale a pena de ler muitas vezes.
16. Qual é o seu passatempo? O meu passatempo é ouvir a música ligeira.
17. Tenho vontade de ouvir as músicas clássicas pela rádio.
18. Ao verem os pais, as crianças desataram a chorar.
19. Depois de leres, que título dás?
20. Saber é poder.
21. Ter a esperança ensina ter a paciência.
22. Ele deitou água em cima da toalha em vez de deitá-la no copo.
23. Estudem com afinco no tempo da universidade para não se arrpenderem mais tarde.
24. É muito útil fazermos uma viagem pelo Brasil.
25. Antes de ires para a guerra reza uma vez, antes de embarcares reza duas, antes de te casares reza três.

제15과 현재분사

<LEITURA>

주말을 이용하다

자녀들 둘은 방학이고 남편은 금요일에 뽀르띠망에 회사 일로 출장을 가야하기 때문에 마리아나 부인은 온 가족이 알가르브에 자동차로 여행하기에 좋은 기회라고 생각했다.

어머니 - 당신이 거기 가야된다면 우리 이 기회를 이용하여 여행 갑시다. 지난 번, 즉 5년 전에 갈 때도 부활절 때였습니다. 우리들은 금요일 아침에 출발하여 도중에 점심을 먹고, 오후에 그곳에 도착하여 당신은 회사 일을 볼 수 있을 거예요.

아버지 - 그것 좋은 생각예요. 같이 생각해봅시다. 그러나 나는 토요일도 바쁘다는 것을 알아야 해요.
어머니 - 그것은 유감이군요. 그러나 당신이 차를 안 쓴다면 내가 아이들을 데리고 해변가로 갈 수 있어요.
아 들 - 물론이지요. 어머니는 교통량이 많은 시내에서는 무서워서 운전을 잘 못하시잖아요.
어머니 - 관광객이 많은 여름이라면 나도 가기를 원치 않겠지만 지금쯤은…
아 들 - 저는 알가르브를 꼭 가보고 싶어요 저희들도 갈 수 있어요?
아버지 - 물론 온 가족이 같이 가면 나도 기쁘단다. 나도 혼자 여행하는 것은 좋아하지 않는단다. 그러나 너희들이 생각하는 것처럼 너무 기대는 하지 마라. 왜냐하면 나는 그 곳에 가서도 할 일이 많단다. 금요일 오후에 나는 이미 내가 빠질 수 없는 중요한 회의가 있단다.
어머니 - 숙소는 별 문제 없을 거예요. 알가르브에는 호텔이 많이 있어요. 필요하다면 우리들은 전화로 방 두 개를 예약할 수도 있어요.
아 들 - 우리들은 언제 돌아오지요, 월요일인가요?
아버지 - 아니야, 페르난두. 우리들은 일요일 중으로 돌아와야 한단다. 나는 너희들처럼 방학이 아니란다.
아버지 - 아침 일찍 떠나면 우리들은 식당에서 점심 먹는 대신에 준비해 간 점심을 야외에서 먹을 수도 있겠구나.
어머니 - 그것도 좋은 생각이네요. 날씨만 좋다면 야외에서 식사를 하는 것은 매우 유쾌한 일이지요. 모든 것은 날씨에 달려 있지요. 요즈음처럼 계속 날씨가 좋다면…
아 들 - 어머니, 아주 좋은 생각이여요. 제가 금요일에 준비해 갈 물건들의 목록을 만들어 볼께요.

<PERGUNTAS>

1. Na primavera. Têm as férias da Páscoa na primavera.
2. Vão passar lá por três dias.
3. Ele tem muitas coisas para fazer lá.
4. Ela tem mêdo de guiar no meio da cidade em que há muito trânsito.
5. Vão almoçar ao ar livre.
6. Há quatro pessoas.
7. Ainda ele não esteve lá. Porque ele quer conhecer lá.
8. Ele tem a reunião na sexta-feira à tarde.
9. Não, não têm problema.
10. Para comer sanduíches, bifinhos, pastéis de bacalhau, ovos cozidos, bolos, bananas, maçãs, laranjas e para beber vinho, laranjada, café e fato de banho, chapéu para sol, oculos para sol, etc.

<TRADUZIR>

1. Vendo a piscina do hotel, queremos ficar mais no hotel.
   Ao vermos a piscina do hotel, queremos ficar mais no hotel.
2. Sendo as malas bastantes parecidas, ninguém notou a diferença.
   Como as malas foram bastantes parecidas, ninguém notou a diferença.
3. Encontrando as dificuldades, eles não perderam as coragens.
   Apesar de encontrarem as dificuldades, eles não perderam as coragens.
   Embora encontrassem as dificuldades, eles não perderam as coragens.
4. Acabando o mundo amanhã, farei o que devo fazer hoje.
   Apesar de o mundo acabar amanhã, farei o que devo fazer hoje.
   Embora o mundo acabar amanhã, farei o que devo fazer hoje.
5. Fazendo barulhos os vizinhos durante toda a noite, não pude dormir ontem à noite.
   Como os vizinhos fizeram barulhos durante toda a noite, não pude dormir ontem à noite.
6. Recordando-se das lembranças passadas, ela não pregou os olhos.
   Ela recordou-se das lembranças passadas e não pregou os olhos.
7. Ela tocava piano, cantando com alegria.
   Ela tocava piano e cantava com alegria.
8. Passando a tempestade, o arco-íris apareceu.
   Quando a tempestade passou, o arco-íris apareceu.
   Ao passar a tempestade, o arco-íris apareceu.
   A tempestade mal passou, o arco-íris apareceu.
9. Não ficando bem para você esta roupa, traga-me, então vou trocar por outra.
   Se(Caso) esta roupa não ficar bem para você, traga-me, então vou trocar por outra.
   No caso de esta roupa não ficar bem para você, traga-me, então vou trocar por outra.
10. Saindo-se bem o recital da dança dela, os espectadores estiveram ovação de pé.
    Como o recital da dança dela saiu-se bem, os espectadores estiveram ovação de pé.
11. Seguindo por esta rua, vão encontrar o Museu Nacional.
    Se(Caso) seguirem por esta rua, vão encontrar o Museu Nacional.
    No caso de seguirem por esta rua, vão encontrar o Museu Nacional.
12. Tendo tomando o sedativo, passei a dormir toda a tarde.
    Como eu tinha tomado o sedativo, passei a dormir toda a tarde.

13. Passeando à beira da rua ao longo do Rio Tejo, lembrei-me da recordação que tinha tido no tempo da universidade em Portugal.
    Passeei à beira da rua ao longo do Rio Tejo e lembrei-me da recordação que tinha tido no tempo da universidade em Portugal.
14. Chovendo a cântaros, os jogadores continuaram a treinar.
    Apesar de chover a cântaros, os jogadores continuaram a treinar.
    Embora chovesse a cântaros, os jogadores continuaram a treinar.
15. Havendo a tempestade furiosamente, o barco chegou ao porto a são e salvo.
    Apesar de haver a tempestade furiosamente, o barco chegou ao porto a são e salvo.
    Embora houvesse a tempestade furiosamente, o barco chegou ao porto a são e salvo.
16. De manhã cedo ao fim de noite, ele passou estudando na biblioteca.
    De manhã cedo ao fim de noite, ele passou e estudou na biblioteca.
17. Chegando eles diante da porta, a porta abriu-se a si mesma.
    Eles mal chegaram diante da porta, a porta abriu-se a si mesma.
    Ao chegarem eles diante da porta, a porta abriu-se a si mesma.
    Quando eles chegaram diante da porta, a porta abriu-se a si mesma.
18. Dizendo tu a verdade, eu te perdoarei.
    Se(Caso) tu disseres a verdade, eu te perdoarei.
    No caso de dizeres a verdade, eu te perdoarei.
19. Ouvindo a notícia, de perto e de longe as pessoas começaram a reunir.
    Ao ouvirem a notícia, de perto e de longe as pessoas começaram a reunir.
    Quando eles ouviram a notícia, de perto e de longe as pessoas começaram a reunir.
    Mal ouviram a notícia, de perto e de longe as pessoas começaram a reunir.
20. Vivendo pobremente, ele gosta de ajudar outros.
    Apesar de viver pobremente, ele gosta de ajudar outros.
    Embora ele viva pobremente, ele gosta de ajudar outros.
21. Sendo muito avarento(pão duro), ele não ajuda ninguém.
    Como ele é muito avarento(pão duro), não ajuda ninguém.
22. Vendo o macaco no circo, não pudemos deixar de rir.
    Ao vermos o macaco no circo, não pudemos deixar de rir.
    Quando vimos o macaco no circo, não pudemos deixar de rir.
    Nós mal vimos o macaco no circo, não pudemos deixar de rir.
23. Continuando a beber demais tu como agora, a tua saúde far-se-á de mal para pior.

Se(Caso) continuares a beber demais como agora, a tua saúde far-se-á de mal para pior.

No caso de continuares a beber demais como agora, a tua saúde far-se-á de mal para pior.

24. O cavalo galopou a toda a velocidade, levantando nuvem de poeira.

    O cavalo galopou a toda a velocidade e levantou nuvem de poeira.

25. Ontem estava chuviscando todo o dia.

26. Adoecendo gravemente o seu filho, ele mandou buscar o médico.

    Como o seu filho adoeceu gravemente, ele mandou buscar o médico.

27. Sendo amanhã o feriado nacional, vou fazer um piquenique ao ar livre.

    Como amanhã é o feriado nacional, vou fazer um piquenique ao ar livre.

28. Sendo pesada de mais, ela está de dieta.(está fazendo dieta)

    Como ela é pesada de mais, ela está de dieta.(está fazendo dieta)

29. Mandando-lhe eu as cartas muitas vezes, ele não me deu nenhuma resposta.

    Apesar de eu mandar-lhe as cartas muitas vezes, ele não me deu nenhuma resposta.

    Embora eu lhe mandasse as cartas muitas vezes, ele não me deu nenhuma resposta.

30. Dando-me o professor a outra oportunidade, eu vou desafiar de novo.

    Se(Caso) o professor me der a outra oportunidade, eu vou desafiar de novo.

    No caso de o professor me dar a outra oportunidade, eu vou desafiar de novo.

제16과 접속법 과거

<LEITURA>

크리스마스가 다가오다

12월이 되었다. 얼마 안 있으면 크리스마스가 된다. 길가에는 불 빛이 반짝이고, 진열장에는 선물들이 가득하며, 크리스마스 캐롤이 들리며, 사람들도 크리스마스에 대한 이야기를 나눈다. 이러한 모든 것이 12월 25일이 멀지 않았음을 말해준다. 마르께스 집에서 아니따와 에두아르두의 도움을 받아 크리스마스 트리를 만들고 있는 아버지를 만나보자.

에두아르두 - 별을 더 높은 나무 가지에 다는 것이 더 좋을 것 같아요, 그렇게 생각하지 않아요, 아빠?

아빠	- 여기도 괜찮아. 두 세 개의 색 방울이 더 있으면 , 이곳에…
아니따	- 제가 사 올 수 있는데요! 페레이라 아저씨 가게에 가면 크리스마스에 필요한 모든 것이 다 있어요.
아빠	- 아니, 작년에 쓰던 것이 남아 있을 지도 몰라. 가서 어머니께 어디 있느냐고 여쭈어 보아라.
에두아르두	- 아빠도 우리 만할 때 할아버지 집에서 크리스마스 트리를 만드셨어요?
아빠	- 아니, 이 소나무에 크리스마스 트리를 만드는 것은 최근의 일이란다. 내 생각으로는 외국에서 들어온 풍습이다. 요즈음 아이들이 전에는 어떻게 했는지 알았으면…
에두아르두	- 말씀해 주세요. 아빠!
아빠	- 전에는 지금보다 돈을 적게 썼단다. 크리스마스 몇 주 전부터 아기 예수가 탄생한 마구간을 만들 생각으로 흥분되어 있었단다. 너희 삼촌 제와 나는 여러 가지 형상을 사기 위하여 돈을 모았단다. 내 기억으로는 진흙으로 만든 목동의 형상이 10 토스통이스 였단다. 지금은 대부분 플라스틱으로 되어있지만.
에두아르두	- 금속이나 나무로 만든 형상도 살 수 있어요.
아니따	- 어머니께서 그 상자에 있는 색 방울이 전부래요.
아빠	- 고맙다, 아니따. 색 방울이 좀 더 있었으면 더 멋있게 꾸밀 수 있을 텐데, 그러나 이것도 밉지 않구나.
에두아르두	- 예수님이 탄생한 마구간을 만드는데 누가 도와주었어요?
아빠	- 아무도 도와주지 않았단다. 삼촌 제와 나 둘이서 만들었단다. 우리들은 조그마한 방에서 만들었으며 그것이 다 만들어질 때까지 는 아무도 그 방에 들어오지 못하게 했단다. 내가 7살이나 8살 되었을 때 할머니께서 처음으로 많이 자란 것처럼 보이는 아기 예수의 형상을 주셨단다. 우리들이 형상을 모으기 시작하여 몇 년 뒤에는 방에 거의 가득할 만큼 되었단다.
아니따	- 아무도 보지 못하도록 방문을 잠그고 삼촌과 아빠가 만드는 모습을 상상해 보고 있어요.
아빠	- 만들 때는 힘들었지만 다 만든 후에 부모님께 가서 "우리들이 만든 마구간을 오셔서 보세요." 라고 말할 때 무척 기뻤다는 것을 믿어 주기 바란다.
아니따	- 정말로 멋있었겠어요. 그렇지 않아요?
아빠	- 물론이지. 모든 것은 길, 호수, 작은 강, 다리가 있는 푸르고 밤색의 산처럼 보였어.
에두아르두	- 강이나 호수의 물은 어떻게 만들었어요?
아빠	- 유리 조각이나 깨어진 거울 등으로 만들었지. 산꼭대기에는 종이로 만든 별을 달아 놓았어. 그 별을 따라서 온 세 명의 동방박사와 한 살 남짓의 아기예수가 누워있는 마구간도 만들었지.
아니따	- 물은 어떻게 했어요?
아빠	- 돌이나 다른 물건들에 넣었지. 물론 동물들도 빠뜨리지 않았다. 소보다 훨씬 큰 나귀도 있었던 것으로 기억된다.

아니따	- 목동의 형상이 10 토스통이스라면 우리들은 많이 살 수 있겠어요.
아빠	- 모든 것은 상대적이란다. 그 당시에는 10 토스통이스도 우리들에게는 큰돈이었단다. 우리들은 우리가 원하는 것을 모두다 살 수는 없었단다. 멋있는 마구간이 된 것은 우리들이 노력으로 만들었기 때문이란다.
에두아르두	- 진흙으로 만든 형상이 많이 있었어요?
아빠	- 물론 많이 있었단다. 목동들은 선물을 가져왔었고, 우리들이 상상할 수 있는 여러 가지의 형상이 있었단다. 재미있는 것들이 많았다: 머리에 바구니를 이고 닭을 팔러 가는 부인들의 형상, 그 옆에는 스페인 의상을 입은 사람들, 길에는 흑인들과, 로마인들, 들에는 농부들…
아니따	- 아빠는 그 때를 무척 그리워하시고 계신 것 같아요.
아빠	- 물론이다. 아니따야! 오늘날처럼 그 때도 크리스마스 때는 재미있는 일이 많았단다. 잠이 깨자마자 아침 일찍 우리들은 즐거운 마음으로 우리 각자의 신발에 싼타크로스 할아버지가 놓고 가신 선물을 보러 갔었지.
에두아르두	- 일년 내내 크리스마스가 아닌 것이 아쉬워요…

<PERGUNTAS>

1. Sabe-se que faltam poucos dias para o Natal pelas ruas cheias de luzes, as montras das lojas, onde se vêem tantos presentes, a música que se ouve, as próprias conversas das pessoas.
2. Ele está a arranjar árvore de Natal.
3. Eduardo e Anita estão ajudá-lo.
4. Para fazer a árvore de Natal mais lindo.
5. Acho que sim.
6. Ele chama-se Zé.
7. Eles arranjaram numa sala pequena.
8. Porque eles se sentiam alegres quando ficava pronto e iam chamar os pais para que fossem ver o presépio 'deles'.
9. De manhã cedo de Natal eles recebiam os presentes.
10. Porque ele quer receber os presentes todos os dias.

<TRADUZIR>

1. A mulher pediu que o marido não bebesse denais.
2. Ele fez(mandou) um sinal com a mão que as crianças fiquessem quietos.
3. O professor estrangeiro não permitiu que os alunos falassem em coreano na aula.

4. Ela quis que o seu quarto desse para o mar.
5. Embora desse trabalho, sentimos grande alegria quando tínhamos acabado isso.
6. Duvidei que eles não pudessem fazer o trabalho.
7. Quer fizesse o bom tempo, quer chovesse, eu visitava o orfanato aos sábados.
8. Agradecia, portanto, que tomassem os seus lugares no avião.
9. A multidão pensou que ele estivesse morto.
10. Por mais que me esforçasse, não conseguia resolver o problema.
11. Sugeri que passássemos o fim desta semana fora(ao ar livre).
12. Por mais que consultasse o dicionário, não conseguia descobrir o significado dessa palavra.
13. Ele fala bem português como se ele fosse português.
14. Ele falou em voz alta de modo que todo o mundo pudesse ouvir.
15. Eu sai da casa dela sem que ela se desse conta.
16. O médico aconselhou ao paciente que não voltasse a fumar.
17. O mendigo estendeu a mão às pessoas, esperando que eles lhe dessem alguma coisa.
18. Ele pensou que não fosse responsável pela morte dela.
19. Foi impossível que eu o tentasse persuadir a mudar de ideia.
20. Era preciso que nós todos lessemos este livro.
21. Ontem à tarde fui ao médico para que me receitasse um antibiótico.
22. Acontecesse o que acontecesse, eu não devia ter deixado de estudar.
23. Agradecia-lhe que você traduzisse este documento em português.
24. Agradecia-lhes que tivessem os grandes interesses sobre os Jogos Olímpicos para os Deficientes.
25. Ele permitiu que a sua filha fizesse uma viagem sozinha pela Europa.

제17과 접속법 미래

<LEITURA>

여가시간에 무엇을 하느냐?

수업을 마치고 선생님과 네 학생이 대화를 하는 현장을 가봅시다.

선생님 - 사람이 일만 하기 위해서 사는 것은 아니다. 어른이나 어린이나 모두는 휴식이나

	또는 취미생활을 위해서 휴가와 여가 시간이 필요하다. 이 여가 시간을 잘 활용하는 것은 매우 중요하다.

알 다 - 그거라면 제게는 아무 문제가 없습니다. 학교생활 이외에는 제가 좋아하는 것을 절반도 하지 못합니다. 어느 수업시간은 지루하게 느껴지기도 합니다.

선생님 - 그것이 포르투갈어 수업시간이 아니기를 바란다. 알다, 사람들은 방학을 마치고 종종 다음과 같이 말하는 것을 믿을 수 있겠니? "나는 지루하게 보냈어. 재미도 없었고 유익한 일도 하지 못했어… 차라리 방학 없이 계속 공부하는 것이 더 좋았을 것을…"

베르따 - 유익한 일이란 무엇을 의미하죠? 독서를 하는 것, 요리를 배우는 것, 그러한 것인가요?

선생님 - 우리들의 여가시간을 지혜롭게 보내는 방법은 굉장히 많다. 단지 방학 때만 의미하는 것은 아니고 평소의 삶에서도 마찬가지이다. 마음과 몸의 건강을 위하여 취미생활이나 유익하고 즐거운 활동을 생각하는 것은 쉽다.

까를로스 - 운동을 하거나 카드놀이 하는 것 등…

듀아르뜨 - 공을 가지고 경기하는 것이라면 저는 매일 같이 해도 지루하지 않을 거예요.

선생님 - 그래, 나도 대부분의 남학생들은 축구를 좋아한다는 것을 안다. 그러나 다른 것에서는 기쁨을 찾지 못한다고는 말하지는 마라. 예를 들면 너 까를로스는 무엇을 수집하고 있지?

까를로스 - 예, 저는 여러 해 전부터 우표를 수집해오고 있어요.

알 다 - 저의 아버지께서는 외국화폐를 수집하십니다.

선생님 - 네가 수집한 우표는 몇 장쯤 되니?

까를로스 - 정확히는 잘 모릅니다. 3,000장은 넘습니다.

선생님 - 국가별, 혹은 주제별 혹은 다른 무엇으로 분류하여 모으고 있느냐?

까를로스 - 저는 전 세계 것을 모으고 있습니다. 누가 나에게 주거나, 편지 봉투에서 떼어 내거나, 제가 누구에게 부탁하여 모읍니다. 그러나 수집하기 위하여 돈을 주고 우표를 사지는 않습니다. 가끔 교환하는 것도 재미있습니다.

선생님 - 틀림없이 재미있는 취미생활이다. 그러나 내 생각으로는 모양별로 모은다든지, 포르투갈 우표만 모은다든지, 유럽 국가들의 우표만 모은다든지, 새의 그림 아니면 꽃의 그림만 모은다든지 하면 더 좋을 것 같은데. 수집에 대해서 한가지 이야기한다면 내 이웃에 재떨이를 수집하는 사람이 있다. 너희들이 한 번 보았어야 하는데 그의 집에 가면 사방에 재떨이가 놓여 있단다. 그가 어디에 보관해야 좋을지 모른단다. 재미있는 것은 그는 담배도 피우지 않는단다. 공간이 부족하여지자, 그의 아내는 며칠 전 나에게 다음과 같이 말하였단다. "재떨이라면 아주 진절머리가 나요. 어느 날 박물관에 다 갖다주던지, 모조리 밖에다 내다 버리던지 해야겠어요!"

알 다 - 왜 재떨이를 모으기 시작했대요?

선생님 - 아마도 그 자신도 모를지 몰라. 사람들은 다양한 일들에 대해서 흥미를 가지고 있다. 어떤 사람들은 성냥갑, 다른 사람들은 그림엽서, 또 들에 다니면서 나비를 잡아 죽은 뒤 정성스럽게 채집하는 사람도 있다. 각 사람은 각자 자기에게 기쁨을 줄 수 있는 방법으로 여가 시간을 보내고 있다. 모든 이러한 취미활동들이 다 유익하다고만 말할 수는 없다. 그러나...

베르따 - 저는 자전거 타는 것과 로울러 스케이트 타는 것을 좋아하지만 저의 어머니께서 항상 저의 도움을 필요로 하시기 때문에 저는 어머니를 도와 드려야 합니다.

선생님 - 어떻게 도와드리니, 베르다야?

베르따 - 방 정리하기, 청소하기, 슈퍼에 심부름 가기, 어린 동생을 돌보아주는 것 등입니다.

선생님 - 너희들 다 들었느냐? 유익하게 돕는 방법도 여러 가지가 있단다.

듀아르뜨 - 참 안되었구나! 나는 하루를 마치고 집에 돌아오면 녹초가 되어 꼼짝도 할 수 없는데.

선생님 - 듀아르뜨, 너는 집에서 무엇을 도와드리니? 혹은 놀면서 시간을 보내기만 하니?

듀아르뜨 - 사람들은 내가 조금 게으르다고 합니다. 저는 선천적으로 허약한 체질이라서 늘 피곤함을 느낍니다. 그러나 사람들이 나쁘게 이야기하는 것에 너무 신경 쓸 필요는 없다고 생각해요. 그렇게 생각하지 않으세요?

<PERGUNTAS>

1. É como é que passar o tempo livre?
2. Cada um tem passatempo agradável e útil para cada um.
3. Porque ela não gosta da certa aula.
4. Ele consegiu arranjar mais de três mil selos.
5. Arranjar um quarto, fazer as limpezas, ir ao supermarcado e tomar conta de irmãozinho, etc.
6. Mas podemos passar passatempos para dar prazer.
7. Acho que sim. Isso é mais importante juntar os selos sem comprá-los.
8. Sim, eu juntava selos.
9. Juntar as caixas de fósforos, juntar postais ilustrados, juntar selos, juntar as moedas estrangeiras, etc.
10. Eu passei jogando tênis, subir as montanhas, jogar xadrez orientais...

<TRADUZIR>

1. Se você precisar de mais alguma coisa, pode pedir.
2. Aconteça o que acontecer, vou casar-me com ela sem falta.
3. Seja onde for, eu vou seguí-lo até ao ponto de morrer.
4. Quem quiser viver há-de morrer, quem quiser morrer por mim há-de viver.
5. Quando a encontrar, diga-lhe que eu mando meus cumprimentos e saudades

para ela.
6. Se houver perguntas, se quiserem alguma informação especial, todo o prazer em responder, se souber.
7. À casa do rico irás se fores chamado e à do pobre irás sem seres chamado.
8. Quem quiser vencer, aprenda a ser vencido.
9. Se acendermos a lareira, a sala ficará mais quente.
10. Dar-lhes-ei de comer e de beber tanto quanto eles quiserem.
11. Se alguém lhe bater na face direita, apresenta-lhe a outra.
12. Se eu pudesse arranjar um empréstimo do banco, eu poderia comprar a casa.
13. Se ele continuar a atrasar-se no emprego, ele vai perder o emprego (ele será posto na rua) mais tarde ou mais cedo.
14. Se você for eleito como o prefeito neeta eleiçaõ, o que é que vai fazer para os cidadãos.
15. Se você for de avião, chegará lá a tempo (a horas).
16. Se eles virem o sorvete, eles comê-lo-ão num abrir e fachar dos olhos.
17. Não se importa de eu passar à sua frente?
18. Que vantagem terá ele se alguém ganhar todo o mundo e perder a sua vida?
19. Se um cego guiar o outro, ambos cairão num buraco.
20. Se eu não estiver no meu lugar, deixe-me um recado.
21. Se estacionar aí, você pagará multa.
22. Se você estiver livre amanhã, que tal acha almoçar conosco?
23. Se fores à direita, irei à esquerda, se fores à esquerda, irei à direita.
24. Olhe para o céu e conte as estrelas inúmeras, se puder.
25. Se vocês vierem outra vez a Portugal, espero que puderem assistir a uma corrida(tourada) à portuguesa.
26. Se Deus quiser, até amanhã.
27. Se o sal perder o seu gosto, não servirá para nada.
28. Se o mundo acabar amanhã, eu farei o que devo fazer hoje.
29. Custe o que custar, eu comprarei o livro sem falta.
30. Se um grão de trigo for lançado na terra e não morrer, ele continuará a ser apenas um trigo, mas se morrer, dará muito trigo.

제18과 접속법 완료형

<LEITURA>

문병가다

루이는 몇 년 전부터 보험회사에서 일하고 있으며 거의 결근을 하지 않는다. 그러나 오늘 아침 몸이 아파서 사무실에 출근하지 않았다. 그가 살고 있는 아파트에는 전화가 없고, 그는 독신으로 혼자 살고 있었기 때문에 이웃집에 사는 파출부 아주머니에게 회사로 전화해서 아파서 출근하지 못한다고 말해달라고 부탁했다. 그녀와 통화한 사람은 그가 어디 아프냐고 물어보지 못하고 전화를 끊었다. 그래서 사무실에서 그가 중병에 걸린 것이라고 생각했다. "그가 무슨 병에 걸렸을까? 다른 사람이라면 오늘이 월요일이므로 월요병이라고 생각해볼 수 있지만, 그는 어떤 중병이 아니라면 결코 결근하지 않을 것"이라고들 생각했다.

회사의 동료인 야고보와 그의 아내가 저녁식사를 한 후 곧 그를 문병 갔다. 루이가 살고있는 아파트는 오래된 5층 건물이었다. 그 부부에게는 운이 없었다. 엘리베이터를 이용하지 못하도록 열려진 채로 있었기 때문에 계단으로 걸어 올라가야만 했다. 5층에 올라가니 당연히 숨이 찼다. 라우라는 힘이 없는 소리로 "이제 집에 사람이 없는 일만 남았군." 이라고 말했다. 그러나 다행이도 집에 있었다. 루이는 파자마를 입은 채로 나왔고 방금 침대에서 일어났다는 것을 알아차릴 수 있었다. 그는 면도도 하지 않은 채로 나와서 진짜 환자의 모습이었다.

루 이 - 아! 너희들이 왠 일이야? 이런 모습으로 맞이해서 미안해. 너희들이라고는 전혀 예상하지 못했어. 미리 온다고 말을 하고 올 것이지… 들어와.!

야고보 - 그래 어디 아파? 오늘 아침 사무실에서는 네가 오지 않으니까 분명 네가 죽어가고 있다고 생각들 했어.

루 이 - 그래, 심한 병은 아니야. 내가 몇 년 동안 이렇게 독한 감기를 앓은 적이 없다는 것을 너희들도 알고 있지. 힘이 하나도 없어. 하루 종일 누워서 잠만 잤어. 아무 것도 읽을 수도 없었어. 괜찮다면 이 의자를 침실로 가지고 가자. 내가 누워 있던 곳으로 가자. 자 이리 들어와.

라우라 - 맞아. 한가지 부족한 것은 아내가 없다는 것이야. 내가 말하지만 루이는 결혼하기를 원치 않아. 집에 아내만 있다면…

야고보 - 그가 결혼을 했더라면 더 자주 결근을 했을 거야. 그런데 어떻게 해서 감기에 걸렸니?

루 이 - 그것 설명하기는 쉽지. 토요일 밤에 축구 구경을 갔었어. 어리석게도 비옷도 우산도 가져가지 않았어. 그날 밤은 내가 생각했던 것보다 훨씬 더 추웠어. 비가 올 줄을 알았더라면…

라우라 - 허지만 네가 응원하는 팀이 이겼지?

루 이 - 이겼지. 그러나 내가 집에 돌아왔을 때는 비에 옷이 흠뻑 젖었었지. 옷을 말리려고 부엌에 놓아야만 했어. 내가 침대에 누웠을 때 이미 몸의 상태가 좋지 않았어. 머리가 아프고 열이 났어.

라우라 - 그 때 약을 먹었더라면… 정말로 안색이 안 좋다. 우리 아들 녀석도 얼마 전에 독감에 걸렸었지. 요즈음 감기 걸린 사람들이 많아. 아마도 날씨 때문일 거야. 건조했다가 습기 찼다가… 의사는 불렀니?

루 이 - 그럴 필요가 없었어. 내 이웃 사람이 약국에서 약을 가져오도록 해서 먹었어. 간호원이 이웃집에 사는 것은 운이 좋은 것이지. 그렇게 생각하지 않니?

야고보 - 그녀가 젊고 예쁘다면 너는 몇 주 더 아프다고 누워 있을 것이야, 그렇지 않니?

루 이 - 나에게 그런 행운은 없었어. 2,3일 내로 회사에 다시 나갈 것으로 기대하고 있어. 침대에 누워 있는 것이 싫증이 난다. 그런데 라우라, 너도 얼굴이 피곤해 보인다.

라우라 - 네가 5층을 걸어 올라왔다면…

루 이 - 뭐라고? 엘리베이터로 올라오지 않았어? 엘리베이터 문이 또 열린 채로 세워 두었단 말이지?

야고보 - 괜찮아. 건강을 위해서는 가장 좋은 운동이지! 그런데 식사는 누가 준비해 주니?

루 이 - 입맛이 없어. 그리고 오늘 파출부 아주머니가 청소해 주러 와서 닭죽을 끓여 주었어. 그 외에도 여기 과일 통조림도 있어. 앉아서 쉬어라. 배고파서 죽을 지경은 아니야.

<PERGUNTAS>

1. Ele é um empregado da companhia de seguros.
2. A mulher-a-dia da casa de uma vizinha do Rui telefonou para o escritório dizendo que o Rui estava doente.
3. Porque o Rui raramente faltou ao emprego mas ele faltou nessa manhã.
4. Porque deixaram aberta a porta do elevador.
5. Porque ele apareceu em pijama.
6. Com uma mulher em casa não faltava nada para ele.
7. No sábado à noite ele foi ao futebol. Ele não levou gabardina nem guarda-chuva e ele chegou a casa molhado até aos ossos.
8. Porque o Rui tomou uns medicamentos que a enfermeira da vizinha do Rui mandou vir a farmácia.
9. Foi a enfermeira da vizinha dele.
10. Porque ele estava deitado de cama todo o dia e não tinha força.

<TRADUZIR>

1. É provável que ele tenha ficado ofendido con o que eu lhe disse.
2. Duvido que o exame lhe tenha corrido bem.
3. Estamos alegres que o senhor tenha assistido na nossa festa.
4. Que não tenha ficado ofendido com o que eu te disse.
5. Vocês acreditam que a Maria e eu tenhamos ido ao cinema sem dizer nada.
6. Espero que ele tenha dito a verdade.
7. Se me tivesse dito que hoje fazia anos, eu teria praparado um presente para você.
8. Eu pensava que eles já tivessem chegado aí.
9. Seria melhor para este homen nunca ter nascido.
10. Se ele não se tivesse comportado assim, ela não se tinha sentindo tão ofendido.
11. Nessa altura nem sequer imaginava que ele tivesse feito tal coisa.
12. Antes que o filho tivesse chegado perto, o pai avistou-o.
13. Se o Rui não tivesse continuado a estudar português, ele não teria podido interpretar nos Jogos Oímpicos.
14. Acontecesse o que acontecesse, eu não tivesse deixado de estudar.
15. Se vocês tivessem vindo aqui , teriam se divertido mais .
16. Se eu tivesse corrido a 120km por hora, teria passado o cruzamento antes do outro.
17. Ela nada bem como se ela fosse um peixe.
18. Tomara que você possa receber a bolsa de estudos.
19. Se eu tivesse mais cinco anos, eu poderia casar-me com ela.
20. Se você for o Presidente da República, antes de tudo, que problema resolverá?

제19과 전치사

<LEITURA>

에밀리아 여사가 쇼핑하러 가다

토요일은 에밀리아 부인이 쇼핑하는 날입니다. 그녀가 본 거실의 시계는 10시 15분전을 가리키고 있습니다. 그녀는 지체할 시간이 없다는 것을 압니다. 그녀가 살고 있는 광장에서 약 300m 가량 떨어진 수퍼마켓에 가야할 시간입니다. 집을 나서기 전 그녀는 비닐봉지에 빈 병들: 포도주 병, 맥주 병, 오렌지 주스 병, 생수 병 등을 넣었습니다.

수퍼마켓에서 그녀는 입구에서 빈 병들을 종업원에게 준 후 쇼핑 카를 잡았습니다. 그녀는 사야할 물건들을 압니다. 점심에는 가족들이 좋아하는 '알렌떼쥬식 돼지고기 요리'를 만들려고 합니다. 그러나 그녀는 돼지고기만 사는 것이 아니라, 생선, 야채, 계란, 치즈, 및 다른 것들도 삽니다.

쇼핑 차는 이미 거의 가득 찼습니다. 에밀리야 부인은 물건 값을 낼 만큼 돈이 충분한지 잘 몰랐습니다. "돈이 많이 든다. 물건값은 계속 오르기만 하는군요."라고 계산대에 있는 종업원 아가씨에게 말했습니다. 그러나 그 종업원 아가씨는 에밀리아 부인의 말을 듣지도 않고 기계처럼 물건들을 비닐 봉지에 넣었습니다. 부인은 지체할 시간이 없었습니다. 돈을 지불한 후 리베이로 부인은 집으로 갔습니다. 곧 점심시간이 되었습니다.

온 가족이 집에 있습니다 오후 1시입니다. 점심식사가 시작됩니다.

아버지 - 애들아, 수프가 아주 맛있다.
알리스 - 무슨 수프예요, 아버지?
아버지 - 너희들이 좋아하는 야채 스프란다.
수잔나 - "너희들"은 아니예요, 저는 야채 수프를 좋아하지 않아요.
어머니 - 그러나 스프를 먹어야 한다. 수잔나.
수잔나 - 조금만 먹을께요. 어머니, 그 다음 메뉴는 무엇이에요?
로　자 - 어머니께서 말씀하시기를 우리 모두가 좋아하는 것이라고 말씀하셨어. 그러면 생선은 아니고…
수잔자 - 돼지고기 요리지요?
어머니 - 무슨 돼지고기 요리?
로　자 - 알렌테주식 돼지고기요리입니다.
어머니 - 맞았다. 딸아!
모　두 - 좋습니다!

‹PERGUNTAS›

1. Ela é casada com o Sr. Ribeiro.
2. Ela vai às compras aos sábados.
3. Ela leva as garrafas vazias: as de vinho, de cerveja, de laranjada, de água mineral.
4. Ela sai de casa às dez menos um quarto.
5. Ela vai fazer as compras no supermercado que fica a trezentos metros do largo onde ela mora.
6. Ela dá as garrafas vazias.
7. Ela põe carne de porco, peixe, legume, ovos, queijo, e outras coisas no carrinho.
8. Ela fala à empregada da caixa.
9. Outra senhora está atrás da D.Emília.
10. Ela "Gasta-se tanto dinheiro, os preços estão a subir." e paga.
11. Começa a uma hora da tarde.
12. São Alice, Susana e Rosa.
13. Começa com sopa de legumes.
14. Susana não gosta de sopa de legumes.
15. Há carne de porco à alentejana.

‹TRADUZIR›

1. Ele pediu pondo-se joelhos ao pé dela.
2. Depois de voltar ao emprego, ando sempre a correr dum lado para o outro.
3. A lei passou pela unanimidade.
4. Eu não pude deixar de perdoá-lo ao ouvir a história dele.
5. O carro estava correndo ao longo da margem do Rio Tejo.
6. De grão em grão a galinha enche o papo.
7. De hoje em diante eu decidi-me a não fumar.
8. A que prefere o lugar de frente ou de atrás?
9. Daí a um pouco eles casaram-se.
10. Os trabalhadores entraram na greve.
11. Hoje em dia o custo da vida sobe dia a dia.
12. Muitos estrangeiros têm dificuldades em entender o filme.
13. O ladrão fugiu no carro da polícia.
14. Ao ver os morangos, a água cresce na boca.
15. Vou telefonar ao serviço de reparo.

16. O filme vale a pena ver mais uma vez.
17. Ele está à procura de um emprego.
18. O mendigo pede a comida de porta a porta.
19. Em todo o caso o ser vale a pena de viver.
20. Você fala a sério ou a brincar?

제20과 화법

<LEITURA>

어려운 언어인 포르투갈어

우리들은 이 과정의 마지막과에 도달했습니다. 어느 누구도 "나는 포르투갈어를 완전히 정복했다. 듣고, 읽은 것을 완전히 이해하며, 아무런 어려움 없이 완벽하게 말할 수 있다"고 단언할 수는 없을 것입니다. 어떤 언어도 단시간에 정복할 수는 없습니다. 포르투갈어도 쉬운 언어는 아닙니다.

한 외국인이 언어에 재질이 있고, 포르투갈어를 배우는 데 많은 관심을 갖고 있다고 생각해봅시다. 그는 문법을 여러 가지 면에서 상세하게 공부하고, 방언없이 정확하게 발음하려고 노력하고, 어휘를 계속 익혀 나간다고 상상해 봅시다.

언어를 익히기 시작한 뒤 몇 년 뒤에 정확하게 말하고 쓸 수 있을 것입니다. 아마도 어떠한 본문을 읽기 위해서도 사전이 필요로 하지 않을지도 모릅니다. 그렇지만 주의 깊게 들으면 외국인이라는 것을 간파할 수 있습니다. 문장 구성 면에 약간의 어색함이나, 발음의 약간의 차이, 혹은 어떤 결정적인 어휘의 제2의 의미 등을 바로 이해하지 못하는 부분 등이 있습니다.

하지만 이러한 어려움 때문에 배우고자하는 의욕이나, 호기심을 잃어버릴 필요는 없습니다. 우리들에게 도달하기 어려운 어떤 것이 기쁨을 줄 수도 있습니다. 포르투갈어는 배우기에 쉽지 않으며 어휘도 빈약하지 않습니다. 우리들은 긴 기간을 통하여 동사의 시제와 법에 대해서 공부해 왔습니다. 예를 들어 'temos estudado' 와 'estámos' 는 다르며, 'estudar' 와 'aprender' 는 다릅니다.

동사를 배우는데 많은 어려움이 있었습니다. 비슷한 형태를 구분하기도 힘들었습니다. 예를 들어 'vamos' 'vemos' 'vimos' 'viemos' 가 비슷하여 어떻게 구분하여 암기해야 할지 어려웠습니다. 불규칙동사의 경우에는 더욱 더 힘들었습니다.

예를 들어 'faço' 'fiz' 'farei' 'fizesse' 'feito' 등입니다. 더욱더 우리들을 힘들게 한 것은 '전과거' 와 '반과거' 의 용법에서 그 차이점을 구별하는 것이었습니다. 예를 들면 "그날 오후에 비가 많이 내렸다."와 "그날 오후에 비가 많이 내렸었다." 등의 차이점입니다.

사실은 실제로 할 수 있는 한 포르투갈어를 말하는 사람과 매일 접촉하는 것이 이러한 어려움을 극복하는데 가장 중요합니다. 어느 정도 훈련 뒤에는 생각하지 않은 채로 입에서 정확한 형태의 말이 입에서 나오게 됩니다.

가능하다면 문법을 공부하지 않은 채로 단지 귀로 듣기만 하여 배울 수도 있었습니다. 포르투갈 사람들이 천천히 정확한 발음으로 한마디씩 띄어서 말해준다면!... 그러나 실제로는 그렇게 말하지 않습니다. 예를 들어 "Ele vai para a almanhã."를 "El' vai pralanha"로 말합니다. 때때로 부분적으로 발음을 하지 않기 때문에 어휘력의 부족이나 발음의 차이보다도 더욱 이해하기 어렵게 되기도 합니다.

우리들은 이과의 마지막에 도달하게 되었습니다. 이제 헤어져야할 시간이 되었습니다. 각과마다 20-30개의 새로운 어휘가 실려 있고 그것은 결코 적은 것이 아닙니다. 그러나 아직도 많은 어휘가 더 있습니다. 포르투갈어를 더 잘하려면 계속적으로 꾸준히 노력해야 되며 하고자 하는 의욕을 가져야 합니다. 분명히 갈 길은 멉니다. 그러나 결코 두려워 할 필요는 없습니다.

<PERGUNTAS>

1. Para consultar os vocabulários.
2. Não devemos perder a vontade e o gosto de aprender a língua estrangeira, embora ela seja difícil.
3. Acho que não é fácil.
4. Quando ouvi o português falar, tenho muita dificuldade em entender.
5. Porque quando eles falam, eles comem tantas palavras.
6. falo, falas, fala, falamos, falam
   falei, falaste, falou, falámos, falaram,
   falava, falavas, falava, falávamos, falavam,
   falarei, falarás, falará, falaremos, falarão,
   falaria, falarias, falaria, falaríamos, falariam,
   falara, falaras, falara, falaramos, falaram,
   falar, falares, falar, falarmos, falarem,
   fale, fales, fale, falemos, falem,
   falasse, falasses, falasse, falassemos, falassem,
   falar, falares, falar, falarmos, falarem.
7. Parece-me difícil o uso do imperfeito e do perfeito.
   Porque eu ,às verzes, estou confuso em usar imperfeito e perfeito.
8. Significa falar com pronúncia pura.
9. Porque é muito difícil para dominar perfeitamente uma língua estrangeira.

10. Claro, sinto-me com coragem para continuar a aprender português, embora o caminho seja muito longo e muito difícil.

<TRADUZIR>

1. Ele explicou-nos, "A terra gira em torno do próprio eixo."
   Ele explicou-nos que a terra gira em torno do próprio eixo.
2. Ela disse-me, "Queres dançar comigo esta noite?"
   Ela perguntou-me se eu queria dançar com ela nessa noite.
3. O irmão disse-me, "Deite(Joga) este lixo fora."
   O irmão mandou-me que eu deitasse(jogasse) esse lixo fora.
4. Ele disse-me, "Eu vou apanhá-lo pelas cinco no seu escritório no meu carro."
   Ele disse-me que ele me ia apanhar pelas cinco no meu escritório no seu carro.
5. Ela disse-me, "Quer deixar alguns recados?"
   Ela perguntou-me se eu queria deixar alguns recados.
6. Ele disse-me, "Leia as perguntas com atenção e responda uma de cada vez, por favor."
   Ela pediu-me que eu lesse as perguntas com atenção e que eu respondesse uma de cada vez.
7. Ele disse-me, "Onde fica a estação emissora?"
   Ele perguntou-me onde ficava a estação emissora.
8. A lojista disse-me, "Esta roupa fica bem com você."
   A lojista disse-me que essa roupa ficava bem comigo.
9. Ele disse-me, "Se eu me atrasar, telefonar-lhe-ei."
   Ele disse-me que se ele se atrasar, ele me telefonará.
10. A aluna disse-me, "Ainda não consigo me expressar bem em português."
    A aluna disse-me que ela ainda não se conseguia expressar bem em português.
11. O empregado da sapataria disse-me, "Que tamanho quer?"
    O empregado da sapataria perguntou-me que tamanho eu queria.
12. O professor ensinou-nos, "A paciência é amarga mas o seu fruto é doce."
    O professor ensinou-nos que a paciência é amarga mas que o seu fruto é doce.
13. Ele disse, "Eu conseguirei este trabalho a todo o custo."
    Ele disse que ele conseguiria esse trabalho a todo o custo.
14. Ela disse-me, "Pode fazer este trabalho em vez de mim?"
    Ela perguntou-me se eu podia fazer esse trabalho em vez dela.
15. Ele disse-me, "Se o mundo acabar amanhã, o que é que você fará hoje?"

Ele perguntou-me o que eu farei nesse dia, se o mundo acabar no dia seguinte.
16. O professor ensinou-nos, "Magalhães fez uma viagem pelo mundo inteiro pela primeira vez."
O professor ensinou-nos que Magalhães fez uma viagem pelo mundo inteiro pela primeira vez.
17. Ele disse-nos, "Deixem-me descansar, por favor."
Ele pediu-nos que o deixássemos descansar.
18. Ela disse-me, "Não te esqueças de mim, por favor."
Ela pediu-me que eu não me esquecesse dela.
19. Ele disse em voz alta levantando um copo, "Eu proponho um brinde para os nossos negócios."
Ele disse em voz alta levantando um copo que ele propunha um brinde para os nossos negócios.
20. Ele disse-me, "O que é que fez no fim da semana passada?"
Ele perguntou-me o que eu tinha feito no fim da semana anterior?
21. O chefe da estação disse, "Este trem partirá daqui a trinta minutos."
O chefe da estação disse que esse trem partiria daí a trinta minutos.
22. Ele disse-me,"Telefone-me para me acordar amanhã de manhã cedo, por favor?"
Ele pediu-me que eu lhe telefonasse para se acordar no dia seguinte de manhã cedo.
23. Ele disse-me, "Quando você conduz o carro, todo o cuidado é pouco."
Ele disse-me que quando eu conduzia o carro, todo o cuidado era pouco.
24. Ele disse-me, "Que título dá, depois de ler esta lição?"
Ela perguntou-me que título eu dava, depois de ler essa lição.
25. Ele disse-me, "Ponha esta tabuleta no lado de fora da varanda."
Ele mandou-me que eu pusesse essa tabuleta no lado fora da varanda.
26. O locutor de televisão disse, "Houve um terramoto ontem à noite no Sul do Brasil".
O locutor de televisão disse que tinha havido no dia anterior à noite um terramoto no Sul do Brasil.
27. Ele disse-me, "O seu filho é um aluno que é capaz de ir longe."
Ele disse-me que o meu filho era um aluno que era capaz de ir longe.
28. O professor expliecou-nos, "Os Lusíados é um livro escrito pelo Canões."
O professor expliecou-nos que os Lusíados é um livro escrito pelo Canões.
29. Ele disse-nos, Cortem as relvas de duas em duas semanas.
Ele mandou-nos que cortássemos as relvas de duas em duas semanas.

30. O meu amigo disse-me, "Telefonei para você ontem à noite, mas a linha estava ocupada contuinuamente."
    O meu amigo disse-me que ele tinha telefonado para mim, mas que a linha tinha estado ocupada continuamente.

A Verdadeira Felicidade

Felizes os que sabem que são espiritualmente pobres,
 pois o Reino do céu é dele.
Felizes os que choram,
 pois Deus os consolará.
Felizes os humides,
 pois receberão o que Deus têm prometido.
Felizes os que têm fome e sede de fazer a vontade de Deus,
 pois Ele os deixará completamente satisfeitos.
Felizes os que têm misericórdia dos outros,
 pois Deus terá misericórdia deles também.
Felizes os que têm coração puro,
 pois eles verão a Deus.
Felizes os que trabalham pela paz entre as pessoas,
 pois Deus os tratará como seus filhos.
Felizes os que sofrem perseguição por fazerem a vontade de Deus.
 pois o Reino do céu é dele.

Mateus 5 : 3-10

참된 복

심령이 가난한 자는 복이 있나니,
　　　천국이 저희 것임이요.
애통하는 자는 복이 있나니,
　　　저희가 위로를 받을 것임이요.
온유한 자는 복이 있나니,
　　　저희가 땅을 기업으로 받을 것임이요.
의에 주리고 목마른 자는 복이 있나니,
　　　저희가 배부를 것임이요.
긍휼이 여기는 자는 복이 있나니,
　　　저희가 긍휼히 여김을 받을 것임이요.
마음이 청결한 자는 복이 있나니,
　　　저희가 하나님을 볼 것임이요.
화평케 하는 자는 복이 있나니,
　　　저희가 하나님의 아들이라 일컬음을 받을 것임이요.
의를 위하여 핍박을 받는 자는 복이 있나니,
　　　천국이 저희 것임이라.

마 5: 3-10